富爸爸 RD 011

富爸爸，第二次致富機會

破解政府與財團的金錢大騙局，掌握財務知識，在危機中翻身

Second Chance: for Your Money, Your Life and Our World

羅勃特・T・清崎（Robert T. Kiyosaki） 著
王立天 譯

高寶書版集團

謹獻給富勒博士

我們被召來是要成為未來世界的建築師，而非它的受害者。

—巴克敏斯特．富勒博士

本書謹獻給巴克敏斯特．富勒博士（Dr. Richard Buckminster Fuller, 1895-1983）。

富勒博士這號人物難以用任何語言來形容，也無法將其歸類於任何領域之中。他經常被人譽為未來學家、發明家、教育家、哲學家，以及建築師。他兩次申請就讀哈佛大學都獲得批准，但是後來也都因故被逐出校門。

他擁有眾多美國的博士學位、專利權、獎章授勳以及榮耀。其中包括美國建築師協會頒發的黃金獎章，以及雷根總統所頒發的總統自由勳章（President Medal of Freedom）。

富勒博士最被人稱道的是他所研創的「穹頂」（Geodesic Dome，多面體球形屋頂），目前在全球各地到處都看得到這種結構體。迪士尼明日世界樂園（Epcot）就設置了一幢富勒博士的穹頂建築。他也是第一個被稱為「未來學家」的人士，因為他將預測未來完

Reprinted with permission of The Estate of R. Buckminster Fuller

全變成了一門扎實的科學。他所做出的預測，大部分都已經實現，還有很多預測也正在陸續實現中。

富勒博士也因為充滿人道主義，因此被冠上「善護地球的才子」以及「未來之祖父」兩種稱號。鄉村歌手約翰．丹佛（John Denver）甚至還寫了一首歌，也就是一個人能有什麼作為（What One Man Can Do）來獻給富勒博士。

上圖是一九六七年加拿大蒙特婁世界博覽會中的美國館，其外圍就是富勒博士的穹頂建築物。

而本書《富爸爸，第二次致富機會》就是在敘述我本人展開一九六七年世界博覽會之旅做為開端。我當年是一路搭著便車從紐約市輾轉到加拿大的蒙特婁，前往瞻仰富勒博士所設計的穹頂建築，同時也寄望能一窺未來的世界。

作者聲明

雖然本書中會提到政府與政治相關的內容，但是作者完全沒有政治的預設立場或偏好。作者本身既不屬於共和黨，也並非民主黨人士，如果硬要歸類，那麼作者應該屬於自由無黨派的人士。

在本書中也會提到上帝、靈魂、靈性或神性等名詞。雖然如此，本書跟任何宗教無關，也沒有任何宗教方面的預設立場或偏好。作者本身崇信宗教上的自由，這也包括了選擇信仰，以及選擇不信仰上帝的自由。

前言

在很久很久以前，美國是全世界最富有的債權國，在很久很久以前……美元紙鈔是用實體黃金來做擔保的，在很久很久以前……憑空印鈔票是一種被稱之為「偽造」的犯法行為。

在當時人們只要好好上學唸書，畢業後找份工作，儘量提早退休之後，就能從此過著快樂的生活。你只要咬牙買下一間房子，當房價上漲之後你就會變成有錢人了，你只要敢把錢投入股市之中，當股價上漲之後你就會變成有錢人了。大學文憑就是高薪資的保證。年齡是一項資產，退休的民眾可以完全依賴美國社會福利制度（Social Security）與醫療健保制度（Medicare）的照顧。

很不幸的，「在很久很久以前」的時代已經結束了。神話故事已經結束了。世界已經發生了改變，而且將來還會持續不斷地改變。

那現在應該怎麼辦？這就是本書的重點。本書的內容就是要給你自己、你的財富，以及你的人生第二次的翻身機會。本書一共分成三大篇：過去、現在，以及未來。過去：檢視我們目前之所以面臨金融危機真正的原因為何。現在：分析你當前所處的狀況。未來：為你自己的財富和人生尋找第二次翻身的機會，並且如何利用危機與逆境中的機會來打造自己理想的人生。

當今最重要的名詞是危機。別忘了「危機」這個名詞包含了兩個面向：亦即「危險」與「機會」。

想要第二次翻身的機會，你必須要能避免即將來臨的危險，並且做好充分的準備，來善加運用日益惡化、遍布全球金融危機中的難得機會。

金融危機有三大類：股市崩盤、房市崩盤，以及貨幣崩盤三種。本書講述的是可能會發生的貨幣崩盤危機。

目錄
contents

第二篇　現狀

第三篇　未來

目錄
contents

第一篇

過去

過時的老派作風：好好上學唸書、找份工作、辛苦上班、儲蓄存錢、買棟房子、還清負債，並且長期投資於股市之中。

有天我在星巴克遇見了一位多年沒有見到的朋友。雖然很高興看到他，但是更令我驚訝的是他竟然站在櫃檯後方工作。

「你在這家店工作多久了？」我問他。

他一邊幫我點一餐邊回答：「快五個月了。」

我接著問：「發生了什麼事情？」

「二〇〇七年爆發金融風暴之後我就失去了原本的工作。雖然我又找到了一份工作，但是那間公司也很快的就關門大吉了。花光了退休存款之後，我們連房子都保不住。總之我們就是撐不下去了。」他接著說：「別擔心，我們一直都在工作，並非無業遊民。雖然都有工作，但收入很少罷了。因此我就在星巴克工作，想辦法賺點錢餬口。」他大笑著說：「懂嗎？我在星巴克工作，每『星』期『巴』不得『克』服目前的困境？」

為了讓身後其他客人能點餐，我就站到一邊並且問他：「那麼你未來有什麼計畫？」

「我重新回去學校，正在攻讀另一個碩士學位。重新當學生其實滿好玩的，有些科目我甚至和兒子一起修。他正在念碩士班。」

「是不是有申請就學貸款？」我問。

「當然了，要不然我們要怎麼辦？我知道這些貸款很嚇人，我知道我將來得工作一輩子，才能勉強把我這筆貸款還清，我的兒子會花更長的時間來清償他的就學貸款。但是想要找薪水較高的工作，我們就必須擁有更高的學經歷才行。我們一定要賺錢。我們一定要靠著工作才能過下去。所以我們選擇重返校園。」

我結完帳後就拿到了一杯熱騰騰的咖啡。我好心想要給點小費但是被他婉拒了……而且我也知道他為什麼要婉拒。因此我祝他好運之後就走出店外。

本書第一篇著重於過去。說的更明白點，就是我們是如何造成當今全球經濟危機的遠因。就如喬治・歐威爾（George Orwell）在《1984》這本書中所寫的：「當世上瀰漫著謊言的時候，說實話反而是一種革命創新的舉動。」

第一章　為什麼有錢人從不為錢工作

他們一直在玩弄著金錢，當我們為錢工作的時候，我們的財富就被他們剽竊了。

—巴克明斯特．富勒博士

《富爸爸窮爸爸》一書於一九九七年自行出版。當時我必須自行出版這本書的原因，是因為所有我們拜訪過的出版社統統拒絕出版這本書。有些出版商甚至還批評說：「你根本不懂自己在寫些什麼。」

在眾多富爸爸所提出的觀點中，出版社認為最具有爭議的如下：1.你的自有住宅不能算是一項資產。2.存錢儲蓄的人們個個都是輸家。3.有錢人從不為錢工作。

十年之後的二〇〇七年爆發了次級房貸風暴，數百萬的屋主才開始驚覺，並且深刻體驗到，自己所有擁的「自有住宅」並非一項資產。而當美國政府與聯準會於二〇〇八年開始大量印製上兆元的鈔票進行紓困後，使得數百萬民眾的儲蓄存款因為通貨膨脹、更高的稅率，以及下滑的存款利率等因素，而失去了巨額的實質購買力。

在《富爸爸窮爸爸》這本書裡第一章開宗明義的指出：「有錢人從不為錢工作」，這一條在富爸爸所有的論點中所遭受到的批評最少。而在這個章節中，你將了解這是最重要的一項觀念。而且在給自己人生第二次的機會，改善自己的財務狀況，澈底的了解這一項觀念也是一件非常重要的事情。

你對金錢所必須知道的一些事

金錢這個主題有時候的確會讓人覺得很複雜並且有壓迫感。但是如果你能從最簡單的開始了解，並且藉著這個基礎進一步了解金錢與投資，那麼你就能獲悉如何讓金錢為自己工作的方法。

關於金錢必須要知道，金錢這個領域是一個可以透過後天學習而精通的本事，你可以變得愈來愈聰明，進而培養出自信，做出有根據以及有智慧的決定。

問：誰需要第二次機會？

答：我們大家都需要。

問：為什麼？

答：因為我們所知道的金錢已經發生了根本上的變化，而且還在繼續演化中。

問：這件事情為什麼這麼重要？

答：窮人將會變得更貧窮，中產階級將會消失殆盡，而有錢人則會變得愈來愈有錢。

問：我想這一點我們大家都清楚看到了。為什麼有錢人愈來愈有錢，而所有其他人變得愈來愈窮的差別在哪裡？

答：許多當今有錢的人將來也會變成新的窮人。

問：為什麼有些有錢人會變成新的窮人？

答：理由有很多。其中有一個理由是：因為許多有錢人是用錢來衡量自己的財富。

問：這樣有什麼不對？

答：因為事實上當今的錢已經不再是金錢了。

問：如果錢已經不再是金錢，那麼什麼才算是真正的金錢？

答：知識就是新的金錢。

問：如果知識是新的金錢，那麼你的意思是說，當今許多中產階級和窮人將會有機會成為明日新的有錢人？

答：完全正確。以往的有錢人必須控制著諸如土地、石油、武器，或者巨型企業等等的資源，而現在則不然。我們現在已經邁入了資訊時代，資訊可是非常的豐富，而且經常都可以免費取得。

問：既然如此，為什麼並不是所有的人都變得很有錢？

答：因為人們需要藉著教育這個過程來讓資訊轉變成知識。當人們缺乏財務教育時，他們就無法將相關的資訊轉換成個人的財富。

問：但是美國在教育上花費了數十億美元，為什麼窮人遠比有錢人來得多？

答：雖然有數十億美元投入在教育之中，但是幾乎沒有任何的經費，是被用在財務教育之上。

問：為什麼我們在學校裡沒有接受財務教育？

答：我從九歲起這麼多年來一直在問自己這個問題。

問：結果你發現了什麼？

答：我發現知識就是力量。如果想要控制民眾的生命與生活，那麼就限制人們所能獲得的知識。這就是為什麼在人類歷史中，有許多獨裁者會焚書，並且放逐（甚至殺害）那些具備足夠的知識，有可能會危害到獨裁者權力的人們。在美國南北戰爭之前，教導奴隸讀書寫字在許多州是一種犯法的行為。知識是地球上最強大的力量。這就是為什麼對那些想要掌控權力的人們而言，限制民眾所能獲得的知識是至關重要的。

有一則公式是：資訊×教育＝知識，知識就等於力量，而缺乏知識就會淪為強權的俎上魚肉。

我的窮爸爸是一位受過高等教育的博士，但是幾乎沒有受過任何財務教育。他在固有教育體系當中擁有權威性的地位，但他在現實生活當中幾乎沒有任何力量可言。

反觀我的富爸爸從來就沒有完成學業，但是他在金錢的世界當中卻達到了極高的教育程度。雖然從傳統的教育眼光來看，富爸爸遠遠不及我的窮爸爸，但是富爸爸在現實生活當中所擁有的力量，則是遠遠超過我的窮爸爸。

問：因此現在的既得利益者，藉著掌控學校體系，決定應該教什麼內容以及不應該教什麼，來繼續對人民擁有控制權。這就是為什麼在當今學校體系當中，完全沒有財務這方面的教育？

答：我認為這個論述是正確的。以目前的世界來看，藉著財務知識來奴役人民，遠比利用槍炮、皮鞭，以及枷鎖等來得更加的有效益。由於缺乏財務教育，全球各地都有數十億的民眾仍然在被奴役著。

問：那麼到底是什麼取代了傳統的槍炮、皮鞭，以及枷鎖？

答：就是目前的金融體系。

問：金融體系？我們的金錢？金融體系如何控制著民眾？

答：設計當今金融體系的時候，其目的就是要讓一般的民眾變得更加貧窮，而不是讓人民變得更富有。目前金融體系的模式，就是要讓民眾持續辛苦地為錢工作。透過金錢就能一直奴役那些沒有受過財務教育的民眾，因此缺乏財務教育的人們就會成為薪水支票的奴隸。

我們的財富同時也藉著當今的金錢一直在被人剽竊著，但矛盾的是一般人還得拚命工作才能獲得更多這種變質的錢。這也就是為什麼那些為錢工作，生活最辛苦的人們

（經常被稱之為「做到死」的民眾），無論他們怎樣加倍努力工作，到頭來還會變得愈來愈貧窮而非富有的原因。

問：他們是如何藉著金錢來剽竊我們的財富？

答：方法和手段有許多種。或許你已經聽說過一些。例如：1.**稅賦：**你勞動所產生的價值透過稅賦而被剽竊了。2.**通貨膨脹：**當政府印鈔票的時候物價就會上揚。而當物價上漲後，人們就得更辛苦的去工作，結果是被迫繳納更多的稅，同時還得面對更高的通貨膨脹。3.**儲蓄存款：**銀行藉著「部分儲備制度」這種手段來剽竊存款人的財富。我們假設目前的存款準備率是百分之十。那麼當存款人將一元存入自己的儲蓄帳戶內時，銀行就可以根據這筆一元的存款，向外放貸十塊錢的貸款。這是另外一種印鈔票的手段，其結果不但跟通貨膨脹一樣，同時也會大大削減這筆儲蓄存款原本所具有的實質購買力。這也就是富爸爸為什麼要經常告誡人們說：「儲蓄存款的人們個個都是大輸家」的原因之一。

稍後我會解釋你的財富是如何經由各種手段被剽竊。就如同我稍早所說的：設計當今金融體系的目的，就是專門用來讓一般民眾變得更加的貧窮，而不是要讓人民變得更富有。

問：你可以證明這個論點嗎？

答：我讓你先看一張圖表一。俗話說：一張圖勝過千言萬語。雖然這張圖不能等同於證據，但是它的確反映出需要仰賴政府救濟人口數的趨勢。

向貧窮宣戰

美國林登・詹森總統在一九六四年向貧窮宣戰。許多民眾認為已經打贏了這場戰役，但有些人則不然。圖表一顯示需要依賴「糧票」（目前簡稱為SNAP）過活的人口數。雖然很多人相信我們已經戰勝了貧窮，但是整體趨勢卻在告訴我們完全不一樣的事實，因為

圖表一

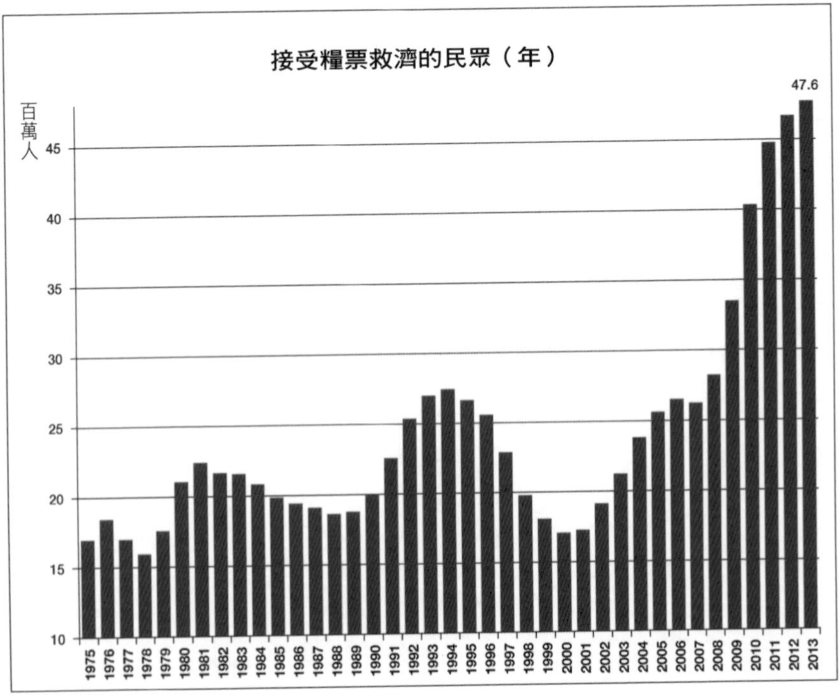

有愈來愈多的民眾需要依賴糧票過活。

從這張依賴糧票救濟人口圖可以知道，在一九七五年大約有一千七百萬的民眾有在領取糧票。到了二〇一三年這個數目已經超過了四千七百萬人，而且還持續不斷地在增加中。

問：如果窮人愈來愈多的話，那麼這些人又是從哪裡來的呢？

答：由中產階級來的。現在有許多的貧窮民眾，幾年前還是過得很好的中產階級。

中產階級所面臨的戰爭

下頁圖表二呈現了目前中產階級的趨勢。

前幾年電視台記者盧・達布（Lou Dobbs）寫了一本《中產階級的戰爭：M型社會後，如何不當犧牲者?爭回幸福?》（The War on the Middle Class: How the Government, Big Businesses, and Special Interest Groups Are Waging War on the America Dream and How to Fight Back），關於中產階級不斷萎縮的書。作者的論點是：中產階級一向是美國經濟的引擎，如果中產階級不斷地減少，那麼美國的經濟勢必也會跟著萎靡不振。

在二〇一二年總統大選期間，歐巴馬和羅姆尼兩位候選人都做出承諾要挽救中產階級。任何有好奇心的人或許會這麼問自己：「中產階級已經糟糕到了需要被挽救的地步

圖表二

中產階級收入的戶數逐漸在減少

中產階級的收入水平不但一直持平，而且從 1970 年起，擁有中產階級收入的戶數一直不斷地在減少。在 2010 年間，擁有國民平均所得 1 至 1.5 倍的中產階級收入的戶數，占全體國民的 42.2%，比之前 1970 年的 50.3% 少。

收入範圍在國民平均收入 ±50% 戶數占全體戶數的百分比

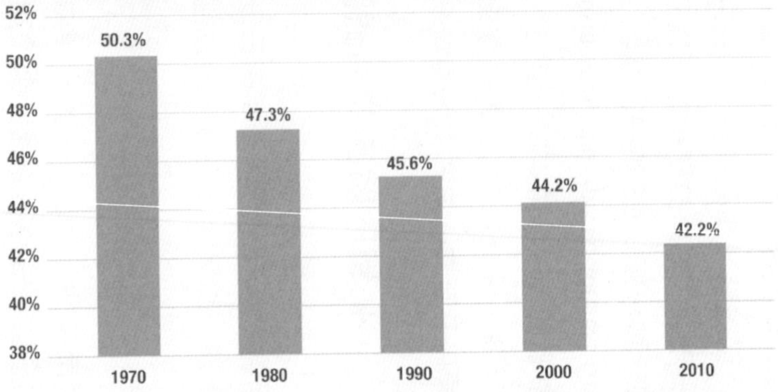

Source: Alan Krueger, "The Rise and Consequences or Inequality." Speech at Center for American Progress, Washington, D.C. January 12, 2012

Center for American Progress

圖表三

中產階級的重要物資和服務成本大幅增加

儘管中產階級的收入持平，重要物資和服務的花費卻大幅增加。如果是因為購買奢侈品，那麼這些價格增加的幅度不會這麼令人擔憂。然而瓦斯、醫療保健、大學教育、房屋所有權等都不是奢侈品，而是成為或身為中產階級的關鍵要素。此外這些花費上漲的幅度也遠遠超越了通貨膨脹的速度。

價格上漲幅度扣除通貨膨脹（1970 ～ 2009）

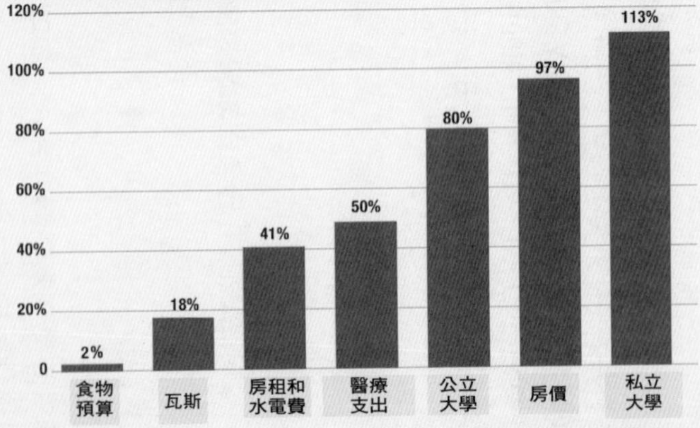

Source: *Senate Committee* on Health, Education, Labor, and Pensions, "Saving the American Dream The Past, Present, and Uncertain Future of America's Middle Class" 2011

Center for American Progress

嗎？」而就像我們大多數人所知道的，當政府出面答應要挽救你時，根本為時已晚。

剽竊財富的通貨膨脹

我們當今的貨幣體系藉著通貨膨脹來剽竊我們的財富。圖表三清楚的解釋，無論貧窮民眾和中產階級再怎麼努力的工作，生活依然會困頓不已。

問：當今貨幣體系如何造成通貨膨脹？

答：造成通貨膨脹最主要的原因是政府在印鈔票的關係。當銀行或政府憑空印製鈔票時就會發生兩件事情：開始產生通貨膨脹而且稅賦會不斷地上揚。當物價和稅賦不斷增加時，民眾在財務上也就會開始面臨困境。

問：當物價上揚後，民眾要如何活下去？

答：當物價不斷地上升，民眾通常就會開始依賴信用卡來過生活。許多人也被迫要縮衣節食，因此不能再享有健康的食品或完善的醫療照顧（例如不能再定期檢查牙齒等）。許多民眾將淪為債務的奴隸，同時也會有更多的民眾從正職降為約聘人員，或者成為仰賴薪資的奴隸。

債務的奴隸

隨著中產階級不斷地萎縮，加上稅賦和物價不斷的上揚，許多民眾開始依賴信用卡來過生活，因此淪為債務的奴隸。從圖表四就可以看出這樣的趨勢。

當今的稅賦、負債以及通貨膨脹等，就是用來囚禁現代奴隸的枷鎖。

有錢人分兩種

問：當中產階級和窮人愈來愈多時，為什麼有錢人會愈來愈有錢？

答：這是因為有錢人分兩種。有一種富人是真正的有錢人，而這些人是愈來愈有錢。另外一種有錢人反而會愈變愈貧窮。圖表五將會說明這種情況。

問：我看得出來前百分之一的人們變得愈來愈有錢，但是原本在百分之九十到百分之九十五的那些有錢人到底發生了什麼事情？為什麼他們的收入一直不斷地在下滑？這是不是你所說的那些會愈變愈貧窮的富人們？

答：是的。圖表五顯示了兩種不同的有錢人。就如圖中所見，全美國前百分之一的人們變得極度富有，他們從一九七九年至今，收入已經整整成長了百分之三十。

但是收入是前百分之九十五到百分之九十九的人們卻一直不斷地在減少，他們的收入則是完全沒有增加。

圖表四

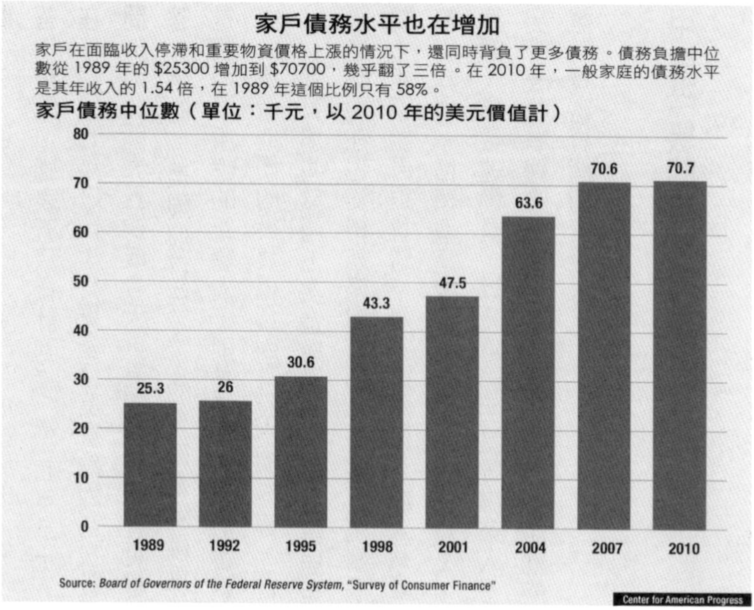

家戶在面臨收入停滯和重要物資價格上漲的情況下，還同時背負了更多債務。債務負擔中位數從 1989 年的 $25300 增加到 $70700，幾乎翻了三倍。在 2010 年，一般家庭的債務水平是其年收入的 1.54 倍，在 1989 年這個比例只有 58%。

Source: Board of Governors of the Federal Reserve System, "Survey of Consumer Finance"

圖表五

實質年度家戶資本所得累計變化，依所得水準區分，1979 ～ 2007 年

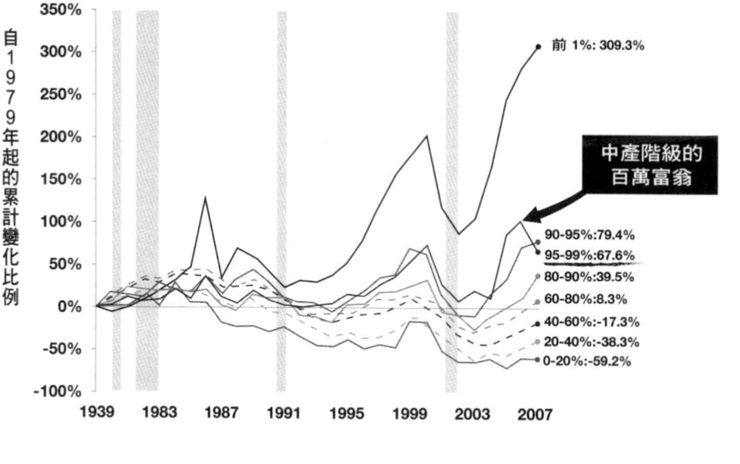

問：這是否就是你在本書稍早所提到的，有一些有錢人將會淪落成為新的貧民？

答：是的。圖表五只統計到二〇〇七年為止。別忘了金融海嘯是在那一年秋天開始的。在二〇〇七年之後，有更多百萬富翁因為次級房貸風波以及股市的崩盤而宣布破產。

問：因此圖表五換成今天，看起來可能會更糟糕是嗎？

答：是的。美國前百分之一的人口會變得更加的富有。而其他原本有錢的人們，也就是我稍早所說的新窮人，則是變得愈來愈貧窮。當他們失去了自己原本高薪的工作或房屋，或者他們的投資組合因為股市崩盤等，會讓這群人變得一貧如洗。

就算那些熬過上次金融風暴，財富位居全美國前百分之二十的人們，因為拜通貨膨脹之賜現在也變得愈來愈貧窮。有些百萬富翁早已經跌入中產階級的行列。

問：能不能再跟我講一遍，這兩種有錢人到底哪裡不同？

答：其中一種類型是擁有高薪工作的有錢人，例如公司高階主管，以及那些像是醫生、律師、職業運動員，以及電影明星等專業人士。以上這些人都屬於高收入的有錢人。而另外一種有錢人這是那些不需要一份工作就能過得很富有的人們。這些人絕大部分都是擁有豐富資產的有錢人。

中產階級的百萬富翁

《下個富翁就是你》（The Millionaire Next Door）這本書於一九九六年出版。就當年的環境來說是一本絕佳的好書。作者為湯瑪斯・史丹利（Thomas J. Stanley）和威廉・丹寇（William D. Danko）在書中詳細描述那些再平凡不過的美國中產階級們，是如何讓自己變成了百萬富翁。這些民眾完全不需要走上唐納・川普、史蒂夫・賈伯斯，或者是電影《華爾街》（Wall Street）中高登・蓋柯（Gordon Gekko）等人特有的發財途徑。這些人也不是票房百萬的大明星、搖滾巨星，或者是職業運動員。這群人是很普通的老百姓，他們擁有良好的教育、住在一般中產階級所住的郊區裡、開著平價的房車、不斷地存錢儲蓄，並且定期的把錢投資在股市之中。

其中有許多人要歸類成「身價的百萬富翁」。這些人致富的原因是因為自己所居住房屋，以及本身退休金的投資組合等增值上漲所致。他們之所以可以從中產階級搖身一變成為百萬富翁，是因為通貨膨脹以及不斷蓬勃發展的美國經濟所造成的結果（見下頁圖表六）。他們的確做到了人人所稱羡的「美國夢」。

但是二〇〇一年九月十一號美國發生了恐怖攻擊，從此開啟了一個嶄新的時代，同時也終結了所謂美國夢的年代。下頁圖表七顯示自從九一一事件發生後，這些中產階級的百萬富翁的生活就變得很不一樣了。

而西元二〇〇〇年的網路泡沫化以及那斯達克崩盤等等因素，造成了經濟上一系列的泡沫化與崩盤，讓許多這類的中產階級百萬富翁跌出了百萬富翁的行列。

圖表六

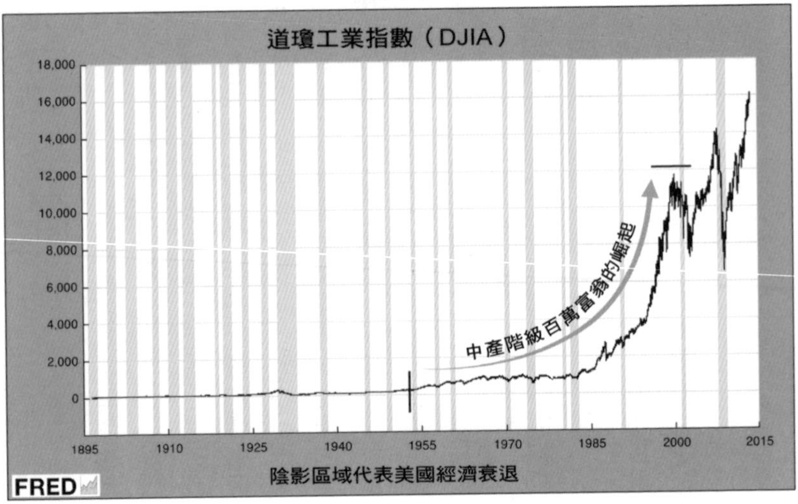

圖表七

美國法拍屋 2012 年 6 月

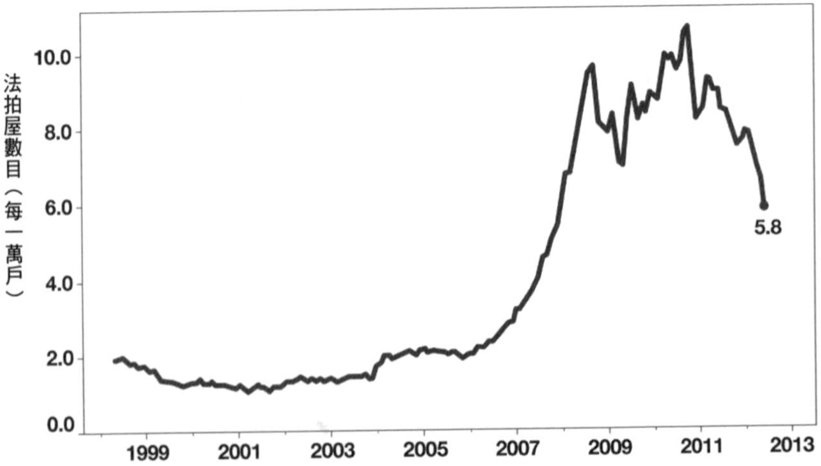

被查封的中產階級

當次級房貸泡沫於二〇〇七年爆發後，許多中產階級的百萬富翁房屋被查封法拍。

在二〇〇七年之前，房價幾十年來都一直維持穩定的上漲。隨著房價的上漲，上百萬的屋主就開始申辦所謂的「住宅權益貸款」，或「房屋淨值貸款」。當屋主的貸款被核准之後，他們通常把這筆錢用來清償自己信用卡的債務，或者把它當成旅遊度假的經費。這些屋主開始習慣把自宅當成提款機使用，結果當這些人自有住宅的市價跌到比他們欠銀行貸款金額還要低的時候，他們就學到了一個血淋淋的教訓，就是「自有住宅並不能算是一項資產」。

當房價崩跌時，人們用信用卡簽帳的意願就降低了。當這些屋主不再刷卡消費，結果連帶造成經濟的遲緩（因為蓬勃的經濟需要依賴消費者不斷地消費並且刷卡才能維持）。當消費者吝於花錢時，零售業就受到了重創，因此連帶影響了整個世界的經濟。

截至二〇一四年為止，美國大約擁有一億一千百五十萬戶家庭。而這些家庭當中，有四千三百萬家庭的房子是用租的，只有兩千五百萬戶的家庭已經還清了房貸。剩下尚未清償房貸的五千萬戶當中，估計有超過兩千四百萬間的房子已經淪為「溺水屋」，亦即屋主所欠銀行的貸款金額比目前房屋的市價還來得低，意思是就算屋主直接賣掉房子也都無法還清貸款的情況。只要那些擁有房屋的人們持續認為自己並不算是很有錢的話，那麼我們的經濟就會一直持續疲弱不振。

失落的一代

當那些失去高薪工作和自用住宅的中產階級百萬富翁們，開始支領自己退休帳戶中的錢來應付日常生活中的帳單時，這時候就會有另外一群人跟著受到連累：也就是這些中產階級富翁的子女們。

現在全球到處都有屬於所謂「失落的一代」的年輕族群。這些人即便是從大專院校或者高中畢業，都沒有辦法從事適合自己教育程度的工作。比起沒有收入更嚴重的是，這些人沒有辦法累積現實生活中專業的工作經驗。當這些年輕人在二十到三十多歲的黃金歲月裡，持續欠缺專業工作經驗的話，他們中年之後的收入將會大受影響，因此才會被世人稱之為「失落的一代」。

年輕有為，但是身負重債

許多受過高等教育的畢業生背負著巨額的學生貸款，這很可能是所有負債當中最糟糕的一種。不像是其他的汽車貸款、房屋貸款，或者是創業貸款等，學生貸款是一種不能被豁免的貸款，背負著學生貸款的人不能藉著宣布破產來免除清償的責任。學生貸款就像是一副一輩子都必須戴著的枷鎖，而且還一直不斷地在孳生利息。這些人將來想要買汽車、買房子，或著籌資創業時，都會面臨信貸上的困難，直到他們把學生貸款還清為止。目前有很多人在倡議要重新修正學生貸款的規章，或許能稍許改善這些年輕人所面臨的問題和困境。

這些年輕人多半屬於「啃老族」，也就是長大成人離家的孩子們，到頭來還是得搬回來跟父母一起住的這一群年輕人。因此這些父母就被稱之為「夾心族」（sandwich generation），因為他們得同時供養自己的父母以及小孩，而且經常是祖孫三代同擠在一個屋簷下。許多國家都儘量給民眾提供免費的教育。反觀美國，我們卻把自己的學生都變成了背著負債的奴隸。

問：這就是為什麼你會說所有的人都需要第二次的機會？因為有些有錢人變成了新的窮人，中產階級不斷地在減少，貧窮人口數不斷地在增加，而且受過高等教育的學生們都找不到合適的工作，同時還要背負著巨額的債務？

答：是的。因為世界一直在改變，金錢也不斷地在發生變化。那些依舊跟隨以往世界金錢規則運作的人們，目前都面臨了被淘汰的命運。我們現在所處的是資訊時代。資訊量非常的豐富，而且絕大部分都是免費的。但是一個缺乏財務教育的人，則無法將這些資訊轉化成知識。

問：倘若知識就是力量，那麼上百萬的人們雖然受過高等教育，但是並沒有什麼力量。那麼這數百萬人是否就是那些需要第二次的機會，重新把自己的力量找回來？

答：是的。

問：《下個富翁就是你》於一九九六年出版，而《富爸爸窮爸爸》於一九九七年出版。請問這兩本書之間有什麼樣的差異？

答：《下個富翁就是你》講的是那些身價百萬的人們。而《富爸爸窮爸爸》則著重於擁有百萬現金流的人們。

問：這兩者有差別嗎？

答：這其中的差別很大。許多身價百萬的人們會把他們所擁有的負債物，亦即自有住宅、汽車等當成資產來看待。隨著不動產和股票兩大市場崩盤，許多以身價計算的百萬富翁們會變得一貧如洗。這是因為他們所擁有那些負債物，其價值會受到市場崩跌的影響所致。

但是許多現金流的百萬富翁們，也就是從真正資產獲得收入的人們，卻變得更有錢。因為他們可以用賤價買進那些身價百萬富翁所拋售的負債物而變得更加的富有。

問：因此缺乏財務教育的狀況下，數百萬的民眾是無法區別這兩種不同的有錢人囉？

答：完全正確。人們可以藉著許多不同的方式獲得巨額的財富。舉例來說，一個人可以藉著繼承財富或者嫁娶有錢人而變成富有的人。就如華倫•巴菲特所說過：「通往財務天堂的路的確不少。」

既然我的窮爸爸是一個沒有資產的窮人，因此我無法繼承到任何的財富。我同時也不想為了錢而娶老婆。因此我在很年輕的時候就決定要用富爸爸的方式來獲得自己的財富，也就是透過財務教育並且不斷地累積資產來獲得。

問：因此，在缺乏財務教育的狀況下，絕大部分的人都不清楚資產與負債兩者之間的區別。也就是說許多人的財富因為缺乏財務教育而被別人所剽竊。你是不是這個意思？

答：是的。當一個人能了解一些最基本財務詞彙的定義時，他們就能增加自己的財富。好消息是：這些詞彙都是免費的。

過去、現在以及未來

問：這是不是為什麼上百萬受過教育同時又認真工作的民眾，一直無法保有自己財富的原因？他們被教育成金錢的奴隸，就好比在美國內戰之前那些沒有受過教育的勞工奴隸一樣。你是不是這個意思？

答：是的。教育，或者缺乏教育，就是當權派所掌握的關鍵權力之一。

問：那些當權派目前面臨什麼樣子的狀況？

答：資訊時代的來臨使得那些當權派逐漸失去原本所具備的優勢。這就是為什麼當今一個人所受的財務教育多寡，遠比歷史上任何時代還來得重要。目前既得利益者都活在權力的幻覺之中，因此他們會無所不用其極地想要繼續維護自身的權力。

問：你對未來有什麼看法？

答：再次強調，一張圖勝過千言萬語。我會拿一些圖表給你看，同時也會做一些解釋，但是接下來就完全要靠你自己來判斷未來會變成什麼樣子。

在圖表八上，你看到的是道瓊工業指數的過去、現在以及未來。雖然它並不能代表整體的經濟狀況與活動，但它的確是一個非常複雜經濟體某個面向的縮影。

問：因此未來走向只有三種選擇：向上、向下，或者是盤整？

答：是的，這三種選擇永遠都是一樣的。

問：那麼你對未來有什麼樣的看法？

答：想要掌握未來最佳的辦法就是先回溯過去。在圖表九當中你可以看到一個被稱之為經濟大蕭條的過去事件，而這個事件的起因就是因為一九二九年股市大崩盤所致。

問：別開玩笑了，那個小突起就是傳說中一九二九年股市的大崩盤嗎？

答：是的。

問：那麼下一次的股市崩盤會不會更嚴重？

答：會的。

問：如果下一次股市崩盤會更嚴重的話，又會發生什麼樣的事情？

答：讓我們回顧當年經濟大蕭條的狀況。（見下頁圖表十）

若用道瓊工業指數來衡量經濟大蕭條的話，那麼這個期間一共持續了二十五年，也就是從一九二九年起到一九五四年止才結束。因為在一九二九年道瓊工業指數達到了三八一點的歷史高點。整整二十五年之後它才又回復到這個水準。這並不是唯一的看法，也有許多人認為經濟大蕭條是於一九三九年提早結束的。

問：我們是不是有可能正要面臨一次新的經濟大蕭條？

圖表八

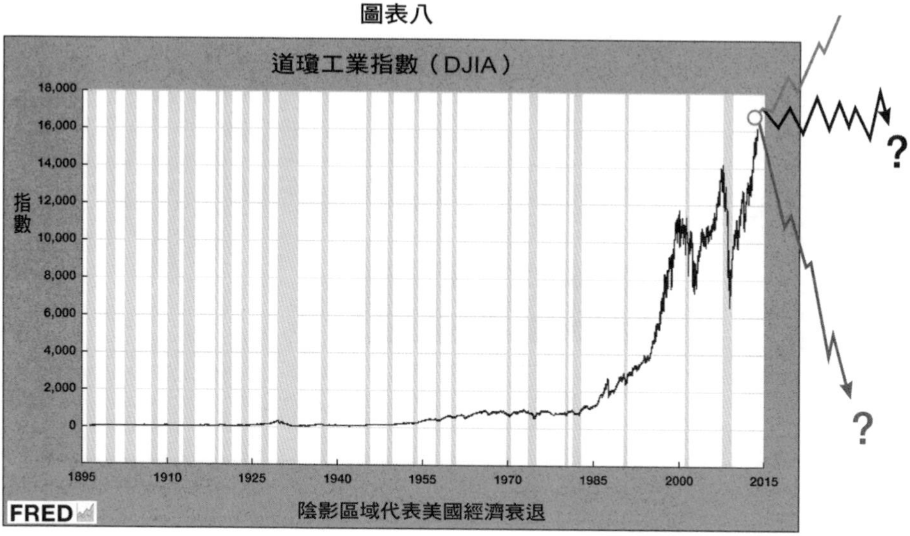
道瓊工業指數（DJIA）
18,000
16,000
14,000
12,000
10,000
8,000
6,000
4,000
2,000
0
指數
1895
1910
1925
1940
1955
1970
1985
2000
2015
陰影區域代表美國經濟衰退
FRED
?
?

圖表九

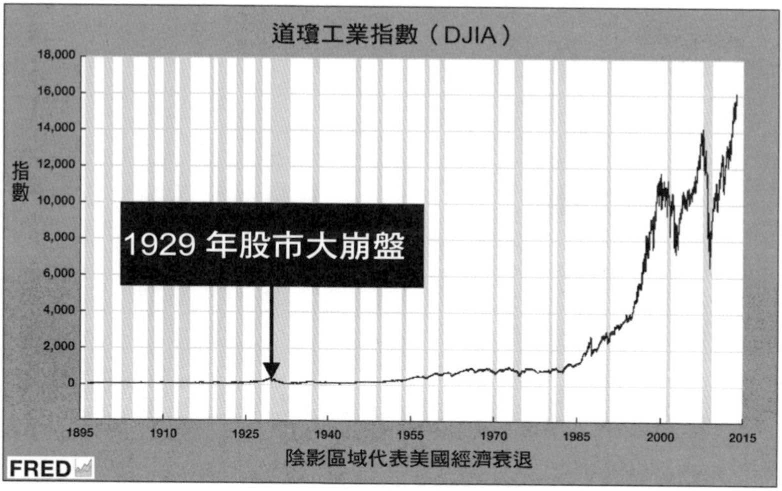
道瓊工業指數（DJIA）
18,000
16,000
14,000
12,000
10,000
8,000
6,000
4,000
2,000
0
指數
1929 年股市大崩盤
1895
1910
1925
1940
1955
1970
1985
2000
2015
陰影區域代表美國經濟衰退
FRED

圖表十

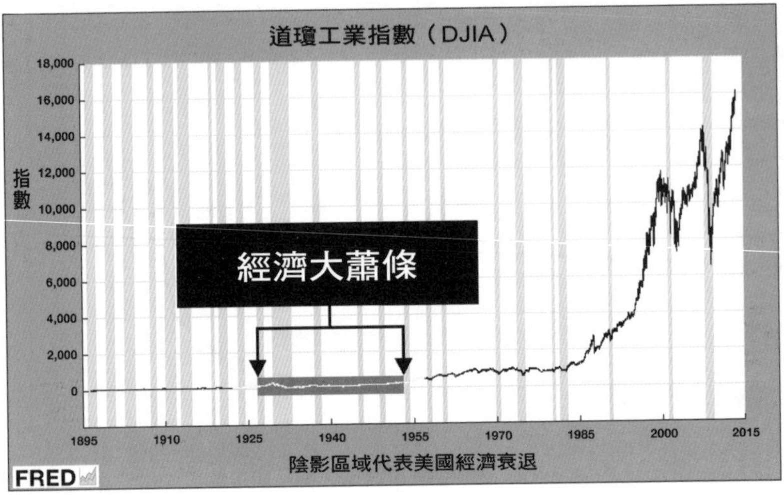
道瓊工業指數（DJIA）
18,000
16,000
14,000
12,000
10,000
8,000
6,000
4,000
2,000
0
指數
經濟大蕭條
1895
1910
1925
1940
1955
1970
1985
2000
2015
陰影區域代表美國經濟衰退
FRED

圖表十一

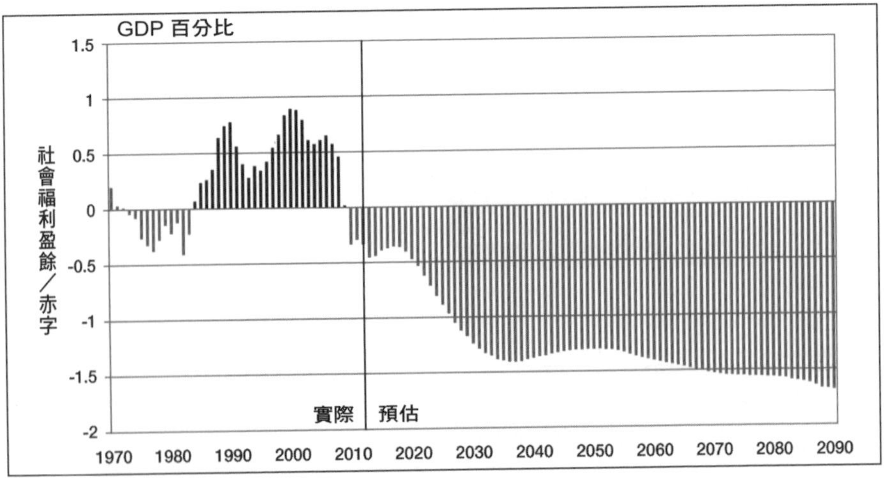
GDP 百分比
1.5
1
0.5
0
-0.5
-1
-1.5
-2
社會福利盈餘／赤字
實際
預估
1970
1980
1990
2000
2010
2020
2030
2040
2050
2060
2070
2080
2090

答：是的。其實有許多人早就感覺自己身處在新經濟大蕭條之中。這也就是為什麼會有這麼多民眾需要依賴糧票過活，中產階級也不斷地在萎縮，而背負鉅額學貸的畢業生們一直找不到工作，許多昨日身價百萬的富翁們如今也都變得一貧如洗等現象的發生。除此之外，我們還面臨著七千六百萬戰後嬰兒潮世代的美國民眾正要邁入退休的年齡。許多的（也可以說是絕大部分）的戰後嬰兒潮世代民眾，並沒有足夠的資金來支應自己的退休生活。加上醫療與藥物的進步會延長民眾的壽命，因此這些人的醫療健保成本、食物、能源以及居住等花費，將來也必定會跟著水漲船高。

社會福利制度

看看代表美國社會福利基金狀況的圖表十一。

問：圖表十一代表著什麼意思？

答：對不同的人來說有著不同的意思。如果你還年輕，那麼這張圖的意思就是說你千萬不要幻想將來政府會來照顧你。如果你是屬於戰後嬰兒潮世代的，那麼這張圖的意思就是在告訴你，你當年繳交給社會福利基金的錢都已經告罄了。如果你是在第二次世界大戰期間出生的，那麼你投胎的時機近乎完美。

非常有深意的圖表十二就是美國的國債。這張圖在陳述著完全不同的故事。

問：圖表十二又告訴了我們什麼事情？

答：同樣的，答案取決於你問什麼人而定。對大多數人來說，也就是一般的美國民眾而言，這張圖一點意義都沒有。由於缺乏財務教育的基礎，因此絕大部分美國人對這張圖一點概念都沒有。這張圖對他們來說跟自己根本毫無關係。

二〇一四年末，美國國債已經超過了十七兆美元之譜。對一些人來說美國的末日已經來臨了；而對極少數的人來說，這將是他們一輩子難得的機會。

問：圖表十二對你而言又有什麼意義？

答：我之前雖然提到兩種不同的群組，但是我個人卻屬於第三個群組。即便是我對於那些即將受到傷害的兩個群組感到憂心，但是我個人卻是充滿興奮並且非常期待親眼看到近未來即將要發生的，人類歷史上最大的一次財富與權力的移轉。這個事件將會開啟一個嶄新的時代。如果能妥善的讓這次的轉變產生應有的效應，那麼許多禁錮人類的體制與枷鎖將會永遠的被拋棄，世界就會邁入一個足以讓全世界人類富有富足的新時代。如果這次的轉變不順利，那麼當今的既得利益者必定會持續利用各種手段來維護自身的利益，全球因而會進入一個現代化的黑暗時代。

問：那麼造成這兩種不同結果的原因是什麼？

答：許多因素會扮演著不同的角色，例如科技，或者中國崛起成為世界新強權等等各種不同的因素。但是最大的改變必需來自於教育，重點不是教什麼，而是用什麼方式教導才是重點的所在。

圖表十二
1940 年至今的國債

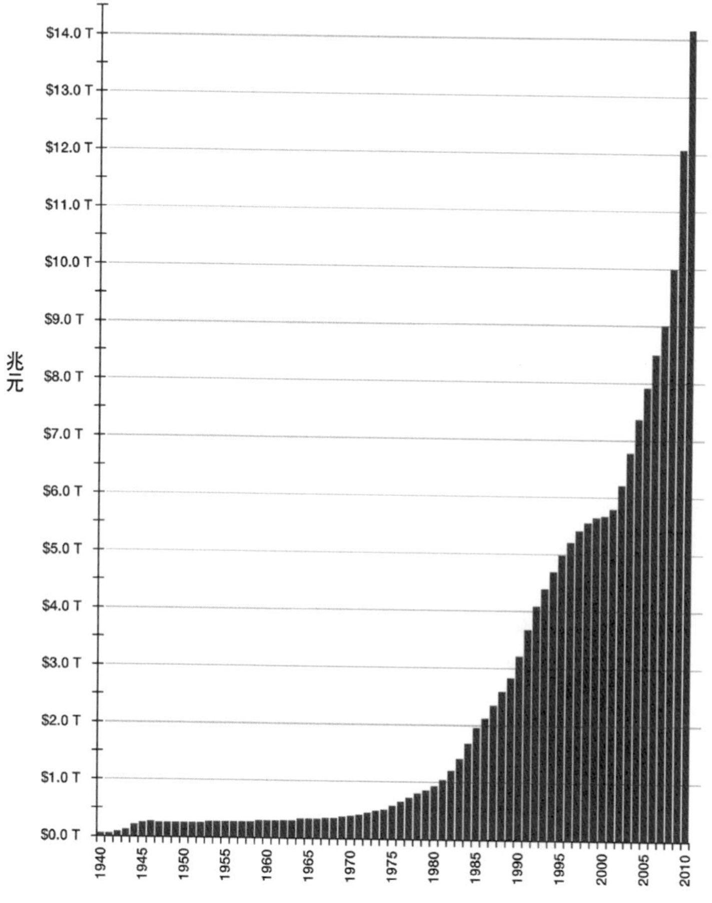

問：你認為成功的機會有多大？你認為我們的教育方式會有所改變嗎？

答：不大。至少在近未來是不會發生改變的。現在已經有足夠的證據可以支持這樣子的論點：當今控制貨幣體系的家族們，他們同時也控制著我們當前的教育體系。這就是為什麼我從一九八四年起成為一個教育創業家的原因。這也就是為什麼我會在既有的教育體制之外，寫了這麼多書並且創造財務教育遊戲等等教學的工具。如今我像富爸爸一樣是一位創業家，但同時也跟窮爸爸一樣是個教育家，成為這兩者的綜合體。

就如同你所知，我非常推崇個人所應負起的責任。我相信凡事都可以改變，而且我們都有改變以及控制改變的能力，我們每個人都具備改變自己的力量。而且這其中最容易，而且通常是最有威力的，就是藉著教育來進行改變。

問：那麼你對未來抱持著什麼樣的看法？

答：想要一窺未來就必須得先回溯我們的過去。俗話說：「那些無法從歷史當中學到教訓的人，將來注定要重蹈覆轍。」

在過去有兩種不同的經濟蕭條：1.美國的經濟大蕭條（一九二九年—一九五四年）。2.德國的惡性通貨膨脹（一九一八年—一九二四年）。

問：這兩者有什麼差異？

答：簡單來說，美國沒有印鈔票而德國印了很多鈔票。

圖表十三右方在告訴我們德國人選擇印鈔票之後所產生的結果。圖表十三左方告訴我們，當一個政府和中央銀行藉著印鈔票來支應政府支出時會產生什麼樣的結果。

倘若一九一八年銀行裡存有一百萬馬克的德國民眾，會被人當成百萬富翁來看待。但在短短五年之後，這些百萬富翁個個都淪為窮光蛋。

問：請問現在的美國是不是也在發生同樣的狀況？

答：是的。英國、日本、和歐洲各國一樣都在大量的印鈔票（發行通貨）。

問：為什麼這些國家要這麼做？

答：為了支付國家的開支。

問：我以為國家是要靠稅收來支付政府的開支？

圖表十三

1923 年的百萬富翁在 5 年後破產

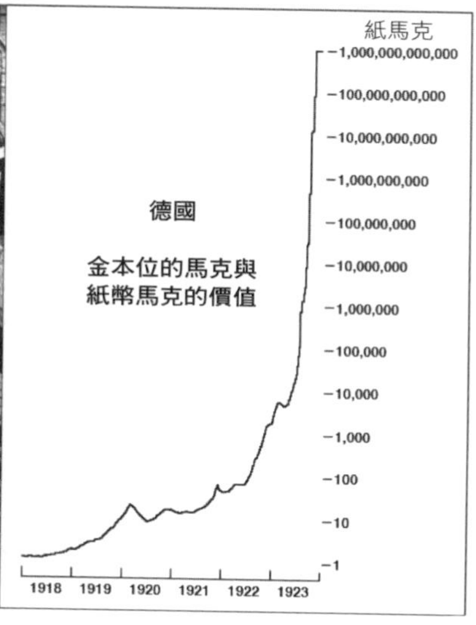

答：是的。問題出在全球經濟正在迅速的崩壞中，因此當經濟不好的時候稅收也會跟著短缺，所以政府赤字跟著變嚴重。舉個簡單的例子：假設有一個雙親都在工作的四口之家，有一天爸爸突然失去了工作。此時雖然媽媽仍然在工作，但是單靠她一個人的收入無法支應全家開支所需，所以積欠的帳單會愈來愈多。和國家最大的差別是：這四口之家無法用印鈔票這種方式來解決他們的困境。國家卻能自行增加通貨的發行量，直到其他國家不再願意接受這個國家的幣值為止。

問：當這個家庭積欠的帳單過高之後，又會發生什麼樣的事情？

答：一般來說爸爸媽媽只好被迫宣布破產。

問：國家這麼做又會發生什麼樣的事情？

答：該國的貨幣就會發生崩盤。意思就是說沒有任何人願意接受或使用該國的貨幣。這就跟例子中的媽媽去超級市場買菜時，發現信用卡已經刷不過了，或者店家不願意收她的支票這種情形是一樣的。就算媽媽證明她仍然有工作也一樣枉然。

問：德國在一九二三年就是發生了這種事情嗎？

答：是的。

問：最近也發生同樣的例子嗎？

答：是的。非洲最富有的國家辛巴威就發生了同樣的事情。該國在二〇〇八年的辛巴威幣就面臨了同樣的下場。

雖然只有少數讀者可能知道一九二三年德國發生馬克崩盤的事件，但是我在二〇〇四年飛往辛巴威，想要親自體驗貨幣崩盤的情景。結果是一件很悲慘的事情，事實上還讓人心有餘悸。數百萬的民眾流亡他國，而有上百萬的民眾活活餓死。

辛巴威以前被稱之為羅德西亞（Rhodesia）。這個名稱的來源是根據一八八〇年代世界首富之一的賽西爾・羅德斯（Cecil Rhodes）來命名的。他是一位因為南非鑽石而致富的創業家。

羅德西亞於一九八〇年改名為辛巴威，結果從非洲最富有的國度淪為非洲最沒有希望的國家。為什麼？因為政府開始藉著印鈔票來支應國家的赤字。結果在二〇〇七年金融風暴之後，世界各國都開始沿用辛巴威的經濟模式。

我們絕大部分的人都經歷過股市崩盤或者房市崩盤的狀況。但只有極少數的人經歷過貨幣崩盤這種事件。貨幣崩盤跟股市或房市崩盤是非常不一樣的事情。

問：我能怎麼做？

答：這就是本書講述的重點。第一篇先從瞭解過去開始，讓你能一窺未來將會發生什麼樣的事情。第四十一頁圖表十三的德國民眾，在一九二〇年拿著掃帚在清理滿地紙鈔的街道，就是要讓你看看未來會發生什麼樣的事情。千萬別忘了，當政府用印鈔票的方式來支應開支時，紙鈔就會變成廢紙。

問：所以本書的重點是教我們要為將來的全球貨幣崩盤，及股市和房市的崩盤做準備？

答：是的。下頁圖表十四是有關於「量化寬鬆政策」（QE, Quantitative Easing）。

問：這代表了什麼意思？

圖表十四

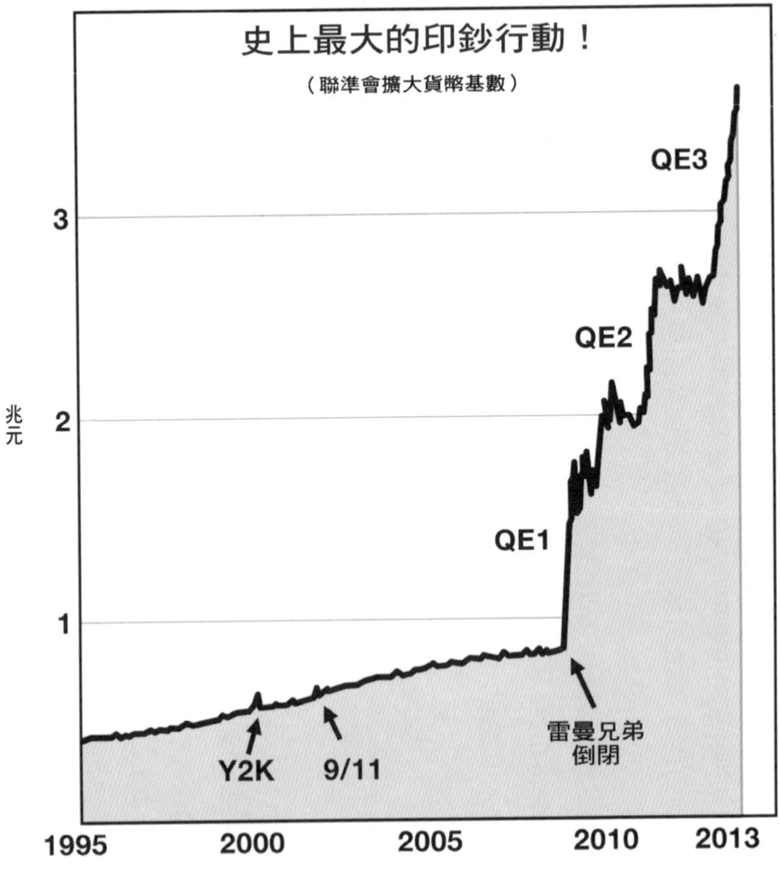
史上最大的印鈔行動！
（聯準會擴大貨幣基數）
兆元
1
2
3
QE1
QE2
QE3
Y2K
9/11
雷曼兄弟
倒閉
1995
2000
2005
2010
2013

答：這表示美國已經踏上了上次德國惡性通膨所造成的經濟蕭條之路。亦即美國政府打算藉著拚命印鈔票來消弭這次的金融危機。

問：這對我個人而言會有什麼影響？

答：對你造成的影響就如同在本章一開始我所說的。雖然你辛苦賺到了錢，但實際上你的財富被剽竊了。我稍早也提到說，當初在設計現行的貨幣體制時，其目的並不是來幫助民眾變得更富有。當今一般人所謂的「錢」，是被設計成用來剝削你個人財富的手段之一。

請您檢視圖表十五。這張

圖表十五

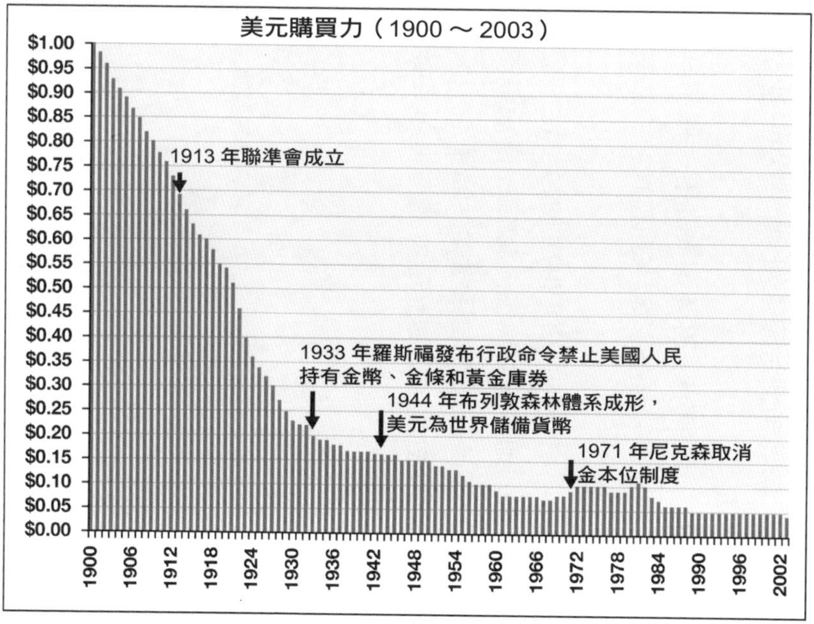

圖在告訴你所謂的「錢」實質購買力的變化。

美元的實質購買力在這一百年期間足足失去了百分之九十五。我懷疑根本不用再等一百年，美元就會失去最後僅存的百分之五。

問：你的意思是說美元將會變得一文不值？

答：如果美國繼續印鈔票，的確很有可能發生這種事情。

問：但是美國不可能會讓這種事情發生，對吧？

答：其實這種事情在美國已經發生了很多次。

問：什麼時候發生的？

答：在美國獨立革命期間，喬治・華盛頓總統以及美國國會開始發行一種稱之為「大陸幣」（Continental）的貨幣來支應革命戰爭所需。英國因此藉著印製大量偽造的大陸幣來打擊其價值。大陸幣的價值很快地貶到比一般紙張還不值錢。因此在獨立戰爭期間衍生出美國著名的俗諺：「比大陸幣還不值錢」的這句話（Not worth a Continental）。

而「邦聯幣」（Confederate）也是一樣的下場。在美國南北戰爭期間，南方邦聯發行了邦聯幣來應付開支並且購買武器。美國南北戰爭當中南方戰敗的主要原因，也可以歸咎於採行「不當的貨幣」所致。

而當時的美國政府則是發行「綠背票」（Greenback）來支應南北戰爭所需。如果換成北方戰敗，相信綠背票一樣也會隨著邦聯幣一起變成像廢紙一樣。如果當今的美國政府繼續大量印製現行的綠背票，那麼目前的美元很有可能走上當年大陸幣與邦聯幣同樣的下場。

問：如果美元變得一文不值又會發生什麼樣的事情？

答：這時候存款儲蓄的人們將會變成最大的輸家，而且那些辛苦為錢工作的民眾將永無翻身之日。這些人的財富將會化為烏有。我經常會提醒自己說：在一九一八年的一位德國百萬富翁到了一九二三年時就會變得一貧如洗。這也就是為什麼在《富爸爸窮爸爸》一書中，開宗明義就強調說：有錢人從不為錢工作的原因。

問：如果有錢人從不為錢工作，那麼有錢人工作都是為了什麼？

答：這就是本書，以及我其他著作和遊戲，想要告訴你的事情。許多人需要第二次的機會來重新思考自己工作的目的到底是為了什麼。

問：那麼我需要學會哪些事物？

答：讓我們先從過去講起。

問：為什麼需要從過去講起？

答：因為唯有回溯過去我們才能預見未來。在回溯過去的過程當中，你就會知道富有的權貴和當權派是如何藉著金錢來剽竊我們民眾的財富。

在接下來的章節裡，你將會知道有錢人和權貴們是如何藉著金融大劫案來剝削我們一般的百姓。如果你了解這場搶劫是如何運作的，那麼你就有機會現在做出明智的選擇，來確保自己擁有一個更富足而且安穩的未來。

問：是否每個人都能擁有一個更富足而且安穩的未來？

答：很不幸的是不會。我認為不可能。

問：為什麼？

答：因為絕大部分的人還活在過去之中。如果他們還沉溺於過往，那他們就不會理解富爸爸的第一個教訓，也就是有錢人從不為錢工作的道理。

因為現在有太多的人為了錢而忙碌，拚命工作來支付帳單並且為了自己的將來而存錢儲蓄。除非他們願意花時間來瞭解過去，要不然他們是永遠不會懂得富爸爸的第一個教訓。

對於那些仍然陷溺在過去的人們，就算是給這些人第二次的機會，大概也不會對他們產生多大的幫助。就如同我們所知道的：「瘋狂的定義就是，不斷地重複同樣的做法而期待會有不同的結果發生。」凡是講到金錢這方面，可以說現代人絕大部分都已經瘋狂了。

我們必須先從回溯過去才能遇見未來，因此，你準備好要回溯過去了嗎？如果你的答案是：「準備好了」的話，那麼就請繼續閱讀下去。

問：最後一個問題：如果當初設計金融體系時的「錢」是用來讓民眾變得更窮，藉此來剽竊他們財富的話，那麼是什麼人會因為這種「錢」而變得更加富有？

答：就是那些有錢人，特別是那些控制整個金錢遊戲卻不為錢工作的有錢人們。

問：請問這場金錢遊戲已經進行多久了？

答：從人類的誕生就已經開始了。人類亙古以來就想要奴役其他的人類，或者想盡辦法強取豪奪其他人的事物。這並不是新的遊戲。有錢人從很久之前就一直在進行這樣子的遊戲。

如果現在換你學習這場遊戲怎麼進行，也就是有錢人們在玩的金錢遊戲，那麼這就是讓你翻轉人生的第二次機會。

第二章　能預見未來的人

我絕大部分的進展都是誤打誤撞的結果。當你摒除一切的「非也」之後，你就會發現什麼才是「所以然也」。

—巴克明斯特・富勒博士

一九六七年夏天我和一位同學藉著搭便車的方式，一路從紐約市到達了加拿大的蒙特婁。當時我和安迪・安德列森（Andy Andreasen）都是就讀於紐約國王角（Kings Point）的美國商船學院（U.S. Merchant Marine Academy）二十歲的年輕人。我們搭便車到蒙特婁是想要一窺未來的世界。

一九六七年的世界博覽會是在蒙特婁舉行，並且以未來世界發展為主題。美國館就坐落於整個博覽會的正中央，是一幢遠遠從幾公里外就能看得到，非常巨大的穹頂建築所構成。這個建築的設計師就是巴克明斯特・富勒博士，一個被世人視為當代的天才型人物。富勒博士獲得了「未來學家」的稱謂，也經常被人稱之為「未來之祖父」。美國政府採用富勒博士所設計的穹頂建築，來做為美國館並且代表未來，的確是一個很明智的決定。

富勒博士（很多人暱稱他為「巴奇」Bucky）是位謎一般的人物，一位無法將之歸類的才子。哈佛大學宣稱富勒博士是該校最傑出的校友之一，但是他從未從哈佛大學畢業。雖然富勒博士從未完成大學學業，但是他此生一共獲得了四十七個榮譽學位。

美國建築師協會（American Institute of Architects, AIA）也把富勒博士視為當代最頂尖的建築師之一。雖然富勒博士沒有受過建築師的培訓，但是全球各地都能看到他的建築作品。AIA 總部恭敬地在它們的大廳裡呈列著富勒博士的半身像。

富勒博士也被視為美國歷史上最傑出的人士之一，他在自己的名下擁有兩千多項專利權。

富勒也有許多的著作，涉獵的主題非常廣泛，其中包括了科學、哲學以及詩詞等。雷根總統於一九八二年給富勒博士頒發了總統自由勳章，而且他也曾經被提名角逐諾貝爾獎。雖然他達成了極高的成就，但是富勒博士常常自謙說自己只不過是個「小人物」罷了（I'm just a little guy）。

窮爸爸和巴奇

我的生父，也是我書中經常提到的「窮爸爸」，是他向我介紹富勒博士這號人物

富勒博士榮登《時代雜誌》封面

的。在一九五〇年代末我還是小學生的時候，父親和我會花很多時間利用小木棒和膠水來打造富勒博士所設計的各種模型。我們當時做出了各種四面體、八面體、以及二十面體等，富勒博士把這些形狀稱之為「構成宇宙的基本建築單位」。窮爸爸和巴奇有許多共通之處。兩位都是極為聰明的人，並且在數學、自然科學，以及設計等學術領域當中，都擁有極高的造詣。兩位也都致力於創造更美好的世界，一個能讓所有人都有所發揮的美好世界。兩位也將一生奉獻於服務人群並創造世界的和平。當富勒博士在一九六四年榮登《時代雜誌》（Time）的封面時，我的父親簡直是高興得不得了。

身處於未來的世界之中

一九六七年我和安迪，以及其他巴奇的追隨者都迫不及待地參訪，並站在富勒博士所設計的美國館之中。當時站在那穹頂建築裡的感覺真的非常奇妙，是一個超乎現實，內心充滿和平與希望，一次難忘的經歷。我作夢都沒有想過，將來有一天我會有機會跟這位「未來之祖父」的人物學習。

一九八一年某個週末，我受邀前往加州太浩湖（Lake Tahoe）的度假中心，因為有機會可以向富勒博士學習。那一次研討會的名稱是「商業的未來」。那個週末的課程內容，從此改變了我生命的方向。

我真希望能說我當初去參加這個研討會的目的，是想要針對世界和平、數學、自然科學、設計、宇宙法則以及哲學等方面做進一步的學習與探討，但是我不能說謊。我參加那次研討會最主要的動機，是想要從富勒博士那裡學會預測未來的能力，我認為只要學會如何準確的預測未來，我就可以憑這個能力來賺到更多的錢。

但是課程的最後一天，在我身上發生了某種事情，雖然我很想要解釋清楚，但是我無法用我有限的詞彙來描述我當時的經歷。

因為我自願協助現場志工拍攝課程的過程，所以事發當時我站在攝影機的三腳架後方。我之所以會自願做攝影工作的原因，是因為當我坐在觀眾席裡聽課時我會一直打瞌睡。富勒博士並非那種採用互動式教學的老師，甚至可說他上課的方式非常無聊，他會喃喃自語並且經常使用很多我所聽不懂的詞彙。就在課程即將結束之前，我抬頭從攝影機的鏡頭裡面望出去，此時鏡頭正好對著他，忽然有一股溫柔的暖流流竄了我的全身。我可以感覺到我的內心因此而敞開，同時我開始淚流不止。這些淚水並非我的悲傷或者是痛苦，而是一種充滿感激的淚水，因為這位先生這麼多年來一直抱持著這麼大的勇氣，不斷地做著同樣的工作：引領並且教導人類如何前瞻未來。

當富勒博士感動並同時啟發了約翰．丹佛（John Denver）的生命之後，約翰寫了一首歌專門用來奉獻給富勒博士用的。這首歌的名稱叫做「一個人到底能做些什麼」（What One Man Can Do）。

約翰．丹佛獻給富勒博士的那一首歌，其歌詞中的文字遠遠的更能表達出我當時在富勒博士課程當中所體驗到的感受。一直讓我深深感動，約翰．丹佛寫所寫的這首歌其歌詞如下：

真相是很難說出口的
尤其是當沒有人想聽真話
或者沒有人在乎
到底發生了什麼事情的時候
獨自一人孤軍奮戰更是艱辛
特別是當你需要有人挺你的時候
你個人的精神和信心
需要比一般人更加地堅強

接著就是副歌：

一個人是可以擁有夢想的
一個人也可以充滿愛
改變世界可以先從自己做起
再次讓這個世界年輕
這就是一個人可以做到的事情

為什麼我會在本書提到我跟富勒博士的邂逅，是因為本書的重點著重於第二次的機會，而那一次的邂逅也是我這一輩子當中，許多第二次機會裡其中的一次。所以當我回到檀香山的家時，我已經完全改頭換面了。我在一九八一年授權給位於台灣、韓國以及夏威夷等地區的廠家，請這些工廠生產當時搖滾樂業界的各種相關產品。

當時我的公司負責生產平克·佛洛伊德（Pink Floyd），杜蘭杜蘭（Duran Duran），猶太祭司（Judas Priest），范海倫（Van Halen），喬治男孩（Boy George），泰德·納金特（Ted Nugent），快速馬車（REO Speedwagon），警察合唱團（The Police）等樂團的相關產品。我愛死這個行業了。我的工廠不斷地生產出印有各個樂團名字與肖像的帽子、皮夾、提袋等產品。每個週末我都會到演場會的現場，親眼看著快樂的死忠歌迷們不斷搶購我們公司所生產出來的產品。生意簡直是好的不得了。我當時是單身，住在威基基海灘，事業又在賺大錢，鄰居都是像湯姆·謝立克（Tom Selleck）等這類的名人，當時的我非常滿意這樣子的生活。

問題是富勒博士已經打動了我的心，而我自己在內心深處也知道，我以往那些充斥著性、毒品、搖滾樂，以及拜金等荒唐的日子已經走到了盡頭。我開始不斷地問自己這些問題：「我可以做些什麼才能讓世界變得更美好一些？」以及：「我到底要如何過這一生？」

一九八一年那時我才三十四歲，並且擁有三項專業的能力。我已經畢業於紐約美國商船學院，獲得了自然科學領域的碩士學位，並且擁有駕駛巨型油輪三副的執照。我也曾經參加美國海軍飛行學院，並且擁有飛行的專業執照。雖然我曾經考慮過要到民營航空公司當飛機駕駛員，但是當我從越戰退伍之後，即便是我仍然熱愛飛行，但是我內心知道我不會再以飛行作為職志了。我已經是一位創業家，擁有遍布全球生產與配銷的事業。我的搖滾樂產品也打入了遍布全美國的通路商，例如JC Penny百貨、淘兒唱片行，和Spencer's禮物店等，同時也會在所有的演場會裡發售，並且也和全球大盤商配合，來讓我的產品進軍各國的零售市場。

我所面對的問題是：我遇見了富勒博士。當我回到檀香山的工廠時，我在腦海中會情不自禁地回到我當時在蒙特婁的經歷。就像我稍早所說，站在那個球體建築裡有著魔法般的體驗，而且我也從未想過有一天我竟然可以親自見到設計這個穹頂建築的設計師，我更沒有想到在我遇到他本人之後，我的人生從此再也不一樣了。

我在精神領域的工作

與其繼續聆聽搖滾音樂，我現在開始聆聽約翰・丹佛的作品。每當我聽到約翰唱出「一個人到底能做些什麼」這首歌的時候，我就會一直問自己：「我應該要怎麼做才不會浪費這輩子的生命？」每當我聆聽搖滾樂時，這種音樂只會刺激我前往威基基海灘夜店的慾望。

而當我聆聽約翰・丹佛的歌時，我都會開始從內心深處思索問題。我不再熬夜去夜店，反而花更多的時間獨處、衝浪，或者登山等，好好享受大自然之美。我經常會利用週末的時間參加個人成長的課程，來學習如何在精神上以及情緒上成為一個更優秀的人。我這種柔情文派的作風的確惹來了一些海軍陸戰隊戰友們的白眼，但是我發現我開始會把愈來愈多的時間投注在各種企業的聚會中，一起致力於解決當地和搖滾樂產業有關社區所面臨的的各種問題。

過了很久之後我才驚覺到，我們之所以會上學校唸書，是希望能找到一份能在財務上有所收穫的工作。在我遇見富勒博士之後，我突然理解到我已經開始在尋找能讓自己在精神上能有所收穫的工作，一個精神上的職志，我在精神領域的工作以及我生命的意義到底是什麼。

從一九八一年至一九八三年的三年間，每年夏天我都把握機會向富勒博士學習。在等待下次夏天來臨之前，我都會跟在課程認識的新朋友相聚，成立一個讀書會，專門研討富勒博士的著作。博士所寫的書並不是很淺顯易懂，因此我們大家一致同意每週都要閱讀某個章節，然後安排某個夜晚到其中一位學員家裡聚會，一起討論並且用「心智圖」（mind-map）來畫出富勒博士在該章節裡想要傳遞的思想。

心智圖是一種利用各種顏色與圖像（而非文字）來組織化富勒博士每個章節裡的中心思想，並且予以優化排序。我們把這些圖表畫在一張極大的海報紙上，並且在正中央畫出一個核心概念作為起點。每張心智圖都是畫在一張大海報紙上，並且從畫在正中心的核心思想開始擴展出去。畫出優質心智圖的關鍵，就是要多利用各種顏色和圖像，文字反而要用的愈少愈好。由於規定不能用很多文字來表達，因此強迫我們這群參與討論的人們，必須要想辦法藉著各種圖像來替代文字來表達自己的想法和內容。這種做法的確大大增進了我們整個學習和討論的過程。

我們都聽說過「三個臭皮匠勝過一個諸葛亮」這句俗諺，但是在學校裡，如果兩個人一起合作解決問題會被稱為作弊。我們當時所進行的讀書會，利用相互討論、各種顏色以及圖畫等等來進行，是一種非常令人興奮、具有啟發性、深具挑戰，而且完全不會感覺到無聊的學習方式。與其熬夜混夜店，我現在熬夜都是因為非常投入在讀書會熱烈的討論之中。我清楚知道，這是我能找到自己人生意義的第二次機會。與其回到學校再次學習如何運輸石油，或者重返空軍學校學習如何轟炸敵人，或者去唸商學院來學習如何生產與銷售更多搖滾樂產品等等，我又再次的「入學」了，要給自己一個嶄新的第二次機會，藉著學習來讓自己成為一個更優質的人類，並且希望能成為一個有能力讓這個世界變得更美好的人。

問題在於我根本不知道自己在精神領域的工作到底是什麼，或者將來應該做些什麼。我在一九八一年至一九八三年間奉獻了大量的時間，來研究富勒博士的作品。而一九八三年的夏天，是我最後一次參加他的課程。在這堂課結束的時候，富勒博士用了這句話來做結束：「再見了親愛的人們。我們明年夏天再見。」但是隔年夏天我們並沒有再次見到他。因為他在那次課程結束三個星期之後，亦即一九八三年七月一號的時候去世了。

即將來臨的改變

到了一九八四年我知道我一定要做出改變，但問題是我並不是很清楚知道自己應該做什麼，因此我決定做什麼都好。就如俗話所說的：「有時候你必須放下自己喜歡做的事情，這樣子才能開始從事自己所應該做的事情。」我當時也把李查・巴哈（Richard Bach）於一九七〇年首次出版的《天地一沙鷗》（Jonathan Livingston Seagull）這本書重新讀了一遍。

接下來的內容摘自維基百科，讓你稍微瞭解那一本書到底在闡述什麼：

本書講述的是強納森・李文斯敦這隻海鷗的故事，一隻厭倦了每天為了食物吵吵鬧鬧的海鷗。由於熱衷於飛行，強納森不斷地鞭策著自己，學習任何有關飛行的事物，直到有一天牠不再願意只是為了融入群體而壓抑自己的能力，結果被鳥群驅逐出去。被放逐的強納森持續不斷地學習，愈來愈滿意於自己一直在進步的飛行技巧，並且過著平和快樂的生活。

有一天，強納森遇到了另外兩隻把牠帶往「更高存在的境界」的海鷗，並且發現沒有所謂的天堂，唯有一個大夥不斷精進所學的美好世界，牠在這個世界裡認識了其他許多熱愛飛行的海鷗。強納森發現由於自己頑固執著以及渴望學習，讓牠成為「萬中選一」善於飛行的海鷗。在這個新的世界裡，強納森和最睿智的海鷗長老成為好友，長老的教導完全超越了強納森以往所學，牠教導強納森如何在宇宙當中瞬間移動到任何想要到達的地方。這個能力的祕訣，按照長老的說法，是「打從一開始就要體認其實你早已經到達目地的了」。對於新生活仍然感到不滿足的強納森，重返地球尋找跟自己類似的海鷗，跟他們分享自己的所學，同時傳播自己對飛行的熱愛。牠的義舉非常的成功，身邊跟隨著眾多因為不願意壓抑自己能力而被群體放逐的海鷗。到了最後，牠最早的學生之一，海鷗福萊契・林德也已經出師成為卓越的老師，因此強納森就再次離開，去教導其他的鳥群。

勇於一試

我從《天地一沙鷗》這本書裡所得到的教訓是：有時候人們需要懂得放手，來讓生命之河帶領他們去到自己所屬的地方。因此從一九八三年夏天起一直到一九八四年為止，我就開始準備放手並且讓生命之河引領我。

整個放手過程的第一步，就是通知我那兩位搖滾樂事業的合夥人我準備打算「放手」並且不會再回來了。當他們問我說我打算要去哪裡，我含糊地跟他們說類似「讓生命之河決定」等等的話。看他們兩個一頭霧水的樣子，我只好言簡意賅地說：「我準備朝向未知的領域勇於一試」。因此他們從一九八三年十月開始買下我手中的股份，好讓我完全退出這個事業。

一九八四年一月的時候，我分別在夏威夷、紐約、台灣以及香港等地進行移交與善後的工作。這時候我遇見了這輩子看過最美麗的女人。她的名字叫做金，而且她根本不想要跟我有任何的瓜葛。接下來的半年裡，我一直不斷地約她出來，但是在這六個月期間她每一次的回應都是一樣的：「不要。」

最後她同意跟我約會一次。我們一起用晚餐，並且整夜在威基基海灘上漫步，直到太陽昇起為止。整個晚上直到天明的期間，我跟她談到了富勒博士，以及生命的意義等話題和一個人在精神領域上的工作。她是我所遇見第一個對這些主題感到興趣的女性。

接下來的幾個月裡頭，我們經常碰面。她是我整個「放手」過程當中的重要部分。當我含著淚水跟事業夥伴以及檀香山工廠的員工道別時，是她在我的身邊陪著我。我和金也清楚的知道，我們兩個也很快要互相道再見。因為她在檀香山擁有屬於自己的廣告事業，而我則是放下一切，毫無未來安排地勇於遠走他鄉。有一天，隨著分手的日子愈來愈近，金突然跟我說：「我想要跟你一起走」。因此一九八四年十二月我和金手牽著手，一起朝著未知的未來遠走他鄉。想當然，一九八五年是我們這一輩子過得最辛苦的一年。但是很不幸，我們當時並不知道我們在將來還會遭遇到一些更惡劣的狀況。跟之後發生的一些情況比較起來，一九八五那一年還不算是太難熬的。

我真希望能告訴你們說，我們一路上過得很輕鬆順遂，但實際上簡直是跟走了一趟地獄一樣。就算到了時下的二〇一四年，雖然我們在財務和專業的領域上獲得了所謂的「成功」，但是我們仍然要面對現實的生活，而這個世界上確實存在著貪婪、謊言、不誠實、法律訴訟以及罪犯等問題。

雖然經歷了無數的困境和心傷，這趟旅程跟《天地一沙鷗》一書中所形容的旅程非常相近。整個過程不斷地在試煉我們的精神以及考驗我們繼續前進的決心，看我們是否會因為路途太遙遠、太困難而選擇放棄。好消息是一路上我們認識了許多傑出的人們，各種不同的人士，如果金繼續待在廣告公司而我也選擇繼續做製造業的話，我們這輩子是根本不會跟這些人有所交集。

這一路上我們所認識並且後來變成好友的人們，在維基百科《天地一沙鷗》第二章的摘要裡形容的最好：

強納森昇華到一個所有海鷗都在享受飛行的社會裡。牠之所以擁有這樣子的能力，是因為牠曾經獨自一人不斷地練習所致。整個學習的過程結合了非常有經驗的老師以及極為勤勉的學生，因此幾乎到達了神聖的境界。

雖然他們完全投入的方式有所不同，但是因為彼此貢獻最珍貴的關鍵因而讓他們緊緊結合在一起：「你必須要了解，海鷗代表著毫無拘束的自由，也具有大鵬鳥的形象。」牠理解到必須要真實的面對自己：你擁有完全做自己的自由，在此時此刻，做真正的自己，而且沒有任何人事物可以阻擋你這麼做。

在一九八五這一年裡，有很多的日子我和金找不到地方住而且也沒有錢吃飯。我們只能輪流居住在一輛陳舊、棕色的豐田汽車中，或者拜託一位朋友讓我們在他的地下室過夜。就像我稍早所說的，這一切的確在都考驗著我們的信心。

在一九八五年秋天，生命之河把我們載到了澳洲，在這裡我們找到了許多熱愛我們教學內容的人們。我們藉著遊戲來教他們如何在創業和投資的同時負起社會上的責任。要一直到一九八五年的十二月分，我們才會在雪梨所開設的一堂課裡賺到了第一筆盈餘，這也就是為什麼我和金會這麼愛澳洲的理由之一，而且我們一輩子也會對澳洲的民眾銘感於心。我們當時必須學會放手，結果生命之河把我們載到了澳洲，而澳洲人也給了我們機會，讓我們發展出教學的能力。

換朋友

毫無預警的在一九八六年某天，我接獲了一通來自於約翰・丹佛的風之星基金會（Windstar Foundation）的電話。約翰準備在科羅拉多州的亞斯本舉辦一場研討會，而他想要知道我是否願意成為其中的一位講者。該研討會同時也邀請了班・寇恩（Ben Cohen）以及傑瑞・葛林菲爾（Jerry Greenfield），亦即「班和傑瑞」（Ben&Jerry）冰淇淋的創始人。我當然是回答「願意」了。

當我到了亞斯本，約翰在他自己的土地上搭起了大帳篷，我處在其中感覺好像是回到了蒙特婁巴奇的穹頂建築之中，同樣擁有魔法及奇蹟般，以及充滿希望的感覺。基於某種原因，我並不打算分享自己搖滾樂事業相關的內容，因為感覺上就是和該研討會的氣氛不搭調。

而且我完全沒有事先準備，但我上台講的主題卻是教育與學習。我分享了我在求學期間因為知道自己想學什麼，卻要被迫去學習我絲毫不感興趣的科目的這些痛苦的經歷。我還跟他們分享了因為自己不擅長寫作，因此高中英文還被當掉兩次的經驗。我替那些孩子們發聲，也就那些有心學習，但是無法接受學校傳統教育方式的孩子們。我也講說有許多孩子們的心靈與精神，在傳統學習的過程當中被無情地踐踏。最後在結束話題前，我要求所有的群眾手牽著手閉上眼睛，一起聆聽惠妮・休斯頓（Whitney Houston）最新發表的歌曲「至高無上的愛」（The Greatest Love of All）。那一首歌曲的第一句歌詞完全符合了當時的情景以及我想表達的訊息：「我相信孩子們是我們未來的主人翁……」

當我悄然下台的時候，絕大部分的聽眾都在流淚。這些人，也就是這一群「海鷗」們彼此相擁，有些在啜泣，就像我在一九八一年聆聽富勒博士演講時哭泣的情形如出一轍，這些眼淚代表的是愛，而不是悲傷。這些眼淚代表的是責任感，而不是責怪。這些眼淚同時也代表了感恩，感恩自己擁有生命這份禮物。這些眼淚同時也代表著勇氣，因為大家都知道想要改變世界需要極大的勇氣，一種發自心靈深處的勇氣。

這一群「海鷗」裡有很多人都知道勇氣這個詞彙來自於法文的「le coeur」，也就是「心」的意思。風之星基金會的成員是由一群早就學會飛翔的海鷗們所構成。他們深深知道學會飛行是需要極大的勇氣。

金在舞台旁邊迎接我下台，我們兩個靜默的緊緊擁抱在一起。我們知道我們已經找到了自己精神領域的工作、職志以及我們生命的意義。我們知道我們已經找到了我們即將要從事，而且到現在依然不變，一輩子的職志。

很諷刺的，當年被問到說：「你將來長大之後要做什麼」的問題時，「老師」這個答案完全不在我的腦海之中。對當時的我而言，成為一位律師而非老師更符合我的「崇高理想」。我個人並不痛恨學校。我痛恨的是我在學校被迫要學習一些我絲毫沒有興趣的科目，同時也痛恨無法好好學習自己想要搞懂的事物，也就是了解金錢並且像富爸爸一樣獲得財務上的自由。我不想要變得跟窮爸爸一樣，追求有保障的工作，成為薪水的奴隸，並且還要仰賴學校教師的退休金。

生意興隆

當我和金清楚知道我們精神領域的工作之後，我們小小的教育事業就開始逐漸蔓延至紐西蘭、加拿大、新加坡、馬來西亞等國，因此美國總公司的業務蒸蒸日上。

十年後的一九九四年，當我們把這個事業賣給了我們的事業伙伴之後，我和金就達到了財務自由，當時金是三十七歲而我則是四十七歲。我們達成財務自由的過程當中，完全沒有仰賴穩定的工作，或者政府的補助，更遑論一個塞滿股票、債券與基金的退休金帳戶。當人們開始詢問我們是如何不用憑藉傳統投資與退休基金而達到財務上的自由時，我和金就知道時機成熟了，是該給我們自己第二次機會的時候了。

我們遵循著富勒博士的一項基本原理（所謂基本原理就是在任何情況下恆真的一種規則，毫無例外），開始創立一個全新的事業。而今這個事業體叫做「富爸爸集團」。

我們所遵循的基本原則是：當我服務的人愈多，我就會變得愈有效率。抱持著服務更多人的信念，金和我開始研發我們的「現金流」遊戲，我也同時開始動手寫《富爸爸窮爸爸》這本書。在我五十歲生日當天，也就是一九九七年四月八日，富爸爸集團正式成立。我們的使命如下：「提升人類全體的財務狀況。」

富爸爸集團的第二次機會

就如我在本書第一章所說的，金錢的世界正在改變，而且很不幸的，有數百萬的民眾並沒有跟著一起進化。雖然我們已經獲得了財務上的自由，但是我和金之所以會繼續創立富爸爸集團是因為它的企業使命，也就是希望能給人們的生命與財務第二次機會。

如今藉著數位版的遊戲與手機APP，富爸爸集團瞭解到它又有了第二次的機會，一個能藉著資訊時代新的工具與科技，來服務更多的人們。第二次機會最美妙的地方，就是你可以主動爭取並且擁有第二次的機會，而且完全沒有次數上的限制。我們每一個人都有能力去追求屬於自己的第二次機會，而不是自憐自艾地抱怨過去的陳年往事。當我們學得愈多，我們就更能夠察覺並體會我們身處在一個不斷變化的世界之中，因此當我們決心給自己第二次機會的時候，我們就更有機會獲得自己想要的成功。

富勒博士最後一本著作是《強取豪奪的巨人》（Grunch of Giants）這本書。「Grunch」這個字眼是「全球性現金大劫案」（Gross Universal Cash Heist）的縮寫。《強取豪奪的巨人》這本書在他一九八三年去世之後才出版的。這本書是富勒博士首次把焦點放那些富爸爸也在擔心的事物上，特別是我們現行的金融體系是專門設計用來剽竊民眾的財富。

當我在一九八三年看完《強取豪奪的巨人》這本書之後簡直是怒不可遏。我清楚知道我絕對不可能繼續從事製造業了。雖然我當時不知道應該做什麼，但是我知道我一定要有所行動。我知道的已經太多了，不可能繼續保持沉默。富勒博士教導我們要如何預測未來，連我這種程度的人也都能預見未來注定發生的危機。而且這次的危機的源頭，肇始於我們既有的教育體制。

在接下來的幾章裡，我會詳加解釋我學到了什麼，以及為什麼我們現在會面臨經濟上重大的危機。這種金錢上的搶奪根本不是最近才發生的，它很久之前就已經存在了。對於那些想要追求第二次機會的人們而言，務必要知道富勒博士口中的所說的「強取豪奪的巨人」到底是何方神聖，同時也清楚未來會發生什麼樣的事情，這點對於要為自己和家人創造光明未來很重要。

第三章 我能做些什麼?

發明就是了，然後等人類想通並且需要我的發明。

——巴克明斯特·富勒博士

經過一段時日我才搞懂富勒博士預測未來的能力，是和選對股票、抓大盤轉折點、賭馬買彩券，或者是預測今年職業棒球冠軍是哪個隊伍等等，一點關係也沒有。他對未來的願景，是從上帝的觀點來放眼人類的未來。

博士一直很猶豫是否要採用「上帝」這樣子的字眼，因為對許多人來說，這個字眼潛藏了許多宗教上的意義、情緒，以及對立等等。富勒博士並不認為上帝一定是白人、猶太人、阿拉伯人，或則是亞洲人。與其用上帝這個字眼，他個人決定採用美國原住民的說法，也就是「偉大的神靈」。偉大的神靈是將整個「宇宙」連結在一起，不僅僅是天堂和地球而已，一種不可見的存在。

每當我在本書當中使用上帝這個字眼，請你務必要了解我這麼說完全和任何宗教無關。我尊重任何人的選擇，選擇信仰上帝，或者選擇不相信上帝，以及選擇信奉其他宗教的權利。簡言之，我個人相信宗教自由，而且這個自由包括選擇是否相信上帝的存在。我對政治的看法也是一樣的。我個人並不屬於民主黨或者是共和黨。我對於互相傷害這類的事一點興趣都沒有。事實上相較於許多政治人物，我甚至比較喜歡我自己的觀點。

人類的進化

富勒博士在金錢這方面並不是一個未來學家。偉大的神靈在期待人類的進化，而富勒博士則是這方面的未來學家。他相信人類是上帝所做的一個長期的實驗，把他們放在一個叫做地球的太空船上，看看他們是否可以演進，看人類是否有能力且有意願，把地球變成一個天上人間，或者最終把地球變成一個人間煉獄。

富勒博士相信偉大的神靈希望所有的人都能變得非常的富有。他經常會說：「地球上存在著六十多億的億萬富翁」，他說這句話的時候是一九八〇年代。如果換成現在，他一定會改口說「七十億」位億萬富翁。而在一九八〇年時，經過查證的億萬富翁還不到五十位，遠比富勒博士所說的六十億少了許多。在二〇〇八年大約有一千一百五十位億萬富翁，而今這個數字估計已經達到一千六百四十位左右。

富勒博士也預測說人類在演進的過程當中，目前已經來到了一個關鍵的時刻。如果人類不儘快用慷慨與富足的心態取代貪婪與自私的行為，那麼地球上人類這場實驗將會宣告結束。他經常把那些拚命獨佔「上帝所賜的資源」的那些有錢人和當權派稱之為「血栓」。他堅信，如果人類再不進化不但會自取滅亡，同時也會毀掉整個地球的生態。

富勒博士之所以會想要找出各種宇宙的基本原理，是因為這些看不見的力量一直在主宰著我們的宇宙。換句話說，這些基本原理就是偉大神靈運作的法則，而偉大的神靈必定希望所有人類以及地球上所有其他生命繁榮昌盛。富勒博士相信這類的宇宙基本原理大約有兩百到三百種左右。他這輩子一共發現了大約五十種這類的原理。我個人清楚了解並且有在實際應用的只有五種。

在富勒博士所有的著作以及演講中，他對那些只會運用地球上各種資源來累積個人財富的少數菁英份子，也就是貪婪的當權派，做出了非常嚴厲的批判。他堅信如果人類再不從貪婪變成慷慨分享，開始好好照料地球，讓全體人類和萬物都能繁榮興盛的話，那麼人類注定會被「地球這艘太空船」給驅逐，而且偉大神靈的實驗將會倒退數百萬年之久。他同時也說上帝非常具有耐心並且願意等待人類自行演進。很不幸的，你跟我並沒有這樣子的本領可以再耗一百萬年，來等待我們其他人類同胞的「覺醒」。

服務更多的人群

就如我在前一章節裡所提到的，富勒博士發現偉大神靈的基本定理當中有這麼一條：我服務的人愈多，我就會變得愈有效率。從我獲得人生第二次的機會開始，每當要做出事業上重大的決定時，我都會盡量服膺這項基本原理。與其只是為了讓自己發財而工作，我開始調教自己，每當我打算豐富自己的生命時，我一定會同時考慮要如何幫助其他人來豐富他們的生命。當我和金決定要把教育事業賣給我們的事業合夥人時，這條基本原理扮演了決定性的角色。雖然這個事業很成功，但是我們所能服務的人數是很有限的。

在一九九四年出售這個事業對我來說是個很困難的決定，因為我們曾經費心打造出這個事業，並且成功地讓它開始獲利。雖然如此，在我們內心清楚知道是我們放下這一切繼續前進的時候了。我們應該要去找尋全新的方法來服務更多的人。

一九九四年我們已經達到了財務上的自由。但是那樣的財務自由並非遵循富勒博士的教誨，而是聽從富爸爸所教導的內容。獲得財務上的自由的確給了我們研發新事業所需要的時間。現金流這款遊戲的量產版於一九九六年首次在拉斯維加斯亮相並且被消費者使用，而緊接著一週之後也在新加坡上市。接下來我們需要發展出一套商業計畫來推廣這套遊戲。

現金流遊戲本身有兩個內建的因子，讓它變得非常不利於銷售。第一點就是這款遊戲很複雜。我當時聘請的一位遊戲專家建議我們一定要把遊戲簡化到「無腦」的程度，要不然是不太可能把它賣出去的。結果我們決定不聽從這位專家的建議。因為當初設計現金流這款遊戲的目的，是要讓它成為一個教育用的工具，而不是一個為娛樂而設計的遊戲。

這款遊戲第二個問題就是它的生產成本非常高昂。同一個遊戲顧問告訴我們這款遊戲的零售價格應該訂在二十九．九五美元。假使我們把這款遊戲的零售價定在二十九．九五美元的話，那麼我們每套生產的成本就不能超過七塊錢。我們面臨的問題是第一批在中國生產出來的遊戲，如果包含運回美國的運費與倉儲等費用，每套的成本就已經超過了五十美元。我們再次違逆專家的建議，把現金流這款遊戲的零售價定在一百九十五美元，讓它成為市場上最昂貴的遊戲。

但逆境經常會衍生創新的思維。想要推廣一款一百九十五美元的遊戲，我跟金就非得運用極為創新的手段不可。所以我們聯繫之前教育事業的客戶，並且提議以我們的遊戲為主開設一天五百美元的課程。在這堂課程當中我們要玩兩次的現金流。第一次是為了熟悉整個遊戲的玩法，而第二次才是完全投入學習的玩法。結果整天課程的效果非常好。學員們個個都非常興奮，許多人都表示他們在這堂課程裡所學到有關於金錢的知識，遠遠比他們這輩子加起來所學到的還要多。當我們宣布這些被人玩過的二手遊戲只賣一百五十美元時，當場就被搜刮一空。事實上，雖然現場也有在賣一百九十五美元全新未拆封的遊戲，但是仍然有人為了爭奪這些被使用過的二手遊戲而大打出手。

這樣子的商業模式非常成功，因而促使「現金流俱樂部」概念的誕生。在二〇〇四年《紐約時報》刊登了一則關於現金流俱樂部的報導：《遊戲假錢有了新的價值》（The Rising Value of Play Money），並且經過調查之後發現全球各地有超過三千五百個現金流俱樂部。有許多俱樂部到現在還很活躍，持續在教導並且服務大眾，遠遠比我自己和金一輩子能服務的人數還多出許多。

問：如果你真的想要服務更多的人，為什麼不乾脆把遊戲免費送給別人？

答：我們的確考慮過要找政府補助遊戲的生產成本，但是這麼做就變成了採用了窮爸爸的心態，而不是運用富爸爸創業家的思維來進行這件事情。

何況經常給人免費的事物反倒會讓他們繼續待在貧窮之中。這種做法是在滋長「理所應得」的心態，而這種心態會扼殺創新能力以及個人應有的責任感。

就算實體遊戲生產的成本如此高昂，但網路版本的確是免費提供給數百萬的人使用。藉著現金流俱樂部，一套遊戲竟然可以（而且也確實做到了）免費的教導數百萬的人們。全球各地現金流俱樂部的領袖們都在致力於將這款遊戲教給大眾，而絕大部分人也都非常擁護富爸爸集團的使命，亦即：「提升人類全體的財務狀況。」。對他們而言教導不但是一種精神上的奉獻，當他們教的人愈多，他們自己本身也會學到更多。

絕大部分我所接觸過的現金流俱樂部領導者們，每個幾乎都會說他們得到的遠比他們所付出的還要多上許多。因為他們也在遵循所謂「祈禱必定有所回應」（**Ask and thou shall receive**）這個宗教的原理。很不幸的有一些現金流俱樂部的存在，只是為了銷售他人的產品或者在進行招商的行為。萬一你碰到了這類的俱樂部，希望你能了解就算我支持創業自由，但是我個人是極為反對這些利用我的遊戲來當成他們推銷自己產品的行銷工具。

另類的觀點

大約有半年的時間我在亞利桑那州古老的藝術鎮比斯比（Bisbee），住在一幢由監獄改建的古色古香老屋裡。老牌影星約翰・韋恩（John Wayne）曾經是這個監獄的房東。他愛死南亞利桑那州以及比斯比，甚至在這裡買下了一個大農莊。

白天的時候我在自己的小農場裡做工，努力將一個小驛站改建成一個一室一廳的出租屋，這個驛站恰為比斯比和惡名昭彰的墓碑鎮（tombstone）的中繼站，歷史上著名的OK Corral 槍戰就在這裡不遠處發生。夜晚來臨時，我就會坐在監獄裡寫書，而這是一個非常痛苦的歷程。我經常想開始但又選擇放棄，一陣惱火之後又想開始寫。好不容易某天晚上，由於白天整修房屋以及不斷煩惱要寫什麼書而筋疲力盡的時候，我開始輸入一本書的第一行字，我還記得這一行字是：「我有一位富爸爸以及一位窮爸爸」。

《富爸爸窮爸爸》一書因此而誕生了。很多人不知道寫《富爸爸》叢書第一本《富爸爸窮爸爸》這一本書當初的目的，是把它當成行銷現金流遊戲用的「說明小冊子」。

一九九七年四月八日在我五十歲生日那一天，我們發行了《富爸爸窮爸爸》這本書，同時也成立了富爸爸集團。

《富爸爸窮爸爸》這本書開始遍布全球，並且都是自行出版的，直到西元二〇〇〇年，它開始藉著口碑颳起了一陣旋風，結果有某天榮登《紐約時報》暢銷書的排行榜。在這個崇高的排行榜上，本書是唯一自行出版的書。

沒有多久之後歐普拉脫口秀的製作人打了個電話給我。但是在安排我上電視節目之前，對方要求跟富爸爸的兒子聯繫。當對方做完富爸爸和窮爸爸的背景調查之後，他們就跟我敲定上節目的日子。當邀請函來的時候我人在澳洲。當時對我來說是一個兩難的決定：我是否應該持續留在澳洲，還是飛到芝加哥接受訪問。這時候我再次想起「我服務的人愈多，我就會變得愈有效率」這項基本原理，因此決定縮短行程，從澳洲直飛芝加哥。我還記得走上歐普拉的舞台，跟她肩並肩一起坐了一個小時左右，並且向她介紹財務教育這個觀念。

就因為那一小時，從此我的命運就完全不同了。在那個小時之前我是一個無名小卒，之後變成了世界聞名的財務教育代言人。我花了五十五年的光陰，以及眾多的成功與失敗，還有為數不少的第二次機會，才讓我一夕成名。我說這個故事並非在自吹自擂或著是自以為了不起，而是想要藉著自身的經歷，來讓人們瞭解富勒博士一般的原理，以及富爸爸有關金錢方面的教導等，是這麼具有威力與效果。

有錢人都非常慷慨

有個記者問我是否因為上了歐普拉的節目才變成有錢人的？我的回答是在我踏上節目的舞台之前就已經非常富有了。我之所以在財務上有相當的成就，是因為我花了一輩子累積知識，特別是一些在學校裡找不到的知識。在節目中我只是很慷慨地把我所知道的與眾人分享而已。

我的回答中提到有錢人很慷慨惹得這個記者很不高興。從他的觀點來看，他認為人一定要非常的貪婪才有可能成為有錢人。當我費心用「一必定是多元的，而且至少有二」這個一般原理來向他解釋既然有人可以因為貪婪而致富，那麼同時必定也會有人因為慷慨而變得很富有，結果他的眼神開始變得很呆滯。他的腦筋死板地堅信，人若要致富就非得變得非常貪婪不可。在他的腦海中，人們是無法藉著慷慨來致富發財的。在他的認知裡有錢人只會有一種：貪婪的有錢人。

問：當你成名之後發生了什麼事情？日子是不是從此一帆風順？

答：差遠了。名氣和財富讓我的生活變得更複雜，而不是更輕鬆。很多朋友開始眼紅嫉妒。一些合夥人開始變得貪得無厭，甚至還開始中飽私囊。還有很多人突然出現，拚命問我該如何「幫忙」我。當時很難區分哪些人是響應我們的使命來支持我們的，或者只是看到我們所建立的一切而前來「找機會幫助自己」。

好消息是，多年來許多非常傑出的人士進入了我們的生命。再次強調：「一必定是多元的，而且至少有二」，因此我們也得學著迎接好運的同時，也要有能力處理這些壞事情。

巴奇最後的遺言

如同我之前所說，巴奇於一九八三年七月一日逝世了，而他的太太安妮在三十六個小時之後也跟著去世了。兩位都是享年八十七歲。就算是死亡的過程，巴奇也非常與眾不同。他當時正在講課（現在回想起來那次竟然是他最後一次授課），他突然停下來而且安安靜靜地坐了一回兒。我個人並沒有參與該堂課程，但我事後有聽錄音帶，並且聽到他在那堂課最後所講的一番話。我在這裡引述他所說的內容。

巴奇說他打算提早結束這次的課程，因為他的太太已經進入了彌留狀態。他上課前有提到他前幾天忽然有一種不祥的預感。他的預感是他將會跟他的太太一起往生。他感覺到他們倆不久之後就要面臨死亡，因此他說：「現在有非常神祕的事情正發生在我身上。」他鼓勵大家繼續努力傳承一切，並且用他一貫的說詞來結束他的演講：「謝謝你們這群可愛的人們。」

我之後才聽說富勒博士和他的太太彼此有過約定，就是絕對不親眼看著對方死亡。他們的確信守了彼此的承諾。巴奇火速趕到太太的病榻旁，而她已經陷入了重度昏迷。就如同事前安排的一樣，巴奇的頭靜靜地朝著太太倒了下去，然後很安靜地就去世了。他的太太在三十六個小時之後也跟著他走了，雙方信守了沒有親眼看著彼此死亡的承諾。我個人猜想巴奇應該是聽到了偉大神靈在召喚他，是他們應該回去的時候了。

當我聽到他們倆雙雙去世的消息時，我正在檀香山的高速公路上開車。這個新聞是這麼的震撼，我只能將車子停在路邊哭泣。現在回過頭來看，我現在清楚知道那一天是我人生重要的分水嶺，之前的人生已經結束而開啟了嶄新的一頁。我再也不會是一個製造業的創業家，我即將成為一個教育業的創業家。

強取豪奪的巨人

在富勒博士過世幾個月之後，他最後一本著作《強取豪奪的巨人》出版了。就如同之前所說，「Grunch」這個字眼是「全球性的現金大劫案」（Gross Universal Cash Heist）的縮寫，這本書在告訴我們說有錢人和當權派是如何利用我們的金錢、政府以及銀行體制來剽竊我們的財富。

當我閱讀這本非常薄，但同時又非常具有殺傷力的書籍時，我許多年前的迷惑逐漸清晰了起來。我的記憶開始回到了過去，也就是我九歲的時候，我那時候舉手問老師：「我們什麼時候才可以開始學到有關於金錢的事情？」，以及「為什麼只有少數的人有錢而絕大部分的人都很窮？」等這類的問題。

在閱讀《強取豪奪的巨人》的過程裡，這些答案都逐漸浮現在我的腦海中。富勒博士對於教育體系做出了很嚴厲的批判。他批評的不是學校所教育的內容，而是我們是用什麼方式和手段在教育兒童的。他對於每個孩子所具備的獨特天賦看法如下：「每一個孩子出生的時候都具有無比的天賦才華，但是在成長的過程當中，因為沒有智慧的人類以及（或）不利的環境等因素，而逐漸被侵蝕遞減。」

他也說：「根據我的觀察，每個孩子都表露出複雜的好奇心。由於孩子對萬事萬物都感到好奇，但這讓只專精於某領域的父母或師長對孩子廣泛的興趣感到困擾。孩子從一出生就展現出他們已經有意識、理解、協調和運用的能力，並且施展在所有面向上。」

富勒博士建議學生們要重新掌握自己的教育過程。簡單來說：要跟賈伯斯在奧立岡州里德大學的作法一樣。賈伯斯先申請退學，因此他才可以再次選修研讀那些他個人感到有興趣的科目。賈伯斯後來再也沒有回去完成一般傳統的學業。

問：富勒博士是不是說每個人都是天才？

答：是的。

問：但是我不覺得自己很聰明，我也不認為自己有什麼天賦才華。為什麼會這樣？

答：就像富勒博士所說的，學校和父母經常會剝奪孩子本來有的天賦才華。富勒博士會把學校比喻成鑽石礦坑來舉例說明。老師們拚命在礦區裡面挖掘想要找鑽石，尋找符合他們印象中被稱之為天才的孩子們。而那些礦渣，或者被棄置兩旁的石頭和沙子，都是那些老師自以為沒有潛力和天分的孩子們。這就是為什麼會有這麼多孩子在受過傳統教育之後都覺得自己並不聰明，沒有什麼天分，而且一點也不特別，有的孩子甚至會對學校和教育體抱持著排斥或憤怒的情感。

問：那麼一個人要如何找到自己的天賦才華？

答：方法有很多。其中有一個就是改變自己所處的環境。

問：環境跟我的天賦才華又有什麼關係？

答：我舉以下幾個例子。很多學生在學校的教室裡覺得自己很沒用，但是他能夠在足球場上展現他的天賦才華。老虎伍茲的天賦才華在高爾夫球場上得以發揮的淋漓盡致；披頭四合唱團藉著吉他和鼓在錄音室裡大放異彩；賈伯斯雖然輟學，但是他在車庫裡跟史蒂夫・沃茲涅克（Steve Wozniak）研發蘋果電腦的過程中，讓他的天賦才華被世人所見。

問：那麼為什麼我覺得自己並不聰明？為什麼我找不到自己的天賦才華？

答：因為絕大部分的人每天離開家時，不是去學校就是去工作職場，而這些場所並不一定是他們能發揮自己天賦才華的場所。絕大部分的人一輩子都過著不滿意、有所缺憾、缺乏考驗，以及不被人所感恩的人生，這一切都是因為他們並沒有找到可以發揮自己天賦才華的環境所導致。

請你試想「天才」（genius）這幾個字，亦即「我們內在的神燈精靈」（genie-in-us），也就是神奇的自己。凡事天才、奇人以及啟發等等文意上都是相通的。請問你有沒有認識像這樣子的人，也就是廚房裡的魔術師？那種人可以把很平凡的食材變成令人難忘的美饌佳餚？

問：有。

答：你認不認識那些喜歡「拈花惹草」，有園藝天分的人？那一種人使用一些泥巴、水以及種子就能創造出一個美妙的花園出來？

問：當然認識了。

答：你是否有曾經觀賞過殘障奧運，也就是一個專門為那些肉體上有障礙的孩子們所舉辦的活動？你是否有被他們無視於自己的身心障礙，全心全意投入比賽所感動，甚至被鼓舞激勵？

問：有的。

答：以上這些都是我們「內在的神燈精靈」啟發激勵他人的例子。當別人的精神感動了我們自己內在的精神時，我們就會被激勵或打動。這個才是真正所謂「天賦的才華」。每當我們被他人激勵啟發時，我們都會再次憶起我們自己「內在的神燈精靈」。

問：那麼為什麼絕大部分的人都找不到自己的天賦才華？

答：因為天才並不好當。舉例來說，或許有人可以超越老虎伍茲，但是如果這個人不把自己一生奉獻於開發這樣子的天賦才華，那麼他們的神燈精靈永遠不會施展出祂應有的魔法出來。

問題比答案還要多

對我而言，當我把《強取豪奪的巨人》這本書看完之後，內心反而產生了更多的疑問。那時候是我這輩子第一次想要重新當個學生，來好好鑽研這個議題。我想再次回到九歲，舉手問老師那些有關於金錢的問題，並且把答案給找出來。我非常渴望學習並且想要找出：「為什麼學校從來不教導有關於金錢的事情？」以及「有錢人為什麼會變得這麼有錢？」等問題的答案。

當我把《強取豪奪的巨人》這本書讀完之後，我也繼續拜讀富勒博士其他有關於教育的著作。我發現我在九歲時所提出的問題，純粹是源自於我個人的好奇心所致。我只是想要研究金錢這項主題，以及有錢人致富的方法。我個人認為，有關於金錢和致富等內容在當前學術研究中被「消毒」乾淨並非只是巧合。因此我求學的精神在一九八三年重新被啟發，我完全照著富勒博士所形容的去做。我重新以學生的心情再次用功求學。

多年以來，我自己研究的心得完全印證了富勒博士所說的，也就是當今的貨幣制度是被設計用來剽竊民眾的財富，讓有錢人（而不是你我）變得愈來愈有錢。奴役他人並且剽竊別人財富這種行為從人類誕生以來就一直存在。富勒博士相信人性的貪婪以及奴役他人等行為，就是人類是否能進一步演化的關鍵，考驗著我們人類是否能從心出發，利用智慧在地球上建立天上人間；或者把地球的環境澈底毀壞，使之成為人間煉獄。

在《強取豪奪的巨人》這本書裡，富勒博士詳加描述這些有錢人以及當權派是如何利用金錢、銀行、政府、政客們、軍事領導者以及教育體系等，來落實他們控制的計畫。簡單來說，金錢是被設計來讓民眾成為鈔票的奴隸，永遠服侍那些掌控貨幣體制的權貴們。

諷刺的是，雖然富勒博士和我的富爸爸對於金錢的看法南轅北轍，但是他們對於「目前人類是被金錢所奴役的」這個觀點的看法倒是一致的。而且他們兩個人之間的差異也再次證實「一必定是多元的，而且至少有二」這個基本定理，亦即兩個人雖然論述方法不同，但是他們在觀點上所抱持的原則是一樣的。

知識的力量

在我上歐普拉的節目之後沒有多久，有一個信託基金公司開價四百萬美元請我幫忙代言他們公司旗下的共同基金。雖然我跟後來負責這個案子的先生一樣喜歡賺錢，但是接受這筆金錢就等於把自己出賣給那些強取豪奪的巨人們。財務教育最棒的好處是給予民眾做出自由選擇的權力，而且永遠再也不需要為了金錢而出賣自己的靈魂。

你到底能做些什麼？

問：因此我到底能做些什麼？

答：答案是你可以做的事情很多。目前世界上充斥著各種問題。或許比較好的問法是：你想要解決什麼樣的問題？你認為老天爺給你的獨特天賦才華是準備用來解決什麼樣的問題？你是否能靠自己一己之力完成，還是你可以選擇加入一群人或者某個團體組織，來解決你所關心的議題。

當你從「解決目前世界所面臨的困境」這個觀點來看，你就會發現有很多事情都值得去做，而且有很多事情是你可以去做的。更重要的問題是：你是否願意為了解決這些問題而付出心力，賣力工作？還是非得要等到有人願意付錢給你的時候，你才會考慮去做這件事情？

在下一個章節裡你將會學到的內容是，當我在尋找我們的財富是如何藉著金錢體系而被剽竊，及為什麼我們的學校裡完全沒有財務教育等這兩個問題時，所得到的答案。

藉著創造現金流這款桌遊，並且著手寫了《富爸爸窮爸爸》這本書，我們的財富、收入以及名聲都呈現幾何般的成長。我之所以要提到這一點，就是專門講給那些已經迫不及待，想要知道該怎麼做才能把握自己第二次機會的人們聽的。那些想要在金錢以及人生方面獲得第二次機會的人們，或許你應該開始要問自己這個問題：「我要怎麼做才能服務更多的人們？」而不是：「我要怎麼做才能賺到更多的錢？」

如果你問自己要如何服務更多的群眾，而不是拚命只想要為自己賺更多的錢，那麼你就已經開始遵循老天爺所安排的一般原理了。

第四章　什麼叫做搶奪？

黑暗時期仍然籠罩著全人類，直到最近這種既深遂又冥頑的箝制手段才逐漸被世人所察覺。這次黑暗時期的囚牢並沒有鐵欄杆、鐵鍊或者是枷鎖。它反而是用錯誤的資訊來築起高牆，再藉著誤導來禁錮全體人類。

——巴克明斯特・富勒博士

繼《強取豪奪的巨人》之後，富勒博士又出版了一本名叫《宇宙學》（Cosmography）的書。當我在書中讀到「我們仍然身處於黑暗時代」這句話的時候，我的思維深深地受到震撼。

我想要在這方面學得更多，我問自己的問題是：「強取豪奪的巨人們是藉著什麼樣的方式，持續把我們囚禁在黑暗時代之中？」

對我個人而言，閱讀富勒博士《強取豪奪的巨人》這本書，就好像找到一個一千片拼圖裡其中的一百塊碎片是一樣的。《強取豪奪的巨人》這一百片拼圖，很快的就和多年前富爸爸幫我拼好的另外一百片拼圖連結了起來，現在整個拼圖的圖案逐漸明朗，而且變得富有含意。我開始理解我們的財富是如何藉著人人每天使用的現金，而被少數人劫走。

一九八三年我大概擁有一千片拼圖其中的兩百片。我已經隱約看到整體的樣貌，因此渴望懂得更多。我也知道待在原來的生活模式中是不可能學會這些事情，因此我就決定學習富勒博士在一九二七年所做的事情，我將勇敢地躍進入未知的領域。

問：為什麼要選擇進入未知的領域？

答：因為我真的不知道自己的未來會怎麼樣。我當時唯一的想法是：如果富勒博士在一九二七年勇於躍進未來而找到了自己的天賦才華，或許我應該（同時也可以）這麼做。我在求學期間學業表現不佳，或許我在未知的領域中會有更好的表現也說不定。

問：到底是什麼驅使你這麼做？為什麼要放棄原本美好的生活，去追逐未知的領域？

答：因為不公平。我是在動盪不安的六零年代中成長的。民眾對越戰的抗爭以及社區中的種族歧視暴動不斷地在發生。

我在一九六五年遠離夏威夷封閉的家鄉希洛市，前往紐約就讀美國商船學院。我的室友是一位年輕的黑人（而現在為了不帶有偏見，我應該把他稱之為「非洲裔」）。湯姆・傑克遜（Tom Jackson）是我第一個非洲裔的朋友，因為我的家鄉希洛地區沒有任何非洲裔。

當時每天的晚間新聞都是關於種族歧視暴動的新聞，而傑克遜會一直幫忙補充說明，讓我能聽到另外一派的說法。

我們心知肚明種族歧視的現象是存在的。夏威夷同樣也有著種族歧視，就是我們口中稱之為白鬼（Haoles）的白種人，他們會歧視亞洲裔和夏威夷當地居民等。但夏威夷的狀況跟我朋友湯姆所經歷的種族歧視程度有著天壤之別。

問：所以驅使你這麼做的就是種族歧視嗎？

答：對也不對。種族歧視會一直存在於人類社會之中，驅使我的反而是不公不義。我在一九六九年從紐約國王角的美國商船學院畢業後，我就到佛羅里達州（離阿拉巴馬州不遠）的戰術飛行學校深造。有一位飛行學校的白人同學邀請我到他的家鄉伯明罕市作客，當時該市就是六〇年代種族歧視暴動的震央。

問：那麼你學到了什麼？

答：種族歧視在本質上根本是一種財務上的歧視。當時黑人想要爭取的是提升生活品質的權利。當我跟阿拉巴馬州當地的白人和黑人談過話之後，我清楚地瞭解到雙方都是為了同樣的理由在抗爭：雙方只是想要有提升自己的生活品質的權力罷了。

或許你還記得當時的抗爭和暴動是因為該州開始允許黑人和白人混合就讀同樣的學校。無論黑人或者是白人，雙方都想要獲得更優質的教育來提升自己的生活水準。

問：所以不公平之處在哪裡？

答：所謂的不公平就是我們的學校裡缺乏財務教育所致。人們上學想要提升生活的水準，但是根本學不到和錢有關的事情。

問：那麼到了今天這個問題還存在嗎？人們上學受教育但是仍然學不到與金錢相關的知識？不公平指的就是這個嗎？

答：是的。至今無論種族或有錢階級、中產階級，或者是貧窮階級，都在為了錢而困頓掙扎。因此人們開始擔憂恐慌，深怕自己的孩子沒有得到應有的教育水準，怕下一代找不到薪水高的好工作。諷刺的是孩子們在學校裡根本學不到有關於金錢方面的知識，就算有也只是一點點。

問：我仍然看不出來這樣哪裡不公平……？

答：因為財務上的無知造成不公平。如今全世界各地民眾的財富一直被當今的金融體制（這包括他們日常所使用的金錢）所剽竊，但是絕大部分的人們根本不知道這件事情。這些人的財富因為自身的工作、儲蓄存款以及股市投資等，而不斷地在消逝當中。如果不改變現狀，我怕六〇年代的暴動會再次重演，但這次發生的原因卻不是因為種族歧視。

當年十八歲的我被商船學院的黑人室友湯姆・傑克遜帶回到他位於華盛頓特區的老家中，這趟旅程深深震撼我的內心。而造訪剛發生種族暴動的阿拉巴馬州伯明罕市、我那位白人同學的家鄉時，一樣也讓我深感困擾。如今我眼見同樣的恐慌和貧窮瀰漫著美國社會的各個角落之中。我也瞭解為什麼每個大城市，犯罪和販毒都會成為一般人賺錢途徑的首選。因為犯罪的收益遠比上班來的多許多，而毒品還可以舒緩民眾內心的痛苦和煎熬，這至少讓販毒或犯罪可以讓家人溫飽，並提供避風遮雨的地方。

如今這種苦痛已經瀰漫社會的各個階層。金錢和無知是不分種族的，缺乏財務教育才是當今社會最不公義之處，而當我看完《強取豪奪的巨人》這本書之後就想要對此有更深的瞭解。就像富勒博士所說的：「人們不可能愈學愈少，你只會愈學愈多。」這就是為什麼金和我在一九八四年決定勇於一試的原因。我們當時真的不清楚要做什麼，我們只知道自己一定要做些事情而已。

薪水的魔力

富爸爸說：「薪水是人類所有發明之中，最有威力的一種工具。發薪水的那些人將會擁有支配他人身體、心智以及靈魂的權力。」他也會說：「當年廢除奴隸制度後，有錢人就發明了薪水。」這就是為什麼我在《富爸爸窮爸爸》這本書裡開章明義就說道：「有錢人從不為錢工作」。

問：那麼我們要如何消滅這種不公義？

答：要先從語言文字開始著手。

文字是一種工具

富勒博士經常會說：「文字是一種工具。」既然文字能影響我們的思路，因此他相信文字語言是人類發明最強而有力的工具之一，這就是為什麼他對於自己所用的詞彙都會再三斟酌。富勒博士相信很多人生活之所以會面臨困難，是因為他們所用的詞彙都在剝奪他們自己本身的力量，讓他們變得更軟弱、混亂、滿懷恐懼，而且有時候甚至充滿憤怒。

當富爸爸嚴格禁止我和他的兒子說出「我付不起」或「我沒有錢」這種話的時候，他就已經呼應富勒博士所講的「文字語言可以讓你變得軟弱」這個道理。

因此我們就開始問自己：「我要如何才能負擔得起？」並且挑戰自己的思維來找出解決問題的辦法。每當我們選擇並且運用文字語言的時候，不是在拓展我們本身的思維，就是在封閉自己的心智。前者的結果是讓你充滿力量並且培養出絕佳的創造力，後者則會讓你變成無能為力的受害者，這個就是語言文字所具有的力量。

凡事講到財務上的詞彙時，富爸爸跟富勒博士的看法是一致的。舉例來說，富爸爸認為之所以會有這麼多貧窮的人，是因為他們都只會運用貧窮的詞彙。如果你讀《富爸爸窮爸爸》這本書時，你也許會記得書中窮爸爸經常會說：「我的房子是一項資產。」而我的富爸爸則認為：「你的父親或許受過高等教育，但是他的房子並非一項資產，它其實是一種負債。」

數百萬的民眾之所以貧窮並且在財務上困頓掙扎，簡單來說是因為他們運用「貧窮」或者不正確的詞彙和語言。數百萬的民眾在財務上非常辛苦的另外一個原因，是因為他們經常把「負債」當成「資產」來看。

富爸爸的定義都非常簡單明瞭。他是這麼定義的：資產就是把錢放到自己口袋裡的東西；負債就是把錢從口袋裡拿走的東西。

圖表一

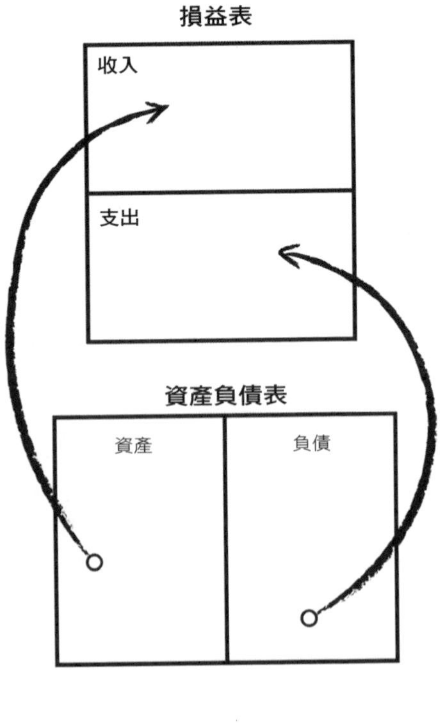

接著他就會畫出一張簡單的資產負債表圖型來解釋這兩個定義。他盡量用圖表來教育我們是因為「一張圖勝過千言萬語」。

從圖表一中你可以清楚看見，到底何者是資產何者是負債的關鍵就在於現金流。其實現金流這三個字，很可能是財務教育當中最重要的詞彙。

詞彙可以讓你致富

我九歲的時候就知道將來我一定會變成有錢人，因為富爸爸教會了我財務相關財務詞彙的意義。我也知道自己將來也會變得非常有錢，因為我知道資產和負債兩者之間的區別。我從九歲的時候就知道，我的工作就是要累積資產並且讓自己的負債愈少愈好。

這並非什麼深奧的學問，九歲的我就已經可以懂得這些基本的道理。絕大部分的美國人（不管其年齡為何）和我最大不同的之處，就是有人（這個例子中的富爸爸）花了時間教我與金錢相關的語言以及各種詞彙的意思，讓我熟悉這個領域並且可以清楚地掌控自己的金錢，進而擁有人生的主導權。或許你的第二次機會也應該從此處開始著手。

富爸爸藉著跟我們玩大富翁（Monopoly）這款遊戲，來對啟蒙我們的財務教育，同時也讓我們學習各種詞彙的意義。我九歲的時候就知道當一幢綠色的房屋，在遊戲規則下創造出十元的現金流，並且可以把這筆錢放到自己口袋裡時，它才算是一項資產，這是非常簡單的數學。能清楚分辨財務相關的詞彙是非常有威力的一件事情，同時也改變了我的人生。隨著年齡和經驗的增長，當我懂得愈來愈多財務相關的詞彙時，我的財富也一直不斷地在增加。就如我稍早所說的：知識就是力量。所有的知識源自於詞彙。而最令人開心的消息是：所有的詞彙都是免費的。

就如富勒博士所說的，詞彙是一種工具，是人類所有創造出來的工具中最具有威力的一種。詞彙同時也是我們思想的燃料，運用貧乏的詞彙就好比在汽車裡面添加劣質的汽油，長久下來不但會影響前進的效率，同時也會對一個人的一生造成決定性的影響。所以這樣看來，貧窮的人並不只是沒有錢而已，只是他們在自己潛力無限的腦袋裡，運用了非常貧乏的詞彙罷了。

光是靠金錢本身是永遠沒有辦法消弭貧窮的，很多人因為善心而會捐些錢給一些貧窮的人，但是把錢施捨給貧窮人這種行為，只會讓這些人更容易持續處在貧窮之中。如果我們真的想要終結貧窮，我們就應該讓這些窮人提升他們所使用詞彙的水準。

「理所應得」的心態

我很早在主日學裡聽過這句話：「施人以魚飽食一日，授人以漁終身受用。」想要百姓在財務上獨立自主，那麼就得先採用那些對他們本身有幫助的詞彙，而不是讓他們運用「理所應得心態」相關的詞彙。

許多中產階級之所以過得很不好，是因為他們選用非常差勁的詞彙。許多中產階級會運用「要存錢儲蓄」這種荒唐的語言，因為當今政府和銀行的印鈔機一直在高速的運轉不停。有數百萬的中產階級以及業餘投資者們也會經常運用「長期投資」這個詞彙。但是當專業投資者在利用百萬分之一秒計的「高頻交易」（High Frequency Trading）來賺錢時，所謂的「長期投資」只不過是半秒鐘的時間而已。

財務上的混淆

數百萬民眾在財務上之所以會困頓掙扎的原因，是因為他們運用了自己不了解的詞彙。所謂的「財經專家」一般上來說都會引用一些專業術語和行話來凸顯自己的專業，同時也把客戶們搞得一頭霧水。舉例來說，我曾經參加過一堂有關於財務的研討會，會議中「財經專家們」滿嘴都是相對強弱指標、移動平均線以及暗池等術語。俗話說：「如果你不能賣弄智慧讓他們如癡如醉，那麼就隨口胡謅把他們搞得一頭霧水」。為什麼有這麼多人在投資的時候都會賠錢，是因為有人曾經運用金融上的一些胡謅的屁話把他們搞的一頭霧水。

有一個名詞一直讓富爸爸感嘆不已，也就是「經紀人」（broker）這個名詞（亦可當「身無分文」解釋）。當有人用運用這個詞彙時，他經常會忍不住暗笑說：「他們之所以被稱之為股票『經紀人』（broker）或者是不動產『經紀人』，是因為一般上來說他們都比你我還更窮（broke）。」

富爸爸也認為，如果對方需要成功地把產品推銷給你才能養家活口，那麼從這種人的口中聽取任何投資建議是一種高風險的行為。

他也說：「很多人都會向經紀人而非有錢人，詢問應該要怎麼投資。這就是為什麼絕大部分的投資者都會賠錢的原因。」

富爸爸對業務、經紀人完全沒有不滿之處。他有時候還會說：「投資者自己本身應該要負起責任，要懂得如何去分別良好的財務建議以及銷售話術兩者之間的差異。」

華倫巴菲特也這麼說過：「只有在華爾街這個地方才會看到這種現象，也就是坐著勞斯萊斯的人們都在跟乘坐地鐵上班的人們尋求投資上的建議。」

詞彙的力量

富爸爸絕對不允許我和他的兒子說出：「我沒辦法」以及「我負擔不起」等等之類的話。富爸爸說會講這些話的人通常都不是有錢人。他經常說：「那些滿嘴『我沒辦法』的人通常都在為那些會說『我要怎麼辦』的人工作。」與其說「我負擔不起」這句話，富爸爸叫我們要問自己：「我要怎麼做才能負擔得起？」而且與其用希望這個字眼，他傾向於用「我打算」或者「我將會」等等其他的說法。

跟富勒博士一樣，富爸爸對於他所運用的詞彙都非常謹慎小心。雖然他個人並沒有強烈的宗教信仰，但是他經常引用主日學裡故事來表達他想說的重點。每當他要提醒我們選擇詞彙的重要性時，他經常會引用約翰福音裡的一句話：「聖言成為血肉（And the word became flesh）。」

現金大劫案

當富勒博士採用「劫案」來當成書名的一部分時，我個人則是感覺到非常的吃驚。「劫奪」並非一般普通的詞彙，而且我相信他一定經過深思熟慮之後才決定把這個字眼放到書名之中。不知道富勒博士選用這個詞彙的時候是不是感覺到很氣憤，或者是他知道自己在地球這艘太空船上的日子經不多了。無論如何，他透過這麼做來表達他強烈動機的意圖再明顯不過。

看完《強取豪奪的巨人》這本書之後，我立即查了字典，想瞭解「劫奪」（heist）的解釋。這個字眼簡單的定義是：1. 名詞：一宗搶案。2. 動詞：劫奪、竊取。

再次強調，我認為他採用劫奪這個詞彙有點過於強烈、直截了當，以及具有危險性，因為他把劫奪這個字眼加諸於一個我們非常相信、神聖不可侵犯，也是我們人類文化當中最核心的機構之上。

在寫《強取豪奪的巨人》這本書之前，富勒博士被世人公認為「友善的巨人」。而他採用劫奪這個字眼確實有違他平常仁慈厚道的作風。直接指控我們當今的學校體系、銀行體系、法律體系、政府機構、政客以及軍方等，都是「全球現金大劫案」裡的罪犯，完全不像他「友善的巨人」一貫的作風。就在那個時候我決定開始親自研究這個議題，結果卻讓我感到非常不安。

教育的大劫案

我首先問自己的兩個問題是：「到底是誰掌控了教育？」以及「學校教育內容到底是由誰來決定？」但是得到的答案卻讓我感到困惑。

洛克斐勒（John D. Rockefeller）於一九〇三年成立了國民教育委員會（General Education Board）。他成立這個委員會的動機引起很大的爭議。有人說他之所以成立這個委員會的目的是為了改善教育，而另一派是說他這麼做完全是為了劫持美國的教育制度。雖然劫奪和劫持是不同的字眼，但是它們本質上的意義是相同的。

在同一個時期有另外一位「強盜貴族」（Robber Barons，無道義的工業鉅子）安德魯・卡內基（Andrew Carnegie）也在推廣自己旗下的「進階教導」（Advancement of Teaching）基金會。看起來洛克菲勒和卡內基都致力於對美國教育的大綱造成影響，進而指示學生們在學校受教育時所能學習的內容。

問題是：他們的目的為何？他們想造成什麼樣的影響？我再次提醒大家「一必定是多元的，而且至少有二」這項一般原理。當有人說洛克菲勒和卡內基是為了我們下一代教育著想時，一樣也會有人保持著完全相反的看法。在尋找答案的過程裡，我找到由一些具有可信度人士撰寫的，已經有六十多年甚至一百多年的報告，非常有煽動力卻令人難以接受的文件。在報告中他們對洛克菲勒和卡內基所做出的控訴以及所採用的字眼，根本不適合在這裡呈現給大家。

如今過了二、三十年之後再回想當初我所找到的報告，現在看來這些報告的作者當初的顧慮的確有它的真實性。當年洛克菲勒和卡內基最被垢病之處，就是這兩位想要消滅美國的立國精神，並且打算利用教育體制來達成他們的目的。

為了自由而遠離自己出身的國家，想要追求更美好人生的一群人，因為唾棄高壓統治而組成了美國。人人在這裡都有權利實現所謂的美國夢。因此深植在美國人民心中那種堅定不移、獨立自主、野心勃勃的精神，讓民眾們完全無法被那些有錢人和權貴們所擺佈。那些批評卡內基和洛克菲勒的人士們相信，如果強盜貴族們想要進一步控制著美國的民眾以及美國的財富，那麼就得先抹煞美國的開國精神，並且還要想辦法讓人民開始習慣依賴政府的補助津貼來過生活。

問：這也就是為什麼在我們的學校裡完全沒有財務教育的原因？

答：我認為極有可能。如果你回顧我在第一章裡所用的圖表，那些近百年前人士們的顧慮現在看起來的確有一些道理。

完全仰賴政府

統計數據是不辯自明的。美國人確實是愈來愈仰賴政府的照顧，這種「理所應得的心態」已經逐漸取代當初的「美國夢」。就如之前所看到的下頁圖表二一。

圖表二

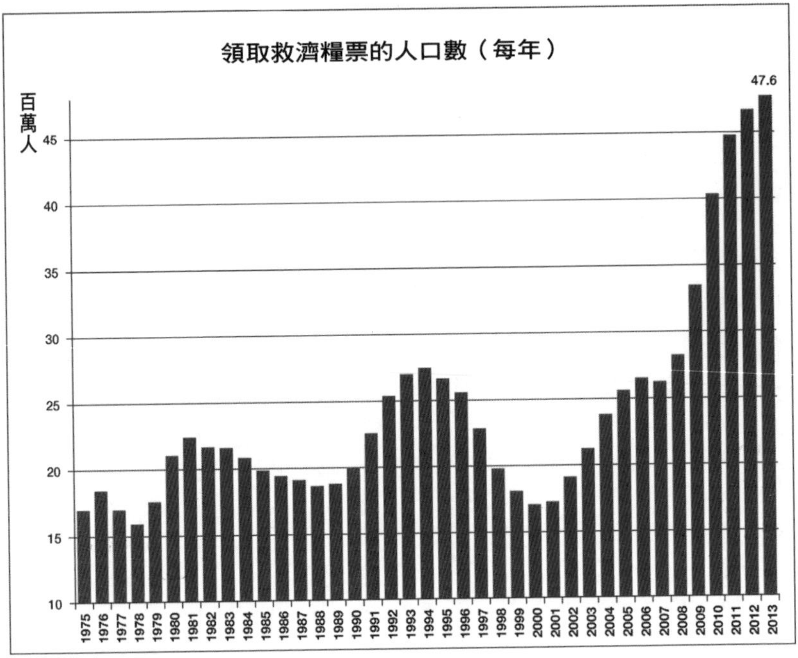
領取救濟糧票的人口數（每年）
百萬人
47.6
45
40
35
30
25
20
15
10
1975
1976
1977
1978
1979
1980
1981
1982
1983
1984
1985
1986
1987
1988
1989
1990
1991
1992
1993
1994
1995
1996
1997
1998
1999
2000
2001
2002
2003
2004
2005
2006
2007
2008
2009
2010
2011
2012
2013

圖表三

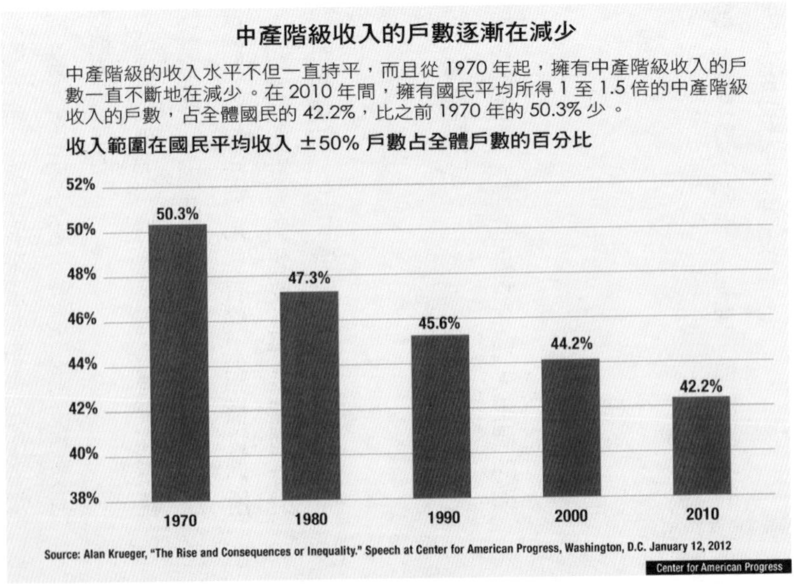
中產階級收入的戶數逐漸在減少
中產階級的收入水平不但一直持平，而且從 1970 年起，擁有中產階級收入的戶數一直不斷地在減少。在 2010 年間，擁有國民平均所得 1 至 1.5 倍的中產階級收入的戶數，占全體國民的 42.2%，比之前 1970 年的 50.3% 少。
收入範圍在國民平均收入 ±50% 戶數占全體戶數的百分比
52%
50%
48%
46%
44%
42%
40%
38%
50.3%
47.3%
45.6%
44.2%
42.2%
1970
1980
1990
2000
2010
Source: Alan Krueger, "The Rise and Consequences or Inequality." Speech at Center for American Progress, Washington, D.C. January 12, 2012
Center for American Progress

再次檢視下頁美國中產階級衰減的圖表三。同時也再次檢視有關於社會福利制度基金的圖表四，發現中產階級漸漸消失。

仰賴社會福利制度

美國現在有將近七千至八千萬戰後嬰兒潮世代，他們已達法定退休的年齡。而將近有六千五百萬的美國民眾，相當於三千八百萬個家庭，完全沒有做好退休的準備。這就表示在不久的將來，美國將有超過六千萬的民眾會需要仰賴美國政府來養活他們。

問：你的意思是說六十到一百年之前，出面指控有錢人和權貴們（強取豪奪的強盜貴族們）利用教育體制來消滅美國精神的那些人，當時被攻擊、被邊緣化，被抹黑成無事生非的離經叛道者？

圖表四

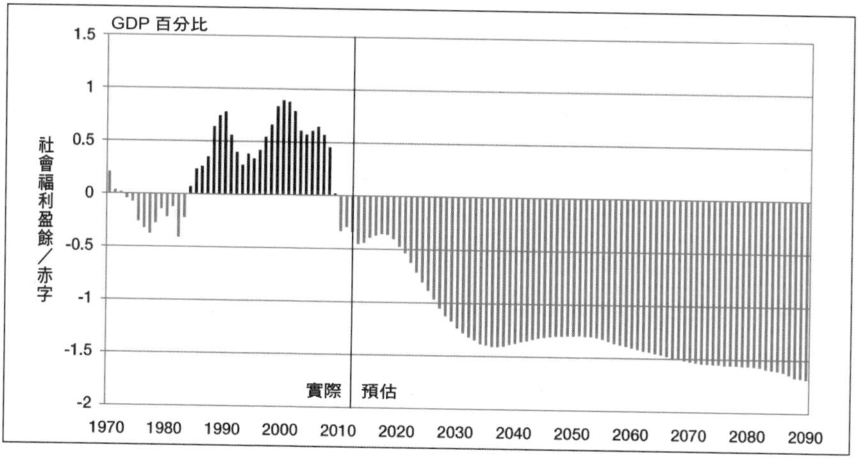

答：是的。教育應該是很純正與神聖的，而且具有更崇高的意義。而當時指控洛克菲勒和卡內基等強盜貴族們，意圖藉著教育來消滅美國的立國精神，這種作法被當時的世人認為是一種異端邪說。

洛克菲勒成立的國民教育委員會宣稱，它們是要幫助當代的年輕人走出農業時代，並且把他們訓練好來迎接工業時代。他們的確也是這麼做了。

但是如果你檢視美國和全球各地目前正在發生的狀況，你很容易就發現一般民眾是愈來愈仰賴政府的補助和津貼才能過活下去。現在的美國由於貧富差距懸殊，已經愈來愈不像民主國家，而是愈來愈像由少數極為富有，同時掌控巨大權力的人士們所組成的寡頭政治。從許多角度來看，美國愈來愈像當代的蘇俄一樣，形成寡頭統治的集團，完全不像我們當年開國元老所預想的民主政治。

不管你認為洛克菲勒和卡內基是正是邪，我自己研究的心得完全印證了富勒博士當初對強取豪奪巨人們的憂心，也就是少數幾位富有以及掌握權力的寡頭們，逐漸侵蝕並且掌控，例如教育等重要的國家機構，結果造成當今學校裡，完全沒有傳授財務教育的狀況。

羅斯福總統於一九三五年在經濟大蕭條期間，推出了所謂的社會福利保障制度（Social Security）。如今社會福利保障制度、聯邦醫療保險制度、糧票以及歐巴馬全民健保等，已經成為美國文化牢不可分的一部分。看起來現在有愈來愈多的美國民眾，非得仰賴這些政府措施才能活得下去。

那些極度富有的權貴們，當初為什麼要干涉我們的教育，並且剔除了任何有關財務教育的課程與內容？這一點就讓讀者自行去發揮想像了。

年度最佳教師獎

在一九八三年批判教育簡直是一種褻瀆神明的行為，從許多方面來看，當年的教育跟宗教的地位幾乎難分軒輊。而且在我研究這個議題時，的確有愈來愈多的教師選擇脫離教育體制，就像有不少神父選擇離開所屬的教會是一樣的。

其中有一位教師叫做約翰・泰勒・蓋托（John Taylor Gatto），而且他並不只是一般的教師而已。他在一九八九年、一九九〇年以及一九九一連續三年獲得紐約市年度最佳教師獎，而他於一九九一年同時也榮獲紐約州最佳教師獎。他於一九九一年寫了一封公開信給《華爾街日報》（The Wall Street Journal），表示自己要辭去教職，因為他覺得自己無法「為了收入而繼續殘害兒童」。他目前一共寫了五本書，其中包括了《愚弄我們》（Dumbing Us Down）以及《教育的來龍去脈》（The Underground History of American Education）等著作。

教育的目的

目前美國有三種不同的階級：有錢階級，中產階級，貧窮階級。就如我稍早所說的，教育奴隸曾經是一種犯法的行為。在缺乏教育的情況下，奴隸注定一生要活在貧窮之中。

我的研究結果讓我相信當代教育的目的，是要透過教育把貧窮階級訓練成受過職訓的工人、主管、專業人士以及軍人等，構成大量的中產階級，說白了就是：職員、消費者以及納稅人。

當代教育的目的，打從一開始就沒有打算把中產階級教育成富有的有錢人。這就是為什麼我認為學校目前沒有財務教育最主要的原因。就因為如此，圖表五就變得很有意思了。

圖表五解釋了《下個富翁就是你》

圖表五

實質年度家戶資本所得累計變化，依所得水準區分，1979～2007

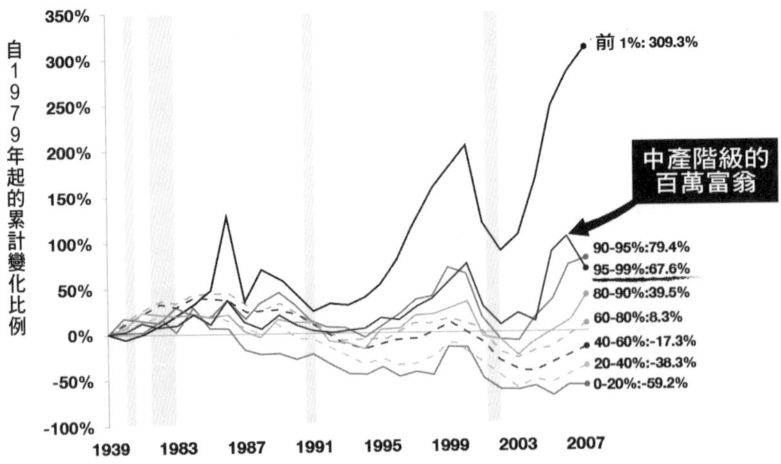

這本書中所描述的，靠著房屋和退休金帳戶的增值而成為百萬富翁的那些中產階級們，很可能在近未來就會失去百萬富翁的頭銜了。而強取豪奪的巨人們剽竊我們財富的手段之一，就是藉著缺乏財務教育的學校體系來達成。

為什麼存錢儲蓄的人是輸家

就像教育一樣，存錢儲蓄也被視為一種神聖不可侵犯的觀念。去銀行存錢的動作就好比上教堂一樣，還得留下一筆錢當成什一奉獻，來奉祀那些強取豪奪的財經大神。

在缺乏財務教育的情況下，一般人要怎麼看出銀行在利用存款儲蓄來剽竊自己財富的手段？一般人是根本看不出來的。

銀行體制是藉著一種叫做「部分儲備制度」的方式來掠奪儲蓄者的財富。這種部分儲備制度可以追溯上千年之久。學校裡為什麼從來不教這一點，這個問提對我來說一點都不感到驚訝。因為這是銀行賺錢的方式，而且可以說是一種相當醜陋的手段。

幾千年之前，當一位商人想要跨國旅行時，與其隨身攜帶著黃金白銀，商人會把他的黃金與白銀儲放在一位銀行家手裡讓他保管著。這時候銀行家就會對商人所儲放的黃金和白銀發出一張「兌換票」。

這時候商人就可以放心到遠方旅行，購買各種貨品並且利用這張兌換票來結帳。而收到這張兌換票的商家可以找上原本的銀行家來把這張票據被換成黃金和白銀，或者直接拿著這張兌換票來購買自己所需的物品。

銀行家們很快的發現人們比較傾向於利用票據來交易，因為這比攜帶實體黃金白銀來的方便，可以讓貿易買賣進行的更順利。沒有多久之後，銀行家們就開始「大量印製兌換票」並且把兌換票出借給急著用錢的民眾。只要黃金和白銀真正的擁有者不拿原本的兌換票來兌現黃金與白銀的話，那麼一切都會相安無事。

當黃金和白銀真正擁有者察覺到銀行家借出的兌換票遠比儲存的黃金白銀更多時，此時就會發生銀行擠兌的事件。之所以會發生銀行擠兌的原因，是因為真正擁有黃金白銀這人們不再信任這個銀行家，因此急著拿兌換票來把自己的黃金和白銀換回去。如果銀行家發行的兌換票遠遠地超過別人所儲放的黃金與白銀時，這時候銀行就會破產，而所有在這間銀行存款的人們也就失去了自己的儲蓄存款。

這就是為什麼發明了「部分儲備制度」的原因。簡單來說，銀行從此只能出借自己金庫當中某部分的金錢。也就是說銀行能出借的錢（兌換票）是有上限的。

為了易於說明，假設目前的部分儲備制度比例是十。這個數字的意思是說，假使有客戶把十元存到自己的儲蓄帳戶之中，那麼銀行就可以出借一百元（恰為十元存款的十倍）給那些需要借貸的民眾使用。用圖表六來解釋部分儲備制度可能更容易讓人了解。

圖表六教會了我們兩件事情：1.你的十元存款是你的一項資產，2.你的十元存款是銀行的一項負債。這時候你應該懂得參考「一必定是多元的，而且至少有二」這項基本原理。在這個例子中，任何資產必定伴隨著某種負債的產生。

圖表六

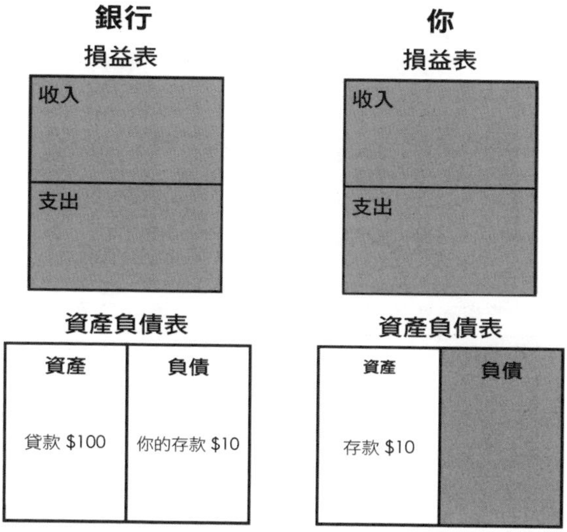

問：為什麼我十元的存款儲蓄是銀行的一項負債？

答：因為資產的定義就是把錢放到自己口袋中的事物，而負債的定義就是把錢從自己口袋中拿走的事物。在這個例子中，當你在儲蓄帳戶中存放十元之後，銀行是要支付你利息的。因此利息這筆現金會從銀行那裡流到你的口袋之中。下頁圖表七就在解釋這個流程。

銀行的資產

如果部分儲備制度的比率是十元的話，那麼銀行銀行就可以把這筆十元存款放大十倍之後再找人借貸出去。而這筆一百元的放款就是銀行的一項資產。（下頁圖表八）

圖表七

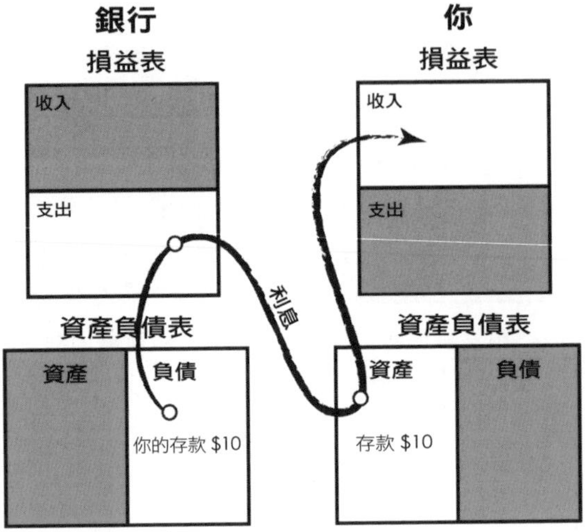
銀行
損益表
收入
支出
資產負債表
資產
負債
你的存款 $10
利息
你
損益表
收入
支出
資產負債表
資產
負債
存款 $10

圖表八

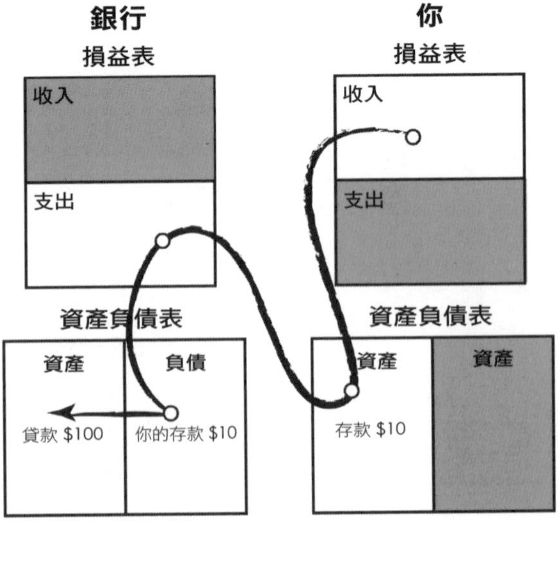
銀行
損益表
收入
支出
資產負債表
資產
負債
貸款 $100
你的存款 $10
你
損益表
收入
支出
資產負債表
資產
資產
存款 $10

問：所有銀行借出去的錢都算是銀行的資產囉？

答：是的。

銀行是如何賺錢的

讓我們闊綽地假設銀行對你的儲蓄帳戶給予了百分之五的活儲利息。接著銀行會把「你的存款」放大十倍之後當成可借貸放款的額度，然後把這筆錢借給一些申請貸款的人（就算信用不佳也無所謂），並收取百分之十到百分之五十不等的利息。

在這個例子當中銀行需要支付你：十元存款百分之五的利息＝每年〇．五元。假設銀行的放款利率為百分之十，那麼那筆一百元的可借貸金額被借出去之後，銀行可以得到的利息為：一百×百分之十＝每年十元。

問：雖然都是我的十元存款，銀行可以收到十元的利息，但是我卻只能拿到〇．五元的利息？

答：是的。雖然這是一個極為簡化的例子，但是部分儲備制度的確是這麼在運作的。

問：那麼這個制度是如何剽竊我的財富？

答：因為部分儲備制度會減少（稀釋）你儲蓄存款的實際價值。你十元的儲蓄存款所能購買的物品會變少，因為目前正有一百元在市面上流通著。這就是形成通貨膨脹的原因之一。

問：通貨膨脹不好嗎？

答：通貨膨脹對放款的銀行來說是好事，而對儲蓄存款的人來說是壞事，所以我才會說存錢儲蓄的人都是輸家。就是因為通貨膨脹的關係，現在有數百萬的民眾的日子變得愈來愈不好過。

問：為什麼日子會愈來愈不好過？

答：因為所有的物價都會因此而上漲。

問：因此銀行體制就是利用這種方式來剽竊我的財富？

答：這只是一個被簡化過的例子，其實他們剽竊財富的手段還很多。如果你懂得銀行是如何進一步利用部分儲備制度的話，那麼你就會真正體會到為什麼存錢儲蓄的人是大輸家。

問：再進一步的利用？你的意思是說，假設跟銀行借一百元的那個人，他再把這一百元存放到銀行的儲蓄帳戶之中又會發生什麼事情？

答：你說對了。這時候銀行又有一千元可以借給其他的貸款人。

問：這時候我原本的十元儲蓄會怎麼樣？

答：變得愈來愈沒有價值（愈來愈薄）。

問：所以我的十元存款愈來愈沒價值？

答：完全正確。當今的貨幣體制完全需要依賴通貨膨脹才能運作。銀行和政府都希望並且需要通貨膨脹的存在。

問：為什麼？

答：理由很多。其中一個原因是背負貸款的人可以利用貶值之後的貨幣來支付他們原本的欠款。另外一個理由是當消費者預期物價會不斷地上漲時，他們當下消費的意願就會大大的增加。

問：為什麼會有這種現象？

答：你自己試著想想看。如果消費者預期明年汽車的價格為上漲百分之十的話，那麼他們就會想辦法在今年買車；如果消費者預期明年的車價會下降百分之十的話，那麼絕大部分的消費者今年都會收手，等到明年才會出手買車。

問：這麼說來通貨膨脹會鼓勵民眾從事投機的行為？

答：是的。許多民眾會打算在今年買房子，然後希望在明後年轉賣出去。這對股票和貴重金屬來說也是一樣的道理。與其建立一個穩定、不斷成長，以及有生產效率的社會經濟共同體，我們現在的社會充滿了各種投機和賭博的行為。那些拿不動產「翻修轉賣」，或者不斷地「買賣股票」的民眾，對經濟來說並沒有實質上的幫助。當這些投機分子賺到錢時，他們讓其他人的生活付出了更高的代價，並且變得更加艱困一些。

當某人用十萬美元買下一幢房屋，稍微整修或者原封不動的用十二萬美元再轉賣出去時，他對我們的經濟沒有做出任何實質上的幫助，但是卻讓更多的人買不起房子，並且促使物價持續上揚。當一個人今天用十元買下股票，接著兩天後以十五元賣出也會有同樣的效果。他們對整體經濟來說真的沒有產生什麼實質上的幫助。

問：那麼你的意思是說這是一種不好的行為嗎？

答：不是這樣的。我的用意是在解釋當一個社會的經濟成長是用通貨膨脹而非生產力來作為基礎時，會產生什麼樣的結果。存錢儲蓄的都會變成輸家，而且生活因為物價不斷的上揚而變得愈來愈不好過。通貨膨脹同時也會鼓勵民眾成為消費者，而非生產者。人們拚命吃喝玩樂並且逛街購物，因為未來的物價一定比今天還來得高。

當人們質疑為何有錢人和一般人之間的差距愈變愈大時，我們的確可以說當今的銀行體系、部分儲備制度，以及學校缺乏財務教育（尤其是那些還在鼓勵學生要把錢存起來的教育內容）等，的確要負起相當大的責任

稅賦上的大劫案

許多人認為繳稅是一種愛國的行為。如果你去研究美國的歷史，就會知道美國獨立革命的戰爭，緣起於波士頓茶葉黨於一七七三年對英國課稅的行為。美國開國之後基本上是一個幾乎沒有什麼稅賦，甚至完全免稅的國度。

問：為什麼會有人認為繳稅是一種愛國的行為？

答：在一九四三年第二次世界大戰期間，美國通過了目前的稅捐稽徵法案。當時政府需要這種主動式的稽徵稅收，來因應戰爭所需。但在一九四三年之前，政府必須被動的等待民眾繳稅之後，才會拿到稅收。為了解決這個問題，因此政府通過了目前的稅捐稽徵法案。

問：那麼請問目前稅捐稽徵法案對我們產生了什麼影響？

答：這個法案給予政府新的權力，讓政府在民眾尚未領到薪水之前，就可以先逕自取走民眾應課的稅賦。根據富勒博士的說法，這個方案讓有錢人可以直接把手伸進一般民眾的口袋裡。如今我們的政府需求孔急，有錢人變得更加貪婪的狀況下，這種劫財的手段會愈來愈犀利而且金額也會愈來愈巨大。別忘了，這種理所應得的心態並非從窮人開始蔓延開來的。這種心態其實源自於金字塔的頂端，也就是強取豪奪的巨人們，因為是他們先有計畫地利用銀行、政府，以及稅制等來剽竊我們的財富。

一九四三年稅捐稽徵法案使得軍事與工業聯合體開始崛起，而直言不諱的艾森豪總統也在一九六一年也對此做出了警告。由於從一九四三年起稅捐每個月會穩定地流入政府的手中，因此可以讓軍事與工業聯合體毫無顧忌地宣戰。首先是冷戰時期，在這期間有數兆美元投入研發大規模毀滅性武器之上。很明顯地，強取豪奪的巨人以及和他們狼狽為奸的組織機構，都從戰爭以及民眾對戰爭的恐懼中，獲得了無比巨大的利益。我經常會想：強取豪奪的巨人們只要利用媒體稍事宣傳一下來自於伊拉克、北韓、蘇俄、塔利班、蓋達或「伊拉克和黎凡特伊斯蘭國」（ISIS, Islamic State）等可能存在的潛在威脅，那麼美國民眾都會繼續認為繳稅是一種非常愛國的行為。

問：難道你的意思是這些潛在威脅並非是真的？

答：非也。我知道確實有敵人存在，我想說的是美國從此注定會一直陷於開戰的狀態之中，是因為戰爭是一種非常有賺頭的活動。幾個世紀以來，國家就是藉著戰爭的手段來掠奪其他國家的財富。不管是真實還是虛幻的威脅，戰爭從許多方面來看，無論雙方所付出的血汗或稅賦，都是一種加諸於國民身上的一種大規模掠奪民眾財富的行為。

到底是什麼人在繳稅

圖表九是富爸爸現金流象限的圖形。它同時也是富爸爸系列叢書當中第二本書《富爸爸，有錢有理》（Cashflow Quardrant）的名稱。

E代表員工（Employee）

S代表中小企業或自由業者（Self Employed）

B代表企業主（Business Owner，超過五百個員工）

I代表投資者（Investor）

圖表九

每個象限所承擔的稅賦百分比

稅賦和象限的關係

稅賦告訴了我們很有意思的事情。E和S：就是那些上學唸書然後就業的民眾，要承擔最高的稅率。B和I：那些按照強取豪奪的巨人們遊戲規則行事的人們，所要承擔的稅率最小。

再次強調，這也就是為什麼我在《富爸爸窮爸爸》這本書裡會說：「有錢人從不為錢工作」的道理。那些為錢工作，為薪資收入工作的人們，他們的財富都會被稅賦制度所剽竊。當歐巴馬總統承諾要增加有錢人的稅賦時，稅賦被大大提高的反而是E和S象限中那些高所得的專業人士。

紓困的大劫案

以下這句話，不知道前聯準會主席柏南克到底向大眾講了多少遍：「外界流傳著一種迷思，說我們的做法是在印鈔票。但我們並不是在印鈔票。」

愛德華・葛里芬（G. Edward Griffin）在一九九四年出版了《來自於傑克爾島的怪物》（The Creature from Jekyll Island）這本書。這本書講述的不只是聯準會的歷史，還有整個銀行和銀行體系的歷史沿革。雖然很厚，但是閱讀起來一點都不吃力。如果你喜歡閱讀偵探小說，你一定會愛上這本書。

本書的書名《來自於傑克爾島的怪物》，源自於當年成立聯準會的祕密會議，就是在喬治亞州傑克爾島上進行的關係。這場會議之所以要在極度保密的狀況之下進行，是因為這個計畫完全違背了美國開國時反對成立中央銀行的宗旨。

絕大多數的美國開國元老，都激烈地反對成立類似英國銀行，那一類能掌握一國發行貨幣權力的中央銀行。開國元老們擔心中央銀行所擁有的權力，有一天終究會超越美國的政府。

英國銀行家羅斯柴爾德（Rothschild）就曾經說過：「如果讓我掌管一國的貨幣體系，我就用不著在乎是誰在制定法律。」我讀《來自於傑克爾島的怪物》這本書的心得是：「紓困才是他們真正想要玩弄的把戲。」

換句話說，「紓困」是強取豪奪巨人們剽竊我們財富的另外一種手段。你千萬不要天真地認為「紓困」是一種在非常狀態下，或發生意外時才會採取的特別措施。強取豪奪巨人們在設計現代金融體系時，就早已經把紓困納入其中了。

當政府在二〇〇八年給大銀行進行紓困時，許多人以為這是一種嶄新的辦法，一種用來挽救全球經濟的緊急處理措施，但這種認知完全和事實相反。在進行紓困時的規則，是允許銀行將紓困金挪作他用，也就是說銀行可以把這筆錢自由地分配給強取豪奪巨人們的「自己人」。如果「自己人」損失慘重，他們可以藉此彌補損失全身而退，但真正的損失則是由全民來買單。

紓困是專門用來保護強取豪奪巨人們自身的利益。結果這些大型銀行完全不用背負任何責任，而且也不需要為了自己所犯下的錯誤付出任何的代價。如果是你和我犯了任何財務上的錯誤，我們要負起完全的責任並且承擔所有的後果，而這些後果包含了宣布破產、坐牢，以及失去人生的一切等等。

布希的紓困案

在一九八〇年代美國也曾爆發過儲貸危機（Savings and Loans Crisis）並且給損失的銀行進行紓困。其中最令人注目的是西爾弗拉多儲貸機構（Silverado Savings and Loans）的紓困案。

老布希總統的另外一個兒子尼爾‧布希剛好是這間位於丹佛市，西爾弗拉多儲貸機構的董事之一。由於他的父親是美國的副總統，因此副總統的兒子尼爾在這家垮台的機構裡所扮演的角色備受媒體的注目。

儲蓄機構監理署調查西爾弗拉多儲貸機構垮台事件，並得到以下的結論：尼爾‧布希涉及多次「違反信託人之義務，行利益衝突之事」。這是指銀行違背應對其客戶（存款人）應負之責任，將存款資金拿去供尼爾親屬朋友事業之用，並從中獲利。雖然尼爾‧布希沒有因刑事責任而被起訴，但是美國儲蓄存款保險公司（Federal Deposit Insurance Corporation, FDIC）對他和其他西爾弗拉多儲貸機構的董事們發起了民事訴訟。結果雙方同意庭外和解，事後布希個人只需負責五萬美元的和解金。

我想表達的重點是：《丹佛郵報》（Denver Post）報導中揭露西爾弗拉多儲貸機構紓困案造成納稅人十億美元的損失。再次證明強取豪奪的巨人，也就是超級有錢人和當權派必定會獲勝，但所有的納稅人都是輸家。

Twinkies 的紓困案

二〇一二年以生產「魔法麵包」（Wonder Bread）和 Twinkies（夾心奶油的黃金海綿蛋糕甜食）著名的美國食品公司女侍牌（Hostess Brand）宣布破產結束營業。女侍公司替旗下運輸司機所預留的退休基金也面臨了財務上的困難，基金已經沒有資金來發放司機應領的退休金。

歐巴馬總統於二〇一三年核准給予該公司運輸司機的退休基金進行「紓困」。雖然這個決定看起來是保障卡車司機退休生活的高尚、仁義之舉，但是別忘了任何硬幣都有三個面。問題是：歐巴馬進行紓困實際上到底是要幫助誰？真的是要幫助那些卡車司機，還是保護奧丁堡（Ottenberg）家族，亦即這家一百四十年歷史烘焙公司的擁有人？當該公司宣布破產時，照理來說奧丁堡家族就得要接管並退休基金並負起所有的支付責任。如果真的這麼做，那麼奧丁堡家族也一樣會面臨破產的命運。

問：你的意思說歐巴馬是在幫奧丁堡家族紓困，而不是那些卡車司機？

答：非也。我的意思是，若以富勒博士的話來說就是：「一必定是多元的，而且至少有二」，而富爸爸則是會說：「任何硬幣都有三面：正面、反面以及邊緣的那一面。有智慧的人都會選擇從硬幣的邊緣來看待事情的兩面」。

既然強取豪奪的巨人們控制了重要的四個M——軍事（Military）、金錢（Money）、思想（Minds）以及媒體（Media），因此主流媒體的報導絕大部分都只會報導硬幣的其中一個面，也就是某個特定對象的故事而已。你幾乎看不到會對兩邊進行探討的新聞報導。別忘了，當今瀰漫社會的「理所應得」心態是從上至下的，而非由下而上。這也就是為什麼強取豪奪的巨人們要讓大眾相信紓困是用來幫助一般的死老百姓，而不是那些高高在上的超級有錢人。

問：所以在前兩個例子當中，布希家族跟奧丁堡家族都是一樣的，對吧？

答：我相信不管是布希或者是奧丁堡、洛克斐勒或者是卡內基、柯林頓家族、歐巴馬或者是羅姆尼等，都和強取豪奪的巨人們相彷，通通都可以套用在上述的例子之中。這也就是我再三質疑，為什麼我們當今的教育體系中沒有財務教育這一環的原因。

沒有受過財務教育的人們無法提出犀利的質疑。這些人都只想聽自己喜歡聽到的話，而且絕大部分民眾也都寧願相信政府是在保護著他們的。事實上之所以會有政府的存在，其目的就是用來保障特定的既得利益者。這也就是為什麼聯準會只針對各銀行進行紓困，而不會出手幫助付不起房貸的一般老百姓（譯註：當年次級房貸風波爆發時，若政府出面清償全體美國人所積欠的房貸，所需要的資金金額，還不到當年給銀行紓困的五分之一）。這也就是為什麼聯準會前主席柏南克會逕自發行數兆美元的紓困金（見圖表十）。

問：那麼柏南克當年是在說謊嗎？

答：並不盡然。他只是沒有說出完整的事實罷了。別忘了，真相永遠存在著兩面。因為事實上當年進行紓困後，在市面上流通的貨幣總額並沒有因此而有所增減。這是因為柏南克紓困增額發行的貨幣全部都是用來給銀行之間用的，亦即這些貨幣並沒有流入一般的市面之中。

因為如此，就算在二〇一四年各銀行面臨資金氾濫的困擾，但是銀行仍然不願意把這些錢出借給中小企業或者是一般的老百姓們。再次強調，柏南克是針對大銀行而進行紓困的，而不是為了幫助那些工作機會、自用住宅、個人財富，以及未來都被大銀行剽竊的一般民眾。這也是我相信為什麼富勒博士在考慮他最後一本著作的名稱時，決定採用「劫奪」（heist）這種字眼的原因。

問：請問銀行紓困案和 Twinkies 紓困案兩者有什麼不同之處？

答：因為 Twinkies 紓困案開創了一種全新的先例，使得「可以給予紓困」的範圍擴大了

圖表十

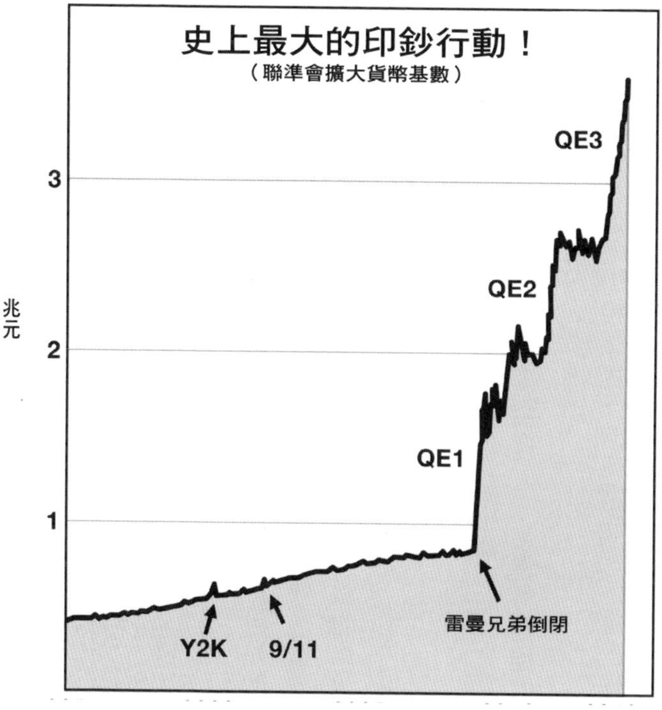
史上最大的印鈔行動！
（聯準會擴大貨幣基數）
兆元
3
2
1
QE3
QE2
QE1
Y2K
9/11
雷曼兄弟倒閉

許多。如果你認為對銀行進行紓困的金額已經夠嚇人的了，你等著看將來政府替各種「退休基金」進行紓困時的金額規模。

講到退休基金，基本上來說分為兩大類：

1. **確定給付制**（Defined Benefit, DB）：這種制度保證退休人士可以領到所謂的終身俸。
2. **確定提撥制**（Defined Contribution, DC）：在這種制度下，退休者只能夠領取到他本人在工作期間所繳納的自負額，加上退休者所屬公司在他工作期間所「提撥」的金額。例如 401(k) 計畫、IRAs，以及 Roth IRAs 均屬於這類的退休金制度。確定給付制（DB）和確定提撥制（DC）兩者最大不同之處，就是確定提撥制（DC）退休金有可能因為下列原因而提前耗盡：A.當退休人活的比預計中來的久，造成當初提撥的金額不敷使用；或者 B.由於股市遭逢崩盤，使得退休金帳戶的總金額大幅縮水。

在 Twinkie 紓困案中，員工享有的是一種確定給付制（DB）的退休金。理論上確定給付制（DB）的退休金都是交由「專業基金經理人」來進行管理的，而絕大部分的確定提撥制（DC）退休金反而要由退休人自行來進行管理。

Twinkie 紓困案可以視為華爾街相護包庇的典型範例。這些從名校畢業，擁有高學歷，頂著「專業基金經理人」光環的人們，照理來說應該如履薄冰地照料管理這些員工的退休金，但實際上這些經理人都只是在替華爾街辦事。

目前沒有人清楚知道到底有多少確定給付制（DB）的退休基金已經面臨了財政上的困難。但是由於歐巴馬總統已經開創了先例，准予給民間公司的確定給付制（DB）退休基金進行了紓困，因此將來若有其他退休基金遭遇困難時，就會有紓困的前例可循。如果經濟遲遲無法復甦，或者股市不幸再次崩盤，將來其他的退休基金也需要紓困時，其總金額會高達數兆美元之譜。

問：請問政府會給那些擁有確定提撥制（DC）的退休金進行紓困嗎？

答：的確有可能，但是我個人認為政府不會這麼做。因為擁有確定提撥制（DC）退休金的人們都跟華爾街無關，也更不可能是那些來自超級有錢家庭的自己人。

問：我記得所有的退休金都受到政府的擔保或保障？

答：事實上不盡然。因為「退休金與福利保付公司」只不過是一間保險公司。理論上當某家退休基金破產時，這時候退休金與福利保付公司就會介入或接管。問題是這間公司早已經沒有償付的能力與資金了。

退休金與福利保付公司於二〇一四年的赤字已經高達三百五十六億美元，而且這個數字還不斷地在增加中。看樣子在不久的將來，政府可能還得先針對退休金與福利保付公司進行紓困。

在「患者保護與平價醫療法案」，亦即歐巴馬總統的全民健保這個方案當中，可以找到同樣的紓困保障條款。換句話說，所有涉及這個法案的保險公司通通可以享受「政府紓困」的保障條款。別忘了，紓困真正的本質就是保證有錢人和當權派可以賺大錢。萬一有錢人和當權派的投資不幸賠錢了，那麼他們的損失將藉著紓困讓全體納稅人共同來承擔。

尼克森總統大劫案

我們今天之所以面臨巨大的金融危機，當年尼克森總統的貢獻不容小覷。一九七一年：尼克森總統取消了美元的金本位制（一種金屬貨幣制度，亦即每單位的貨幣價值等同於若干含重量的黃金。）。此舉大大傷害了貧窮戶、老人以及所有依賴固定收入的民眾。美元與黃金脫鉤之後，進而造成了全球經濟的大繁榮。許多中產階級因為薪資增加、自有住宅房價上漲，以及退休基金中的股價上揚等因素，搖身一變而成為所謂中產階級的百萬富翁（見圖表十一）。

一九七二年，尼克森總統出訪中國，並敲開了兩國相互貿易的大門。這對工廠老闆來說是好消息，因為他們把生產線通通搬遷到了中國。這對美國工人來說是壞消息，因為美國工人現在必需要跟低薪水的中國勞工階級相互競爭。

一九七四年，尼克森總統在八月八日因為涉及水門案的醜聞而被迫下台。在短短幾天之後，也就是九月二日，尼克森總統的接班人福特總統簽署通過了「受僱人員退休所

圖表十一

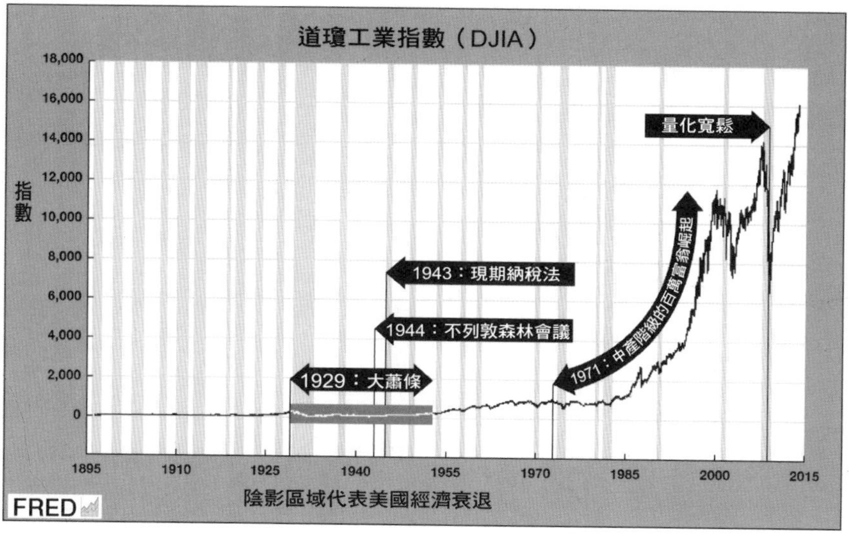

得保障法案」。由於此一法案通過之關係，退休金的形式逐漸演化成現今大部分美國上班族所擁有的 401k 退休金的形式。

請大家要仔細檢視政府所頒佈的各種法案，例如「患者保護與平價醫療法案」等，通常它們的本質恰好與名稱完全相反。歐巴馬所頒佈的平價醫療法案使得保費大幅調漲，現在有很多勞工大喊吃不消。而政府通過「受僱人員退休所得保障法案」之後，許多人的退休金反而變得比尚未頒佈之前還更沒有保障。

就如同我稍早所說的，確定給付制和確定提撥制兩者之間的差別，在於確定給付制在理論上可以確保退休者一直可以領取終身俸直到死亡為止；而確定提撥制端看退休帳戶中還剩有多少資金來決定退休者所能領取的金額，如果帳戶沒錢了這種退休保障也就宣告結束了。如今有數百萬的上班族在依賴股市的上漲，好讓退休帳戶裡有足夠的錢來支應他們退休後所夢想的生活。他們這種自以為在投資股市的行為，根本就是一場豪賭。

第一章裡的圖表讓人不禁要問一些非常耐人尋味的問題。我會問的問題是：不知道近未來會發生什麼樣的事情？股市是否一定會持續上揚？或是持續盤整？萬一下跌又會如何？

如果股市真的發生崩跌，對於持有確定提撥制退休金，那些數百萬的戰後嬰兒潮世代民眾，他們的退休金又會發生什麼樣的變化？屆時政府會不會比照之前資助超級有錢人和當權派（也就是強取豪奪的巨人們）的待遇，給予這些退休人士進行紓困？

問：如果股市崩盤，會不會再次發生類似經濟大蕭條的情況？

答：這個答案請你自己去想。從我個人的觀點來看，早已經有數百萬的民眾過著類似經濟蕭條時期的生活。數百萬的民眾早已經在仰賴政府的補助，這些人要不是屬於那些無法停止工作的勞動階級，要不然就是那些正在消失中，滿懷焦慮的中產階級……而這兩者仍然抱持著「上學受教育」可以挽救自己和下一代經濟狀況的幻覺。

問：《富爸爸教你預見經濟大未來》一書的重點不就是在講 401k 退休金計畫，所面臨的問題？

答：是的。富爸爸在一九八〇年就預言人類歷史上最大的一次股市崩盤，很有可能會在二〇一六年發生。

問：他憑什麼這麼預言？預測這麼久之後的事情？

答：他是根據人口統計，也就是人口數的變化來做出預測的。他同時也有考慮到政府愚蠢的官僚這項因素。

問：結果他說什麼？

答：他預言說美國的退休制度將會使得國家破產，同時拖垮整個國家的經濟。

問：退休制度？

答：是的。美國戰後嬰兒潮世代中，第一代就是在一九四六年出生的。富爸爸說：「戰後嬰兒潮世代所造成的經濟榮景，將會隨著這些人的退休而宣告終止。」他也預測美國社會福利保障制度，以及聯邦醫療保險制度都會在戰後嬰兒潮世代即將退休之際，以宣告破產而終止。

問：所以富爸爸以一九四六年為基準加上六十五年左右，來做為預言的根據？

答：是的。他經常會說：「人口統計就是未來。」

問：那他所預測的二〇一六年是怎麼來的？

答：401k退休計畫中規定人要到七十歲才能從中開始提領退休金。所以一九四六加七十等於二〇一六年。

問：為什麼股市會崩盤？

答：因為股市是否上漲完全取決於一個名詞，而那個字是成長。當投資者知道經濟不再成長了，戰後嬰兒潮世代的人們也開始提領他們的退休金，而社會福利保障制度以及聯邦醫療保險制度又面臨破產時，那麼股市就會像是破了一個大洞的熱氣球一樣從空中直直掉下來。

我認為這個氣球從二〇〇七年就開始往下掉了。當年為了防止經濟全面崩盤，政府提供了所謂的「紓困」——也就是數兆美元的「熱氣」，給華爾街以及全球各地的銀行和政府機構，希望能避免全球經濟的大崩潰。

大部分的人長久以來都聽信理財專員所說的：「要長期投資」。如果股市在二〇一六年再度發生崩盤而印鈔票紓困又沒有用的話，那麼這些聽話的人將會成為這次股災首波的受害者。

如果你再度檢視道瓊工業指數一百年來的走勢，社會福利保障制基金餘額以及美國國債等三張圖表，你就能看到《富爸爸教你預見經濟大未來》一書中，富爸爸在一九八〇年根據人口統計所做出的預言有多麼準確了。

問：一個人可以怎麼做？

答：你能做的事情很多。其中一個就是聽聽新聞當中，提到多少次有關於「成長」這個字眼。倘若聽到成長的次數愈多（讓百姓感覺一切都沒事）……那麼你就知道熱氣球的破洞就愈大。

問：所以你是說退休金會成為我們經濟上最嚴重的問題嗎？

答：是的，我們最嚴重的問題之一。政府可以干預操弄許多事物，但是卻無法阻止人們愈活愈老這件事情，政府無法立法阻止或控制人們老化的事實。我是真心希望它們有這種本事，但是我並沒有聽說目前先進的科技中，有可以讓人返老還童的「青春之泉」。

讓我們從這個方向想想：一九二九年股市崩盤時，當年全國只有不到百分之五的人有在投資股票市場。如今拜聯邦政府、各州政府，以及當地政府所賜，所有軍公教人員的退休金，以及私人企業的退休金計畫，還有員工上班族等的 **401k** 退休基金等，幾乎所有美國人民退休後的生活，得完全仰賴股市的漲跌而定。

全球七十億人口當中，將近有十六億人屬於戰後嬰兒潮世代的人們。如果富爸爸的預言成真，亦即爆發歷史上最大的一次股災，那麼全球經濟將會面臨無法想像的危機。

黑暗時代

就如稍早所說，我一直在想黑暗時代是從什麼時候開始的。我們怎麼會被關在一個沒有鐵欄杆、鐵鍊，或者是枷鎖的牢獄之中？其中一個原因是缺乏財務教育所致。我在調查研究時發現，多年來就有人一直在警告我們這些民眾。舉例來說，一八〇二年湯瑪斯·傑佛遜（**Thomas Jefferson**）說：「我相信銀行機構對我們自由所造成的威脅，遠比外國軍隊還來的大許多。如果美國民眾允許私人銀行控制貨幣發行的權力，那麼藉著先發生通貨膨脹，然後再用通貨緊縮的手段，這些銀行和它們關係密切的企業和機構，將會一直剝奪民眾所有的財富，直到後代子孫發現自己已經在開國先烈所關建的國土上，淪為無業遊民為止。」

我們仍然身處於黑暗時代之中。二〇一四年全球各地的中央銀行都藉著發行數兆的貨幣來對抗通貨緊縮，而通貨緊縮比通貨膨脹更難對付，各國央行都拚命在發行通貨來遏止股票市場和經濟的崩盤。這就是為什麼我們當今面臨史上最嚴峻的經濟危機。

經濟先繁榮然後再泡沫化

中產階級的百萬富翁們享受到了由於通貨膨脹所帶來的經濟繁榮。當市場開始面臨通貨緊縮的時候，這些人又要怎麼辦？當他們自有住宅的房價、持有股票的股價，以及薪資不再上漲的時候又會如何？他們能怎麼做？

問：如何擺脫黑暗時代？

答：應該問，下一次會輪到什麼人遭殃？萬一這場現金大劫案真的是從我們的教育體制當中開始進行的？

問：就算問題真的出在教育上又如何？

答：那麼這就是好消息。因為如果真因為如此，那麼對一些人來說，藉著教育同樣可以解決這些人的問題。

問：「對一些人來說」？不是全部的人嗎？

答：沒錯，並非全部的人。

問：為什麼？

答：因為並不是所有的人都有意願想要學習新的事物。有很多人仍然希望世界能維持不變……甚至還想要回到過去的時光。這些人期待可以沿用原本的生活方式，繼續年復一年，日復一日地過著原來的生活。

問：未來的日子有可能會回到跟從前一樣嗎？

答：這個問題我讓你自行回答。

總結

採用富勒博士的「預測模式」，也就是藉著檢視過去來前瞻未來的方式，結果看起來是這樣的：

階級鬥爭

在一九七一年：當美元脫離了金本位制後，仰賴固定收入的貧窮民眾和勞工階級的財富就被剽竊了。

在二〇〇七年：由於失去了工作、失去了自用住宅、失去了退休金，因此數百萬中產階級民眾的財富也被剽竊了。

問：下次會輪到誰？是不是那些有錢人？或者就如傑佛遜警告我們的：「後代子孫發現自己已經在開國先烈所闢建的國土上淪為無業遊民為止」？

答：我們藉著下一章的內容來探討這個問題的答案。

第五章 下一次的崩盤

我的理念幾乎都得經歷某種緊急狀況才會逐漸被接受。當人們迫切需要它們的時候，他們就會學著接受這些理念。

—巴克明斯特．富勒博士

運用富勒博士當年教我預測未來的方式，我在二〇〇二年出版了《富爸爸教你預見經濟大未來》一書。該書綜合了富爸爸所做出的警告，以及從富勒博士《強取豪奪的巨人》一書中的心得。

基本上兩位都在警告我們有錢人不斷的在對金錢上下其手，而且離金融崩壞之日為時不遠了。兩位相信原本在掠奪我們財富的手法開始失去控制，就連有錢人都無法阻止這場不可避免的結局。

在《富爸爸教你預見經濟大未來》一書中，預言了二〇一六年左右會發生股災。這本書中同時也預言了在這場股災之前，先會發生一次規模較小的股市崩盤。

當你看著圖表一道瓊工業指數的走勢圖時，你可以自行判斷書中的預言是否有其可能性。

以下列舉一些關鍵的日期：

1. 我在一九九八年開始寫《富爸爸窮爸爸》一書。
2.《富爸爸教你預見經濟大未來》一書於二〇〇二年出版
3. 在該書中預言二〇一六年之前會發生規模較小的股市崩盤……而這個股災在二〇〇七年發生了。
4.《富爸爸教你預見經濟大未來》書中預言二〇一六年左右會發生巨大的股災。

問：你認為二〇一六年的大股災可能會發生嗎？

答：我會鼓勵你研判圖表之後自行下判

圖表一

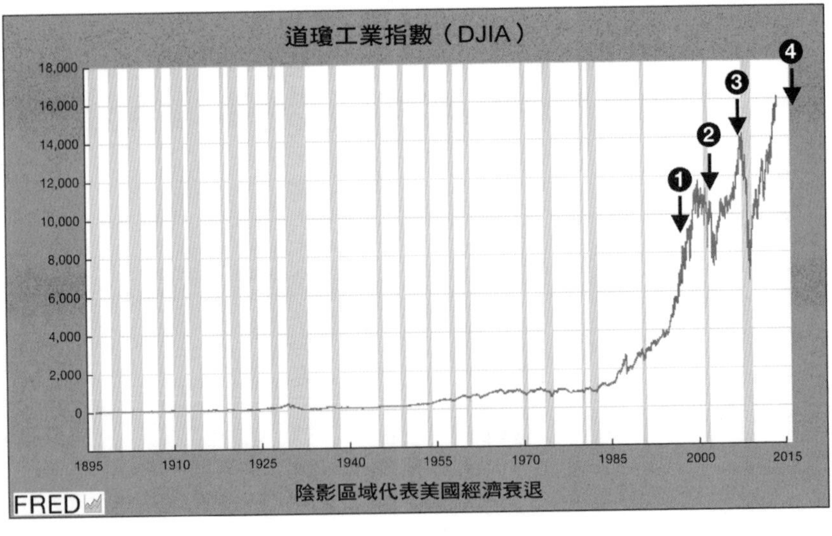

斷。富勒博士之所以會被舉世公認為最偉大的未來學家之一，就是因為他會從研判過去來展望未來。所以你研判這張圖表就在做同樣的事情。當你在做這件事情的時候，請你看看《經濟學人》雜誌號稱史上最慘烈的股災，也就是一九二九年股市大崩盤在該圖中的位置。

倘若一九二九年股市大崩盤導致後來歷時二十五年的美國經濟大蕭條，如果《富爸爸教你預見經濟大未來》成真的話，那麼這次新的經濟大蕭條又會歷時多久？請問你對未來的看法如何？

問：假設這次被你說對了，那麼這一切對我而言有什麼關係？

答：如果預言成真，那麼就表示現金大劫奪即將變成超級現金大劫奪。如果富勒博士和富爸爸都說對了，那麼下次金融風暴中失去財富的，都是那些把資產和未來寄託在股市之中的人們。再次強調……回顧過去才能展望未來。

一九七一年：當尼克森總統取消了美元的金本位制後，貧窮和勞工階級就失去了他們的財富。他們的財富之所以會消失，是因為他們辛苦賺來的貨幣愈來愈不值錢。就算他們賺到更多錢，他們還是要負擔更高的稅率。隨著賺到的貨幣愈來愈不值錢，物價同時也會因為通貨膨脹而跟著上揚。當這些人更辛苦更賣力的工作，他們的生活反而過得愈來愈困頓。

如今二〇一四年全球的勞工和貧窮階級都在要求能維持生活的「最低薪水」。很不幸的是，就算最低薪水被提高了，貧窮階級仍然會一貧如洗，因為他們所賺到的錢不再是真正的金錢了。

二〇〇七年：那些中產階級失去了他們「最大的資產」，也就是自己的房屋。由於擁有信用卡，中產階級多年來的生活都過得不錯。當房價上揚之後，這些人就會申請所謂的「房屋淨值貸款」來清償他們信用卡的債務。而二〇一四年的今天屋價仍然沒有起色，而他們所背負的房貸、信用卡卡債，以及學生貸款等，就像緊緊勒著自己脖子的枷鎖一般。他們自用住宅的房價崩跌之時，就是當時所進行的現金大劫案。

二〇一六年：如果《富爸爸教你預見經濟大未來》成真，那麼許多把財富寄託在股市當中的有錢階級將會變得一貧如洗。這些人的財富會在下一次發生的「股市超級大崩盤」中消失殆盡。

就如《富爸爸教你預見經濟大未來》一書中所預測的，二〇〇七年就發生了一次相當有規模的股災。這是在股市超級大崩盤發生之前的前震，一次影響數百萬民眾的金融危機。如今世界仍然處在金融危機之中。貧窮的人愈來愈貧窮，中產階級不斷的在消失當中，而成千上萬有頂著高學歷的年輕人找不到工作做。

對少數人來說，二〇〇七年發生的那一場金融風暴是他們這輩子最幸運的事情。他們從這場危機當中崛起——變得更加富有、更有本事，並且擁有更光明的未來。問題是：下一場金融風暴對你的人生來說，將會是最幸運，還是最悲慘的經歷？

根據富勒博士所說，「危機」這個詞彙是一個非常有力量的字眼，但是經常被一般大眾誤用並且誤解。富勒博士說：「『危機』（emergency）這個字的字根源自於『崛起（形成、浮現）』（emerge）」，也是一項他所推崇的基本原理之一。

他說：「各種危機中必定會有新的事物、新的人們，以及新的社會崛起。」對於那些想獲得人生第二次機會的人們而言，好消息是的確會有不少的人從危機當中變得更有能力、更堅強而且變得更富有。

危機的這一枚「硬幣」同時也存在著兩個面。壞消息是，並非所有的人都能從金融危機當中崛起。許多人會因此而被澈底淘汰出局。因此在接下來這場金融風暴當中，你要怎麼做才會有機會崛起？

不斷擴大的危機

富勒博士相信人類現在所面臨的，並非一般平常的危機。他相信人類目前在一場極為嚴峻的危機邊緣，他相信人類面臨的是一次進化上的危機，更重要的是他相信我們人類現在還有機會選擇從這場危機當中崛起，要不然就會從此滅亡。

我們的政治領袖們對這件事情此隻字不提，富勒博士因此而感到非常憂心。與其指出並面對人類所面臨的危機，我們的領袖卻一直在遮掩事實，想盡辦法一而再，再而三的拖延……看樣子是想把問題交給下一個世代去處理。刻意忽略當今所面臨的危機這種作法，其實是在助長將來爆發更大的毀滅性災難、禍患，以及崩盤等。

富勒博士相信人類長年以來，已經過度把焦點放在金錢、權力，以及武器之上，他相信改變的時刻已經來臨了。富勒博士相信我們全體人類有意識地做出新決定的時刻已經來臨了，要開始把焦點擺在他所謂的「振興所有生命的作為」之上，而非持續那些「殘殺所有生命的作為」。如果人類不做出這種改變，富勒博士相信人類就會跟恐龍一樣得面臨滅絕的命運。

選擇合作還是競爭？

在這次的演化過程裡，人類必須學會並且懂得如何開始相互合作而不再彼此盲目競爭。競爭是人類的天性之一。人類從穴居時代開始，就學會要透過不斷地鬥爭，打敗其他人類才能夠確保自己的生存。至今人類持續在戰爭和武器之上投注數兆美元的經費……但是全球仍然有數百萬的民眾每天餓著肚子上床睡覺。

我對富勒博士所提出的解決辦法充滿了興趣。當我坐在觀眾席裡聆聽他的教誨時，我不禁產生了以下這種想法：如果全體人類一致決定彼此互相合作而不再相互鬥爭時，我們是否可以解決全球目前所面臨的眾多危機？雖然解決問題的方法說來簡單，但是從我個人過去的經驗來看，刺激人類相互彼此競爭的慾望，遠比鼓勵他們彼此合作來得容易許多。

當我還是小孩子的時候，我還記得富爸爸曾經跟我說過：「我根本犯不著去理會我的競爭對手。每天員工前來公司上班，光是處理內鬥內訌就讓我忙不過來。我最困難的工作，就是要想辦法讓自己的員工彼此合作。似乎每個人都想要有屬於自己的『地盤』，屬於自己的『行事風格』，特別是『堅持自己個人的看法』。如果我們內部可以更加的協調合作而非彼此競爭，我們所有的人都可以賺到更多的錢。」

聽過富勒博士的教導之後，我才知道為什麼非得發生全球性的危機不可，唯有這樣才能促使人類彼此之間開始相互合作。除非爆發真正的危機，要不然依照人類的天性而言，他們的直覺反應就是開始競爭，或者更糟的——完全不會採取任何的行動。就算這次人類決定同心協力一致合作，富勒博士仍然擔心即將爆發的危機，可能會超過全體人類所能處理的能力。

成績上的競爭

在聆聽富勒博士的課程時，我理解到傳統的學校教育在不斷地教導學生如何競爭，而不是如何彼此相互合作。在求學期間我經常想要跟其他同學合作……但經常被指責成作弊的行為。

從許多方面來看，現在的教室跟當年尼安德塔原始人的洞穴並沒有什麼兩樣。在一個被稱之為教室的山洞裡，年輕學子被告知要跟其他同學相互競爭才能獲得好成績。

「優等生」並不表示這個學生真的是比其他的孩子更聰明，「優等生」只是在告訴別人說這位學生打敗了其他的同學而已。這跟放學後強壯的同學霸凌欺侮弱小同學的作法並沒有什麼兩樣。怪不得有很多小朋友都不喜歡上學。如果這些優等生決定出手幫助其他的同學，那麼他就會被指控在作弊，甚至被逐出校園。

家長也會助長這種瀰漫校園的原始行為。他們期待自己年輕有為，手持木棒的尼安德塔小寶貝，能澈底打敗並且擊潰其他班上的同學。雖然沒有什麼家長願意承認，但是他們之所以要孩子在學業上獲得好成績的目的，只不過是希望孩子將來能爭取到待遇優渥的工作職位。從許多方面來看，對成績的要求其實說穿了都只是為了錢罷了。

當學生以全班最優秀的成績畢業後，這些資優生進入的下一個山洞被稱之為職場。一旦找到了工作，這位年輕人的目的就是要在公司內獲得職位上的晉升，換句話說現在的目的是要「澈底打敗其他的同事們」。

他們不敢彼此相互合作，因為頂頭上司的職位只有一個，因此他們會想盡辦法來確保這個位置將來會變成自己的。如果企業彼此之間太過於合作有可能會被世人指控為壟斷，就算非正式的合作但是有排擠其他競爭者的嫌疑時，也會被指責成彼此勾結，以上兩者在很多情況下都是犯法的行為。

在政治界裡相互合作有時候會被視為背叛的行為，因此民主黨員絕不敢跟共和黨人進行任何形式的合作。在很多情況下，如果某個政客對另外一個政黨「伸出友善的手（釋出善意）」，那麼他所屬的政黨就會無情地把他的手立即砍斷（除去黨籍）。這就是為什麼在政府機構當中經常會發生雙方絲毫不讓步的情況，幾乎看不到彼此謀求合作進步的原因所在。在這種惡性循環當中人人一事無成，結果原先只不過是緊急的狀況就會惡化而演變成一場大災難。

就如富勒博士所說的，人類下次進化所面臨的挑戰就是要學會如何彼此合作，來一起攜手解決我們目前所面臨的全球性問題。問題是，人類只知道要如何彼此競爭，沒有人教導我們要如何彼此相互合作。學習如何彼此相互合作，光是這一點就已經是一種了不起的進化。

問：那麼我們的學生有沒有可能在學校教室裡學會如何彼此合作而非競爭？

答：當然有可能。

問：你能不能舉個例子？

答：沒問題，我給你舉兩個實際的例子。

1.在任何團體運動中，相互合作是至關重要的。有人曾經說過：「團隊中沒有所謂的個人，但是團隊勝利時你也會贏。」太多從學校畢業的優等生只懂得爭取自己個人所屬的勝利，而不是想辦法讓整個團隊一起獲得勝利。

在團體運動中，團隊成員得彼此激勵每個人澈底發揮本身的潛力，要不然團隊是無法獲得勝利的。反觀在課堂內，抱持著個人主義的學生很不希望其他同學發揮潛力，因為這些個人主義的學生們個個都想要獨佔鰲頭。

2.在美國海軍陸戰隊後備軍官學校（Marine Corps Officer Candidate School, OCS）裡，評估一位年輕的後備軍官是否稱職，並不是看他率領團隊的獲勝次數而定，反而要看整體團隊凝聚的狀況，以及團隊內部協力合作的程度來決定最佳人選。該校在進行人才評估時，有時候該團隊是勝是敗根本不列入選才的考慮之內。

換句話說對海軍陸戰隊而言，團隊合作遠比是否獲勝來得更為重要。任何海軍陸戰隊員都清楚知道，只要彼此相互合作到頭來一定會獲勝。這就是為什麼海軍陸戰隊認為他們是軍中最強的單位，但是沒有一位海軍陸戰隊員認為自己比其他隊員來得更優秀。海軍陸戰隊員從一開始就被教導無論階級高低，要尊敬並且敬重任何其他的海軍陸戰隊隊員。這就是為什麼他們會強調說：「一日為海軍陸戰隊隊員，終身為海軍陸戰隊。」海軍陸戰隊隊員彼此之間的緊密連結是屬於精神上的，跟功名財富一點關係也沒有。

因此現在進一步回答你之前的問題，「在彼此相互合作的環境下，人們是否真的能進行學習？」，答案是肯定的。但是在學校教室中，或者是在學術界裡就不一定是這樣了。因為學校與學術界這個領域本質上是「打敗對手要不然就等著被打敗」，在這個領域中會不斷強調並且強化「適者生存」，「誰贏誰輸」，「我比你聰明」，以及「我是第一名」等等這類的思維，而非「我們贏了」這種觀念，更何況通力合作經常也會被視為「作弊」的行為。

問：你的意思是說我應該開始要學習如何跟別人合作？

答：非也。別忘了「一必定是多元的，而且至少有二」這個一般原理。海軍陸戰隊會將隊員訓練成強而有力的個體以及絕佳的隊友。但是一旦涉及到金錢財富，絕大部分人都非常的軟弱，因此不會有人想把這種人邀請到自己所屬的賺錢團隊之中。

在這金錢這個世界裡，世界上最有錢的人們都是藉著團隊在運作的。但是絕大部分的人們都選擇單打獨鬥。

這就是為什麼絕大多數的民眾在金錢這場遊戲當中都無法獲勝的原因。如果你打算最大化的利用你即將來臨的第二次機會，那麼你必須開始要鍛鍊自己的能力，同時要學會如何跟團隊合作的本事。

最大的問題

我們的問題出在於無法通力合作，因此一些緊急情況慢慢演變成全球性巨大的災難。富勒博士很擔心這些不斷在惡化的緊急狀況，如果現在不加以面對與解決，可能會惡化至巨大的，成為超乎我們現在人類所能處理的範圍之外的大災難。

以下是一些他認為已經開始逐漸惡化，可能進一步演變成大災難的緊急狀態。

環境危機

回溯至一九五〇和一九六〇年代期間，富勒博士就已經對全球暖化的趨勢提出了警告。如今許多世界領袖不但沒有相互合作來解決地球環境的問題，大部分甚至還否認有這類的環境問題存在。無論你相信全球暖化這個理論與否，事實上地球兩極的冰帽不斷地在融化當中，許多地方的海平面也不斷地在上升，土壤流失的問題也污染了我們的海洋，而全球數億人口所賴以為生的漁業也同樣面臨了枯竭的命運。

不管個人是否相信全球暖化，不可否認的是地球天氣的變化愈來愈劇烈。近年來有卡崔娜和珊迪兩個巨型的颱風，超級龍捲風橫掃美國中西部，還有紐奧爾良和亞特蘭大等美國南方城市，因為下大冰雹而被迫停止上班上課的情事發生。全球各地也不斷地在發生大旱災，但是在其他地區又同時爆發大洪水。這種環境上的緊急狀態一直不斷地在提升當中。

核能危機

一九五〇和一九六〇年代期間，富勒博士就已經公開表示反對核能的使用。他說上帝允許人類跟核能最接近的距離就是一億四千九百六十萬公里，亦即太陽與地球之間的距離。

雖然興建核能電廠的企業宣稱核能是一種「乾淨的能源」，但是他們從不提及核能電廠所產生的廢料卻是足以致命的。現在的核廢料都被棄置在地表深層的洞穴之中。問題是核廢料需要數萬至數十萬年才能消失殆盡，不再對人類造成傷害。同時也需要花費納稅人數十億美元來確保儲放這些核廢料的安全性。

二〇一一年由於大海嘯席捲了日本，造成許多核廢料順著洋流遍布全球。光是這一場緊急事件，就將會影響著我們人類數千年之久。

軍事危機

一九七〇到一九八〇年代冷戰到達最高峰的期間，富勒博士曾經說：「如果我們不淘汰戰爭就會被戰爭淘汰」。他的意思是說人類利用本身的智慧研發出具有大量毀滅性武器，這些武器的威力是如此強大，萬一真的爆發了核子大戰，地球上最後唯一能生存下來的恐怕只有蟑螂了。在發生核子大戰後沒有所謂的戰勝國或者是戰敗國。下一場世界大戰的結果就是全體人類都戰敗了。對富勒博士而言戰爭演變至此，其實就是偉大的神靈在提醒我們應該要改變歷史的方向，是人類應該進化的時候了，亦即應該彼此相互合作而不再互相鬥爭。

很不幸的，人殺人的戲碼還繼續在上演著。現在的恐怖分子已經有能力對抗全世界最強大的軍隊。因為現在的恐怖分子會利用網際網路大打宣傳戰，把一般民航飛機當成武器使用，並且還可以輕易獲得如何打造出「公事包大小」的核子武器、生化武器，以及化學武器等知識。雖然美國在軍事上投注了數兆美元的預算，但是恐怖分子只要在紐約、倫敦、東京或者北京等地，引爆一個極微簡陋廉價的「髒彈」（dirty bomb，又稱放射性炸彈）就能對世界經濟造成致命的打擊。

在一九七二年越戰期間，我親眼看著我中隊上的另外一位夥伴，被中國製造的SA-7肩射導熱飛彈Strela所擊落。當時發射那枚飛彈的越共軍人根本不需要經過多年的訓練。他只要稍微瞄準並且扣下扳機，飛彈就會自行完成一切——擊落造價數百萬美元的CH-53綠色巨人直升機，同時消滅機上六十三位海軍陸戰隊隊員。二〇一四年馬來航空的客機也是被同樣的武器給擊落的。

至今美國人仍然在軍事訓練以及研發新武器上投入了數兆美元的經費。如今一位沒有受過訓練的恐怖分子，只消利用一枚造價一萬美元的導熱飛彈來擊落民航客機就能拖累，甚至重創全球的經濟。

很不幸的，對抗恐怖主義跟第二次世界大戰那種傳統戰爭的打法很不一樣。我們在越戰期間吃足了苦頭才學會了這個教訓。恐怖分子並沒有穿著可供辨認的制服，也不會遵守傳統戰爭裡的交戰規則。

恐怖分子也沒有可以被摧毀的生產工廠、碼頭、機場，以及城市等設施。他們之所以會獲勝，是因為他們沒有任何東西可以損失。恐怖分子為什麼會連戰皆捷，是因為他們可以在任何地方、任何時間，並且持之以恆地的主動出擊。

當我們對抗恐怖分子時，我們在和一種思想主義交戰，而不是某個特定的國家。許多人相信，如果我們繼續把焦點放在殺害恐怖分子之上，我們就會創造出更多的恐怖分子出來。與其學會「戰爭是一種應該被淘汰而且過時的產物」這個教訓，我們依然持續在進行各種戰鬥。這就是為什麼恐怖分子的危機日益嚴重。

流感危機

幾個世紀之前黑死病藉著跳蚤與老鼠到處傳播，如今我們的客機在到處傳播伊波拉（Ebola）病毒。

經濟危機

現代的戰爭都是藉著貨幣來進行，因此造就了經濟上極大的危機。很諷刺的是用貨幣所打的戰爭，其攻擊的對象不是武裝的恐怖分子，而是不分男女老幼的一般無辜百姓。每天有數十億的民眾都活在日常的經濟危機之中。

就是因為這場經濟上的危機愈演愈烈，因此成為富勒博士寫下《強取豪奪的巨人》這本書的動機，專門用來說明超級有錢人和當權派是如何剽竊無辜民眾的財富的方式。

於一九〇八年誕生的美國心理學家亞伯拉罕・馬斯洛（Abraham Maslow）於一九四三年在《心理學評論》上發表了《人類動機的理論》的研究報告。雖然當年馬斯洛並沒有用三角形來描繪他所發表的概念，但是現在只要講到馬斯洛的「人類需求五層次理論」時，都會用金字塔的形狀來表示。

下頁圖表二是在闡述馬斯洛的「人類需求五層次理論」，從圖中可以看得出來經濟上的危機是如何影響著我們的人生。

馬斯洛針對他所謂「楷模人士」（exemplary people）來進行研究，而這些人包括了亞伯特・愛因斯坦（Albert Einstein）、珍・亞當斯（Jane Addams）、愛莉諾・羅斯福（Eleanor Roosevelt）、佛德列克・道格拉斯（Frederick Douglass）等。根據維基百科的說法，馬斯洛解釋他選擇特定研究對象的道理，是基於：「倘若研究的樣本是情感不健全的、沒有充分發育發展的、不成熟的，或者是不健康的，那麼這些不健全的心態會導致研究出不健全的理論。」在此要特別指出：金字塔最下方兩層的基礎（生理上和安全感），的確會對上面三層（愛／歸屬感、自尊、以及自我實現）造成極大的影響。

圖表二

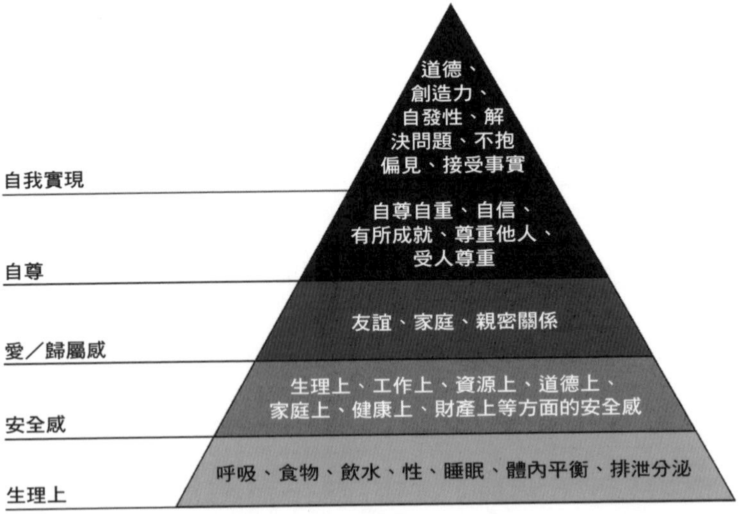

現實生活的崩壞

一九七三年我打完越戰回到夏威夷時發現我的窮爸爸已經失業了。我的窮爸爸辭去了夏威夷教育部長的職位，並以共和黨的身分角逐夏威夷副州長，對上他原本的頂頭上司夏威夷州長（隸屬於民主黨）。在競選失敗之後，州長就把窮爸爸打入黑名單之中，從此再也無法出任夏威夷州任何的公職單位。

為了生活，窮爸爸領出了他畢生的積蓄加上他所有的退休金，買下了一間全國連鎖的冰淇淋加盟店。結果不到一年生意就宣告失敗，此時我的窮爸爸變成了一位身無分文，頂著博士光環的中年失業人口。

看著父親自身的「馬斯洛金字塔」崩壞這個過程是件很痛苦的事情。當最基礎的兩大需求，亦即生理上（基本生存的需求）以及安全感開始瓦解，窮爸爸的其他三個層次也跟著煙消雲散。

在父親競選失敗兩年之後我的母親就過世了。兩年之後我的父親雖然再婚，但是很快地以離婚收場。這時候窮爸爸才五十歲出頭，雖然兒女們都努力的要讓他寬心，但是他仍然抱著悔恨獨自生活，並且喪失了愛其他人的能力也失去了生活的意義。

這位一生充滿自豪又有自信的男人，因為競選失敗、喪偶之痛、失去頭銜與權力，以及失業等打擊，澈底擊垮了他的自尊，讓他無法站起來重整旗鼓，再次重新面對這個世界。與其努力自我實現，他成日坐在家裡看電視、酗酒，內心充滿了憤怒和悲苦，同時嫌棄厭惡其他親朋好友的成功。

當你檢視馬斯洛金字塔的頂端時，你可以找到道德這個字眼。我很敬佩父親從來沒有失去自己的道德觀。雖然事後有很多人拿著大把的鈔票接觸他，想要利用他原本的名聲和成功，但是他都一一婉拒了。他寧可選擇面對財務上的困境，但堅決不放棄自己的道德與良知。

其實很多人都會輕易地出賣自己的道德。每當生存和安全感的基本需求受到威脅時，很多人都會淪為罪犯，開始進行販賣毒品、出賣靈肉、偷盜、說謊，以及欺騙不忠等罪行。當民眾因為絕望而狗急跳牆時，各種浮濫的訴訟案件就會大幅增加，使得那些唯恐天下不亂的律師們個個發大財。

我在一九七三年就看到了未來社會的發展。不是我父親那個世代的未來，而是我這一個世代和下一個世代的未來會如何。與其自力更生並且提高自己的生產力，現在有愈來愈多的人認為自己理所應當的受到政府的照顧。他們的致富計畫通常是希望能幸運中到樂透大獎，要不然就是發生一場意外，然後想辦法靠著國家賠償來過日子。

當民眾的生存和安全感受到了威脅時，首當其衝先瓦解的就是原本講求倫理、道德，和法律的文明社會。從我的觀點看來，我們的經濟已經處在緊急的狀態之下。問題是：什麼人會從這次的經濟危機中崛起，而又是什麼樣的人會被淘汰？哪些人會強化自己的自信心，進一步實現自我，並且把握自己人生和財富上的第二次機會？

問：馬斯洛所講的「自我實現」到底是什麼意思？

答：一個懂得自我實現的人是不會被擊倒的。這就是為什麼馬斯洛研究的都是一些諸如愛因斯坦、珍·亞當斯、愛莉諾·羅斯福、佛德列克·道格拉斯等偉大的人物。他並沒有去研究那些心理有問題或神經質的人物。一個懂得自我實現的人無論面對什麼樣的阻礙也都會持續朝目標前進。

問：所以一個懂得自我實現的人不需要靠別人的敦促或激勵囉？

答：完全正確。在金錢、事業，或者是理財等領域中，現在有很多人都需要依賴別人的敦促或激勵才會有所作為。他們需要「有所得」才會有所行動。這些人開口就會問：「如果我來替你工作你會付給我多少錢？」、「有什麼樣的獎金可以領？」、「我什麼時候可以加薪？」以及：「我能享有什麼樣的福利？」等問題。

也有不少的人需要「被捧著」，亦即「如果你能滿足我的自尊心，我就會更賣力的工作」。也有很多人在心裡默想著：「如果你有任何讓我心理不舒服的地方我就辭職給你看，或者在工作上讓你有得受的。我會在背後說長道短甚至散布各種謠言。如果你真的把我惹毛了，我一定會上法庭告你造成傷害或者是性騷擾。」

還有一種人需要藉著「懲罰」來逼自己。很多人都必須經過輔導諮詢或者被斥責之後才會回到工作崗位上。也很多人都因為公司有進行所謂的「績效評估」才勉強會有正常的工作表現。

問：這是不是從家庭教育開始形成的？

答：我相信是的。我經常聽到一些父母會說：「當我的孩子每考到一百分時我就會給他一千元」，或者「每當孩子讀完一本書時，我都會給他一些錢」，或者「我的孩子只要幫忙做些家事我都會給他一些零用錢」等等的話。對我而言，這是在訓練孩子從小要為錢工作。這就是為什麼富爸爸一直以來拒絕付錢給我和他的兒子。他說：「因為孩子做事而付錢給他們，根本就在訓練孩子變成打工的心態。」

富爸爸在訓練他的兒子和我將來要成為一位創業家，是能夠能自我鞭策的人，這樣子長大之後才能憑空打造能創造收入並且提供工作機會的各種資產。他不願意把我們教導成那種需要錢才會去工作、同時追求工作保障以及優渥福利的一般上班族。他說：「如果你長大之後真的想這麼做，那麼你就去上學好好念書，畢業之後就來替我這種人工作。」

功成名就、金錢利益與偉大

簡單來說，功成名就和金錢上的利益可以透過激勵、啟發、威脅或者補償等方式來達成。對絕大多數人而言，功成名就並且變成有錢人就很足夠了。但是以上的這些成就遠比不上所謂的「偉大」。

根據馬斯洛的說法，唯有藉著自我實現才能達到偉大的境界。當一個人懂得如何自我實現，就算是沒有任何錢、沒有優渥的工作、沒有接受過良好的教育、沒有專業的認證、健康不良，或者無家可歸等因素，都無法阻止這種人追尋自己所要的人生。

當你在為自己的第二次機會做打算時，或許你應該問自己：「我要怎麼做才會變成自動自發的人？」如果你變成具有自發性的人，那麼在將來即將面對的各種危機當中，你將會比別人擁有更佳的機會從中崛起。

金字塔的頂端

永遠別忘記在馬斯洛金字塔的頂端寫著道德這個名詞。對很多人來說，在他們追逐名利、成功與金錢的路途上，第一個會被犧牲的就是他們的道德。這也就是為什麼許多野心勃勃的成功人士一直無法達到偉大境界的主要原因之一。對許多人來說，獲得名氣、成功，以及金錢的渴望是如此的強烈，他們願意為此付出一切，其中也包括了自身的價值觀與道德。我們都知道一些像這樣的人物，你可以在電視上看到這種人，或者在報章雜誌上看到這些人的消息，甚至和他們共事……你甚至可能和他們一起上教堂。

在現實生活中，有許多偉人一輩子都沒有辦法獲得一般人口中所謂的功成名就，或者是財富。有上億像我窮爸爸一樣默默無名的英雄們，無論他們的人生遭遇到多麼大的困境，他們也絕對不會出賣自己的靈魂與道德。

當你有了第二次的機會，我希望你能下決心成為這類的英雄人物。就算這輩子無法功成名就或發財致富，你仍然會立志要擁有偉大的人格，成為偉大的人物。這個世界非常需要偉大的人物，他們具備堅定不移的道德情操與人格，同時抱持著「我們一起獲勝」，而非「我一定要贏」這種想法的人們。

偉大的自我檢視

請問問自己下列各項問題：

問：什麼人你知道他非常出名……但是仍然不能視為偉大的人物？

答：

問：什麼人你知道他非常成功……但是仍然不能視為偉大的人物？

答：

問：什麼人你知道他非常有錢……但是仍然不能視為偉大的人物？

答：

問：什麼人你知道他非常偉大……但是算不上有名、成功，或有錢之人？

答：

問：你是否有跟這個（些）偉大的人說他們很偉大，而且他們做了些什麼讓你覺得他們很偉大的原因？

答：

如果你能進一步聯絡這些人，並跟他們述說你認為他們偉大，不是一件很令人欣喜的事情嗎？別忘了還要向他們特別指出你認為他們很偉大的詳細原因與理由。只跟他們說聲「你很偉大」雖然也很好，但是這麼做對方也許搞不清楚你的本意，同時也缺乏力道。

如果你能認可並指出他人偉大之處，你們倆的偉大程度同時都會有所長進。如果一個偉大的人能讚揚其他十位偉大的人，而這十位偉大的人又各自讚揚其他十位人士，那麼馬斯洛所謂的自發性的偉大這種精神將會遍布全世界。

一旦這種偉大的自發性傳遍世界（而非絕望），那麼身為百姓的我們就會有力量一起來解決世界正在面臨的各種危機，再也不用枯等那些政府領袖們出手相救。想當然爾，那些抱持著「我想要贏」、「我最厲害」心態的人們不會喜歡這種事情發生，但該是他們站邊讓開的時候了，應該是要讓全世界一起贏的時候到了。

下一波金融危機

在即將來臨的經濟危機中，現在數百萬生活富裕的人們，很可能會體驗到自身馬斯洛需求金字塔崩潰的感受。在前幾章裡，我闡述了美國以及全球許多國家正在面臨的經濟危機。接下來我將更進一步詳細說明這場即將爆發的經濟危機，並且分享我認為在這次場危機中受害最深的將會是哪些人們，以及我這麼認為的理由為何。

貧窮階級

由於尼克森總統在一九七一年切斷了美元金本位制的關係，因此貧窮階級在「向貧窮宣戰」的這場戰役中澈底被打敗了。當銀行和政府可以不受拘束地印鈔票後，稅賦、通貨膨脹，以及貧窮人口數就不斷的增加。很不幸的，這些人絕大部分都無法從下次的經濟危機中崛起翻身。

中產階級

當數百萬民眾於二〇〇七年失去了原本的高薪工作、自有住宅，以及退休金之後，中產階級在「向中產階級宣戰」的這場戰役中也澈底被擊潰了。二〇一四年四月二十二日《紐約時報》的頭條報導為：「美國中產階級再也不是全世界最富有的中產階級了。」

該報導指出加拿大地區的中產階級所得水準，已經超越了美國中產階級的收入水準，同時歐洲地區貧窮階級的平均收入，一樣也超越了美國的貧窮階級。

到了二〇一四年，少部分的美國中產階級從上次的金融海嘯中重新站了起來。目前受過高等教育剛畢業的年輕人，以及有著豐富實際工作經驗的中年人，這兩個族群的失業率都高居不下。而有找到新工作的這群人，其中有三分之二的收入也遠遠比不上二〇〇七年金融海嘯爆發之前的水準。

下次輪到誰？

《富爸爸教你預見經濟大未來》一書於二〇〇二年問世。這本書綜合了富爸爸對於政府、金錢、和銀行體制的教誨，以及富勒博士在《強取豪奪的巨人》中所教導的內容、一般原則，和「預測模式」等等。

在《富爸爸教你預見經濟大未來》這本書中也預言了二〇一六年股市將會發生人類歷史上最大的一次崩盤。就如你所知，華爾街媒體機制對此做出了嚴厲的反駁，並且無所不用其極地打擊本書和我這位作者的可信度。雖然富爸爸的預言是十幾年後的事情，但《智富》雜誌（Smart Money）、《錢》雜誌（Money magazine）、以及《華爾街日報》（The Wall Street Journal）等，都對此做出了很不客氣的指責。

問：你認為媒體為什麼要對此做出這麼尖銳的抨擊？

答：因為《富爸爸教你預見經濟大未來》這本書特別指出，當今數百萬上班族每個月不

斷的把所得投入的 **401k** 退休金計畫，有著先天上的缺點。就是因為有這樣子的缺陷，讓富爸爸預測人類歷史上最大的一次股市崩盤將會發生在二〇一六年左右。我認為《智富》的記者覺得一定竭盡所能的貶低這本書（以及我個人），是因為雜誌社需要保護他們的廣告收入來源，亦即那些強取豪奪的巨人們。

我能體諒保護廣告收入來源的動機，但是有必要說謊嗎？為什麼人要為了金錢而出賣自己的道德？《錢》和《華爾街日報》在沒有說謊的情況下，也一樣對富爸爸的預言提出了反駁的論述。我尊重並且接受這兩家所做出的回應。任何一枚硬幣都有著兩面。《錢》和《華爾街日報》只不過是報導出他們所認同的那一個面向。我也不曾寄望會有媒體認同富爸爸、我那一本書，或者是我個人的觀點。

問：到底哪一邊的說法是對的？

答：我擔心富爸爸和富勒博士的說法已經被證明是對的。就如我十年來經常在說的：「預言家提出預言的目的，是希望社會一起來證明是他錯了。」

問：為什麼預言家希望自己的看法是錯的？

答：因為預言家是在對大眾發出警告。沒有預言家希望自己的預言成真。他們希望人們可以採取行動、做好準備，並且在預言實現之前做出改變。

問：曾經有過成功的例子嗎？

答：恐怕沒有。強取豪奪的巨人以及政府領袖們只讓這些危機愈來愈惡化，使得預言所描述的狀況更形嚴重。

問：富爸爸的預言到底有多麼準確？

答：讓我給你看一張圖表三，然後你自己做判斷。

第一點：留意左方箭頭所指的位置是一九二九年股市大崩盤之處。現在仍然有很多人，就算《經濟學人》雜誌（The Economist）也一樣，到現在還在公開聲明當年的股災是人類歷史上最嚴重的一次。

第二點：經濟大蕭條一共歷時了二十五年之久。

第三點：一九九七年《富爸爸窮爸爸》一書問世，書中強調「你的自有住宅不能算是一項資產」。

第四點：二〇〇二年《富爸爸教你預見經濟大未來》一書問世。

第五點：留意二〇〇七年道瓊工業

圖表三

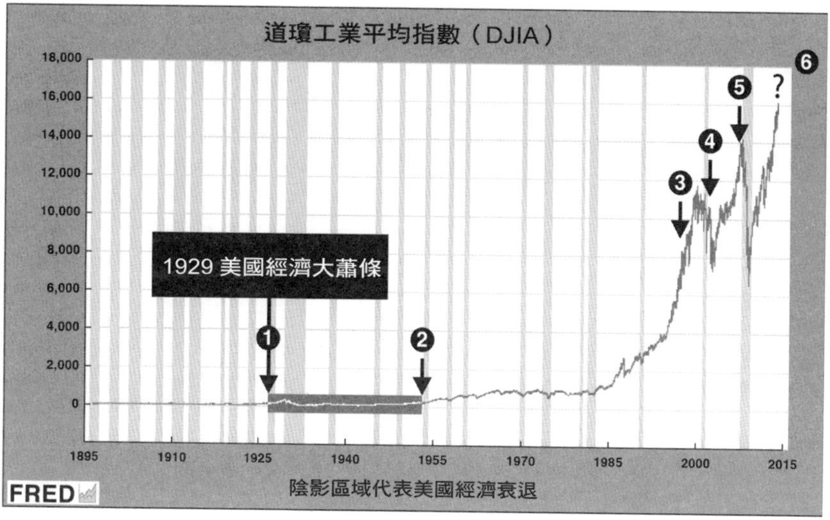

平均指數在十月分時做頭的圖形。我在《富爸爸教你預見經濟大未來》一書中有提到在二〇一六年史上股市最大崩盤發生之前，會先爆發一次股災。

二〇〇七年爆發金融海嘯的確印證了我們的預測。二〇〇七年的金融海嘯中打擊了數百萬的屋主，他們在那時候才發現自己的住宅並不是一項資產——而在十年前的一九九七年出版《富爸爸窮爸爸》一書時，早就對此做出警告。二〇〇七年股災消滅了絕大部分的中產階級以及中產階級的百萬富翁們。

第六點：請看圖表二的二〇一六年，亦即《富爸爸教你預見經濟大未來》一書中所預言會發生史上最大股災之處。

問：預言會成真嗎？

答：誰知道？我希望不會。

第六章 「一千兆」到底有多大？

你無法避開那些迎面而來，而你自己卻看不到的事物。

——巴克明斯特．富勒博士

我們之中有很多人都知道將來我們面臨著許多嚴重的問題。但最大的問題在於：這些問題是無形的（肉眼是看不到的）。如果我們能親眼看到這些問題，或許我們就能避開他們。

無形的年代

一九七四年的時候，數百萬受薪階級的財務未來大大的被改變了。美國國會通過了受僱人員退休所得保障法案，而這項強制法令逐漸演變成現在的 **401k**。如今西方世界的上班族幾乎都採用這種確定提撥制的退休金計畫。例如在澳洲被稱之為「超級年金計畫」（Superannuation），在加拿大被叫做「註冊退休儲蓄計畫」（Registered Retirement Savings Plan, RRSP），而日本的名稱叫做「確定提撥退休金計畫」（Defined Contribution Pension Plan）。

工業時代受薪階級的退休金計畫於一九七四年宣告結束。工業時代的退休金計畫多半採行「確定給付制」的方式。在這種退休辦法下，退休人在退休後每個月都可以領終身俸直到死亡為止。

反觀確定提撥制如同其名，也就是受薪階級必須要自行提撥收入來作為自己退休金。而且這個退休金帳戶裡的錢都得經由提撥的方式才能計入。如果上班族退休之後把退休金花光了，那麼這個退休金計畫就再也沒有辦法對他有所幫助了，因此很可能會造成退休之後個人財務上的危機。

確定給付制（DB）是工業時代的退休金計畫，而確定提撥制則是屬於資訊時代的產物。而在資訊時代中，盯著市場是一件非常容易的事情。除了電視和廣播節目會有新聞報導之外，我們一樣可以二十四小時不間斷地利用網際網路或智慧型手機隨時檢查市場的表現。如果股市上漲人們就會感覺到心情愉快，而當股市下跌人們就會變得沮喪煩心。

無形的巨人們

由於缺乏財務教育，只有少部分的上班族知道世界還存在著比股票市場還要更巨大的金融市場。這些市場對於那些沒有受過財務教育的上班族而言是一種無形的存在。這些一般上班族眼睛看不到的巨型金融市場如果不幸著了涼、咳嗽甚至打個噴嚏，將會毀掉數十億民眾舒服安逸的退休生活。

在本章稍後會更詳細探討其中一個無形的巨大金融市場，亦即衍生性金融商品的市場，這個一般人接觸不到的巨型市場在二〇〇七年幾乎將全世界的金融體系在一夕之間拖垮。在探討這個巨型市場之前，我們得先清楚了解富勒博士說下面這句話的意思：「你無法避開那些迎面而來，而你自己卻看不到的事物。」我從富勒博士那裡學到最重要的，就是要訓練自己能看到一般人不可見、不察覺的事物。

如何看到那些無形的事物

我想起富勒博士講述自己年幼時第一次看到汽車的故事。他記得當時的民眾以及馬匹們，都因為汽車的聲音而飽受驚嚇。當時許多民眾認為汽車只是個有錢人的玩意兒，一個很快就會退流行的熱潮。就如我們現代人所知道的，汽車很快的取代了馬匹而成為人類最主要的交通工具，進而完全改變了整個世界的運作模式。汽車的發明讓人類的生活更加便利，同時也讓無數的人發了大財。現在養馬才是有錢人流行的玩意兒。

富勒博士跟我們講這個故事的重點是：當時的人類可以用肉眼看到汽車這個產物。而汽車這項科技將人類從農業時代的交通模式（也就是牛馬），轉型成工業時代的交通模式（不再使用獸力）。當時的人們在經過幾年之後，都可以清楚看到人類的生活方式產生了什麼樣的變化。但是以目前的資訊時代來看，人們看不到那些正在改變我們生活方式的新科技與事物。從許多角度來說，資訊時代是一種變化於無形的時代。

失業率的上升

為什麼失業率一直不斷地上升，同時高薪的工作也愈來愈難找的原因之一，就是因為人類在資訊時代中逐漸被取代了，就像當年馬匹被汽車所取代一樣。以攝影為例，人類當年需要經過沖洗的程序才能看到最終的相片。我還記得小時候必須把拍攝過的底片用小紙袋裝好，拿去交給附近的藥局，然後在一個星期之後去取照片。

攝影的數位化不但消滅了數十萬的工作機會，同事也讓伊士曼柯達（Eastman Kodak）這間公司破產了。不久之前這間公司還是美國《財星》（Fortune）雜誌前五百大的公司之一，但是這個工業時代的巨人因為沒有辦法把轉型成為資訊時代的企業，最終只得宣布破產。

伊士曼柯達公司由於數位相機這項新科技的發明而走入了歷史。諷刺的是，數位攝影這項科技是伊士曼柯達公司自己在一九七五年所研發出來的。雖然該公司在研發數位攝影的科技中投注了數十億美元，但是這間擁有陳舊商業模式以及龐大員工的老字號企業無法和這項新科技接軌，因此於二〇一二年宣告破產。

富勒博士多年之前就在強調：隨著資訊時代的來臨會有愈來愈多的工作被取代。問題在於一般百姓看不到取代他們的科技是什麼，更沒有能力預見新科技的來臨。數百萬的民眾今天雖然還在快樂的上班，但是很有可能明天就會突然失業，因為他們一下子就被無形的改變所淘汰。當你開始計畫人生的第二次機會時，你一定要能看得到即將來臨的改變……就算是無形的事物也一樣。

盲人給瞎子指路

更嚴重的問題是我們現在的領袖們完全看不到即將來臨的改變。他們跟一般大眾一樣的盲目。這種無形的改變也正是為什麼當今華盛頓高層，以及全世界各國首都的元首們，大家彼此之間都絲毫不讓步，完全採取對立立場的原因之一……因為在他們眼中只看得到彼此而已。所以他們只知道彼此相互攻擊，而不會去動手處理真正的問題所在。

我們的領袖們現在都會對百姓開出許多選舉支票。他們答應說：會創造更多的就業機會、要保障勞工的權益、花更多的錢在基礎建設上來創造更多的就業機會、改善學生的成績水準，讓他們可以跟其他國家的孩子們競爭、讓孩子們花更多的時間在學校、提高基本薪水所得、不會再對銀行進行紓困、一定要提高有錢人所繳的稅繳、降低企業的所得稅……以及許多其他公共建設計畫、對百姓的承諾，和各種未來的夢想等。他們想盡辦法證明給你和我一般的百姓看，好像他們「很有一套」的樣子，知道自己在做什麼，並且會帶領民眾擺脫目前的狀況。但事實上他們根本就是盲人在給瞎子指路。

在資訊時代裡，要能「看得到」那些肉眼所看不到的，無形上的改變，才是當前最大的挑戰所在。

學習如何看到不可見的事物

你人生的第二次機會很有可能取決於你是否能看得到那些無形的事物。那為什麼我要學習如何看到那些無形的事物呢？因為誰能看得到那些無形的事物，誰就成為未來世界的主人翁。這些人懂得用心智來看一般人肉眼無法察覺的事物。

腦與心智

富勒博士經常會提到人類「腦」（brain）與「心智」（mind）兩者不同之處。對他而言這兩者是完全不同的。

簡單來說，腦是用來看那些可見的物體，而心智是用來看那些不可見的事物。富勒博士的說法是腦會看到物體本身，而心智可以看出物體之間無形的相互關係。當時富勒博士採用行星的運動來解釋這兩者不同之處：人腦只能看見行星本身，而心智則能看出行星彼此之間無形的引力作用。

以高爾夫球為例，球員在推桿之前會用腦來檢視著小白球、球洞，以及果嶺的狀況等。但是最頂尖選手還可以運用自己的心智，可以看出推球之後小白球在果嶺上所行走的那一條無形的路線。那一些能看到這種隱形球線的選手，都是那些贏得大賽獎盃與大筆獎金的球員。

雖然是過於簡易的例子，但是我們可以知道人類的智慧其實存在於我們的心智之中，而非腦袋瓜裡。這也就是為什麼史考特・費茲傑羅（F. Scott Fitzgerald）會說：「測試是否一流的智慧，端看腦海是否有能力同時存在兩個完全對立的想法，而且心智仍然能維持正常的運作。」很不幸的是絕大部分的人被訓練成用腦（而非心智）來看待事情。

唯一正確的答案

學校不斷地教學生所有的問題都只有一個正確的答案。當人們相信凡事都只有一個正確答案時，就會衍生出爭論、否定、離婚、吵架、謀殺、法律訴訟，以及戰爭等。學校教的是人腦可以背誦的「答案」，而非運用心智進一步探索各種可能性。

就像富爸爸所說的：「當你開口跟一個笨蛋吵架時，立即就產生了兩個笨蛋。」所以當有兩個人自以為擁有唯一正確的答案時，實際上就產生了兩個傻瓜蛋。

當父母和學校教導孩子們凡事都只有一個正確的答案時，此時馬斯洛需求金字塔的頂端就被壓扁，進而殘害孩子自我實現的能力。

培養自發性的自我實現需要：第二次機會。

想要獲得人生第二次的機會，那麼這個人必須具備足夠的勇氣，能看得到一般人所看不見的事物。能把握住第二次機會的人，需要勇於創新並且能發揮靈感，能替問題找到許多種不同解決方式，並且願意接受事實而不存有個人偏見等才能成功。

想要擁有人生第二次機會需要具備自尊心、自信心、成就感、尊重他人，並且獲得別人的尊重。簡單來說，自尊心是需要有勇氣的。勇氣這個詞彙來自於法文的 le coeur 演變而來的，也就是「心」的意思。勇氣並非源自於人腦。這個世界充斥著各種受過高等教育的「腦子」，但是這些大腦缺乏邁入未知領域或承擔風險的勇氣，因為勇氣是源自於人心而非大腦。

想要獲得人生第二次機會，你必須要能區分大腦以及心智兩者個別所看到的事物。第二次機會的重點並不在於「自己是對的」或者「找到正確的答案」。第二次機會的重點在於採取行動、犯下錯誤、修正做法，然後跌倒之後重新爬起來，直到自己獲得成功為止。

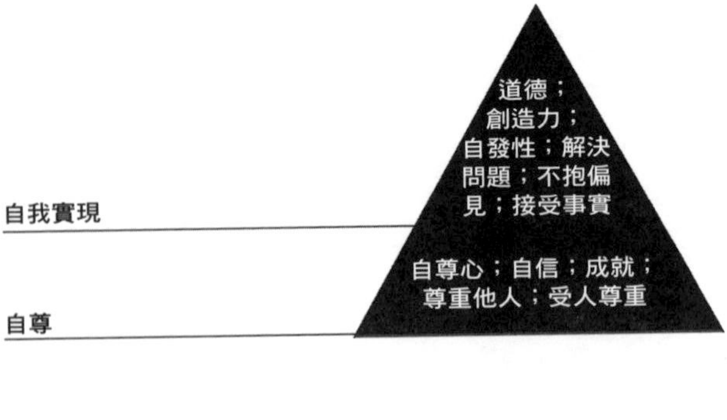

很不幸的，這種行為在傳統學校裡並不被視為聰明的作法。事實上這種作法恰好與學校所認為的「聰明」恰好背道而馳。

無形的神祕世界

富勒博士相信百分之九十九的宇宙都是無形的。如果這個看法是正確的，那麼人類所建立的一切認知，都只是基於自己肉眼所能看見的那百分之一的事物而已。其實人類早就察覺到這些無形的事物。數千年來全球各地的人類，都感受到這些無形事物的存在、神祕感，以及力量。

這就是為什麼人類為信仰神祇、界定聖地、崇拜生物、符號以及特定的人類等。這些人物包括耶穌、亞伯拉罕、穆罕默德、釋迦摩尼等。人們藉著實質上的體現才有機會接觸到無形世界那種神祕的力量。

以前當疾病蔓延造成大量人口的死亡時，人們就想要找出這個把邪惡散播在人群之中的惡人，因此開始進行所謂「獵巫」的行動。結果由於顯微鏡的發明，讓巴斯卡（Louis Pasteur）等科學家們可以看到原來「不可見」的世界——亦即微生物與細菌等等，讓人們瞭解疾病與疫情是源自於這些病菌，而並非什麼邪惡的力量所造成的。

現代的獵巫行動

當今的世界裡，在財務方面也有著類似獵巫般的行動正在進行著，也就是所謂的階級鬥爭。許多人寧願相信是世界上的有錢人讓自己處在貧窮之中。雖然的確存在著一些利用非法手段壓榨他人的「有錢惡人」，但是絕大部分的有錢人都是對社會提供了相當的價值才會發達致富的。

在法國大革命盛行斷頭的年代裡，許多權貴的腦袋，其中還包括了著名的瑪麗•安東尼（Marie Antoinette），都被貧窮階級給砍了下來。這些貧窮暴民同時也砍了不少「創業家」的腦袋，亦即那一群發明家、承擔創業風險的企業家，以及提供就業機會的老闆等等也丟了項上人頭，因而斷送了當時法國經濟的發展。每當貧富差距過於懸殊時，社會上就注定爆發這種亂象。

至今法國的經濟尚未恢復到斷頭年代之前的榮景。法國雖然曾經貴為世界強權之一，如今它已經淪為一個仇視富人的社會主義國家。

問：美國是不是愈來愈有可能引爆民眾的暴動？甚至發生階級鬥爭？

答：是的。如果貧窮和中產階級繼續把有錢人當成他們面臨財務困難的罪魁禍首，那麼貧富差距在資訊時代中只會愈來愈懸殊罷了。

問：為什麼會這樣？

答：我的看法原因有二。第一個原因是有錢人懂得如何把自己的財富藏匿在無形的領域之中，有錢人同時也有辦法可以移轉他們的財富。當有錢人把自己的財富移走時，那麼投入該國經濟的資金就會變少，因此讓貧窮和中產階級的生活變得更加困難。諸如蘋果電腦等規模的企業，每年在海外都會賺取數十、甚至數百億以上的美元，但是這些企業都不會選擇把這些錢匯回美國國內。他們合法的把這些錢存放在境外，因為按照美國公司稅法的規定，如果把盈餘匯回美國國內，將會被課以更重的稅賦。如果政府決定降低公司的營業稅，相信會有更多企業願意把盈餘匯回美國國內，因而帶動美國國內整體經濟的繁榮。第二個原因是當你對有錢人充滿憤怒與不滿的情緒時，你就很難看清楚有錢人們到底是怎麼做的才會變得這麼有錢。

問：如果我抱著仇視與憤怒就無法看清楚有錢人到底在做什麼？

答：是的，這是我個人的觀點。你這麼做只會看到硬幣其中的一個面：你自己所認識的那一面。為了要充分把握即將來臨的第二次機會，了解有錢人們到底在做什麼才會讓他們變得這麼有錢，是一件很重要的事情。

如果你內心充滿憤怒和嫉妒，那麼你就看不清楚有錢人到底在做什麼。懂得愈多就可以讓人看得愈清楚，憤怒和無知只會讓人眼見如盲。

財富的演進

若想要了解為什麼有錢人和一般人之間會有鴻溝，那麼回顧人類財富演化的歷史，瞭解狩獵採集時代、農業時代、工業時代，以及資訊時代之間的不同，將會對我們有所幫助。

狩獵採集時代

在狩獵採集時代裡所有的人類都是平等的。整個社會由一種階級所構成，並沒有所謂的有錢人、中產階級，或者是貧窮階級等。部落的酋長跟所有的人一樣都住在山洞、茅屋，或者是帳篷裡。酋長的山洞裡並沒有提供冷熱分離的自來水。酋長們也沒有私人的噴射客機。當時自然而然的形成一種共產制度，在這個社群和部落當中人人平等。沒有所謂私人財產的概念。酋長的生活、飲食，和交通等都跟其他的人不分軒輊。酋長無法享受到更高級的醫療照顧，而他的孩子們也沒有辦法就讀所謂的明星學校。所有的事情都很公平而且人人平等。當獵物和可採集的植物變少，或者氣候發生變化，整個族群毫不費力的就可以遷徙，因為當時的土地不具有任何的價值。

農業時代

當人類開始豢養家畜並且種植植物時，就開啟了所謂的農業時代。此時土地就變得非常有價值，因此人類的社會就被分成兩種不同的階級：也就是擁有土地的有錢人，以及沒有土地所有權的貧窮階級。不動產（real estate）這個詞彙源自於西班牙語的「皇室莊園」（royal estate）。而「農民」（peasant）是從法文中的 pays 和 sant 這些字源演變而來，意思是「在該土地上耕作之人」。由於土地變得極為有價值，因此人類開始發展出「繳稅」以及「收稅」的觀念，也就是農民必須繳納稅金給國王，才有這份榮幸可以在國王的土地上居住以及工作。為了回報農民所繳納的稅金，國王答應要保護農民們免於受到其他國王們的欺侮。

為了要確保對農民的控制，國王會把大筆的土地交給親朋好友們，亦即貴族（barons）或者是君主們（lords）來共同協助管理。房東或地主（landlord）一詞就是從此演變而來。君主們負責向農民課徵稅負，並且把他該繳納的稅金金額轉繳給國王。由於這些稅收國王和君主們就有能力住在自己所屬的城堡裡，而一般的農民只能住在茅草屋之中。貴族們騎著馬行動，但是一般農民只能走路。

如果發生戰爭，國王就會集合他國土上的農民們，發放武器給他們並且做戰鬥訓練，然後派這些農民們上戰場，用他們來保護貴族們的土地所有權。

人類被劃分成兩個不同的階級肇始於農業時代，亦即有錢人和窮人，貴族或平民兩種階級。在農業時代期間，貴族們愈來愈有錢，農民們辛苦的工作並且繳納稅金，有時候還要替國王抵禦外侮或者是擴張領土。多年來都是如此，並沒有產生什麼樣的大變化。

工業時代

工業時代促使了三個階級社會的產生：有錢階級、中產階級，以及貧窮階級。在農業時代只有肥沃的土壤才具有價值，但是在工業時代有另外一種土地開始變得很有價值。在工業時代興建工廠完全不需要尋求肥沃的土壤，這就是為什麼亨利福特會選擇價廉、布滿石頭、完全不適合耕種的底特律市來興建他的汽車工廠。而在工廠四周，屬於中產階級居住的郊區開始蔓延開來，因此中產階級開始擁有屬於自己的土地和住宅。

隨著工業時代取代農業時代，國王和君主們開始逐一變賣他們所擁有的不動產，開始經營銀行並且對中產階級提供所謂的「房貸」，讓這些中產階級擁有屬於自己的地權。對現代的中產階級來說，房貸仍然是生活中最大的一筆支出。而貧窮階級依然要向他們的地主繳納租金。

工業時代創造了一種全新的貴族，也就是銀行家和實業家們。其中少數手段激進的銀行家和實業家們被世人稱為「強盜貴族」（Robber Barons）。

維基百科對「強盜貴族」這一名詞的形容如下：

在各種社會批判或研討經濟的文章裡偶爾會出現「強盜貴族」一詞，是專門被用來

貶低十九世紀身處在北美的一些美國生意人。運用這種說法最早的文章可以追溯至一八七〇年發行的《亞特蘭大月刊》（The Atlantic Monthly）。到了十八世紀末，該名詞開始專門被用來形容那些會採取各種過分的剝削手段來累積自身財富的生意人。所謂過分的剝削手段包括了盡一切力量來壟斷自然資源、累積對政府高層造成影響的能力、不合理的壓低薪水、打壓或者併購競爭對手來建立壟斷的市場進而哄抬物價，或者把價格炒得過高的股票賣給無知的投資人，然後刻意掏空公司讓投資者血本無歸等等的手段。

很多人相信人類的貪婪隨著工業時代的發展而膨脹了起來。的確是這樣的，在工業時代裡，貧窮階級可以變得非常有錢的機會大大的增加了，因此也造成了人們貪婪和野心的膨脹。許多強盜貴族一開始是白手起家，之後變得比任何農業時代裡的國王和貴族還更加的富有。

以下舉出幾個聲名遠播（或惡名昭彰）的強盜貴族：

安德魯・卡內基（Andrew Carnegie）鋼鐵——匹滋堡和紐約

詹姆士・杜克（James Duke）煙草與能源——北卡羅萊納州

安德魯・W・梅隆（Andrew W. Mellon）金融與石油——匹滋堡

J.P. 摩根（J.P. Morgan）金融、工業合併——紐約

約翰・D・洛克菲勒（John D. Rockefeller）石油——克里夫蘭和紐約

利蘭・史丹福（Leland Stanford）鐵路——加州舊金山

康內留斯・范德比爾特（Cornelius Vanderbilt）水上交通和鐵路——紐約

富勒博士也指出：有一些強盜貴族甚至還出錢成立了全美國最著名的大學院校。許多強盜貴族還用自己的姓來當成大學的名字，例如史丹福、杜克、范德比、卡內基，以及美隆等。富勒博士甚至還把哈佛大學稱之為「摩根大通會計師養成私立學校」。約翰·D·洛克菲勒在一八九一年出資成立芝加哥大學，並於一九〇三年成立美國國民教育委員會。

洛克菲勒宣稱自己成立國民教育委員會的目的，是想把那些比較聰明的農村小孩從農業時代教育成工業時代的人才。這些表現傑出的青年男女們，很可能都變培養成了首席執行官、總裁、首席財務官、會計師，以及律師們，也就是強盜貴族們旗下的「新貴族」。

許多人懷疑洛克菲勒成立國民教育委員會真正的目的，是想要一手控制國民教育所教導的內容。就如稍早所說，成立國民教育委員看樣子是在「劫持」我們的教育體制。這些人懷疑洛克菲勒想要把國家最優秀的青年才俊通通教育成出色的員工和幹部，但絕對不想要把這些人教育成跟他自己一樣的創業家。好消息是現在有愈來愈多的大專院校提供課程給那些想要成為創業家的學生們，而不是一味的訓練學生成為幹部和員工。想要把財務教育納入現有教育體制中，需要發生更巨大的改變以及更遠的時間才有辦法做得到。

階級鬥爭

不只是美國地區而已，全世界都在發生所謂的階級鬥爭。有很多民眾認為當今所有的有錢人都跟之前的強盜貴族如出一轍，全都是騙徒和小偷。

但是，如果你是一個會想要追求人生第二次機會的人，那麼你必須要能站在硬幣的邊緣上來看待硬幣的兩面。如果你只願意看硬幣的某一個面，那麼你可能一輩子也無法理解到底是什麼讓盜貴族變得這麼有錢，讓他們的財富遠遠超過古代的皇帝和國王們。如果你持續盯著硬幣的一個面，那麼在階級鬥爭的過程中你很可能會陷入貧窮困頓的那一邊。

維基百科也摘錄了電視台記者約翰・司塔索（John Stossel）的論點，很顯然他是支持硬幣的另外一面：

他們並非強盜，因為他們從沒有偷竊任何人的財物；他們根本也不是貴族——他們都是來自於貧窮的家庭……

汎德比爾特是藉著討好人而致富的。他發明了許多方法讓旅行和運輸變得更為價廉。他打造更大、更快的船隻，並且在船上供應食物點心。他讓紐約到哈特福（Hartford）的票價從原本八美元降至一美元。光是這一點他對當時消費者所做出的貢獻，就已經遠比那些自稱「為消費者把關」的機構所能做到的還多出許多……

洛克菲勒是藉著販賣石油而致富的。雖然他主要的競爭對手以及政府都說他做的是獨家壟斷的生意，但事實上並非如此。他當時面對一百多家的競爭對手，但是沒有人被強迫一定非買他生產的石油不可。洛克菲勒藉著降低價格來吸引民眾購買他的石油，這也就是為什麼競爭對手都非常厭惡他的原因。由於他不斷努力找出更價廉的方式來挖掘和運輸石油，因此替數百萬民眾省下了許多開支。當時天一黑就被迫要上床睡覺的勞工階級們，由於開始能負擔得起煤油燈，才有辦法在晚上從事閱讀或念書等活動。貪心的洛克菲勒甚至還可能挽救了鯨魚被滅絕的命運，因為他使得煤油和汽油變得如此價廉，因此完全消滅了市場對鯨魚油脂的需求。當代大量捕殺鯨魚的相關漁業活動瞬間就消失殆盡了。

儘管這幾位資本家做了許多好事，但是許多民眾仍然將他們歸類成惡名昭彰的強盜貴族，完全無視於他們對於改善一般民眾生活所做出的貢獻。換句話說，這些強盜貴族並非只是一味的貪婪，其實他們是很慷慨的。如果你想要致富發財，或許你應該要想辦法如何更慷慨才是——也就是必須想辦法去服務更多的人。

資訊時代

蘇聯於一九五七年發射第一枚環繞地球軌道的人造衛星史普尼克一號。許多人把這個事件當成資訊時代，也就是「無形事物」的開端。當時的人都知道有個人造衛星在環繞地球，但是沒有辦法用人眼看見。如今有成千上萬的人造衛星，以及我們肉眼所看不到的東西，在我們日常生活中扮演著不可或缺的角色。

資訊時代的來臨再一次促使財富的演進。現在有一種全新的不動產存在：也就是無形的不動產。有些人把它稱之為「虛擬世界的不動產」。就是因為這種虛擬世界的不動產，讓那些沒有念完大學十九歲的年輕人成為億萬富翁，同時又讓那些五十九歲從優秀大學畢業們的高級主管們個個失業的遠因之一。

虛擬世界的不動產存在於我們的智慧型手機、iPad，以及電腦上等各種移動裝置上。每當我們造訪谷歌或亞馬遜時，就跟我們在玩大富翁時踩到最貴的那兩塊土地是一樣的意思。

那些沒有從大學畢業，屬於當今不可見時代的新強盜貴族們有：

1. 史蒂夫・賈伯斯（Steve Jobs）蘋果公司創始人
2. 史蒂夫・沃茲涅克（Steve Wozniak）蘋果公司創始人
3. 比爾・蓋茲（Bill Gates）微軟創始人
4. 勞倫斯・艾里森（Larry Ellison）甲骨文創始人
5. 湯姆・安德森（Tom Anderson）聚友網 My Space 創始人
6. 大衛・卡普（David Karp）湯博樂 Tumblr 創始人
7. 達斯汀・莫斯科維茨（Dustin Moskovitz）臉書 FB 創始人
8. 馬克・祖克柏（Mark Zuckerberg）臉書 FB 創始人
9. 麥克・戴爾（Michael Dell）戴爾電腦創始人

這要責怪誰？

你可以藉著各種理由來責怪以上這些人。例如他們是造成現代貧富差距懸殊的罪魁禍首，目前各國失業率高居不下也可以歸咎於他們。你甚至還可以怪他們說，現在之所以會有這麼多民眾需要仰賴政府的救濟也都是這些人害的。但是我們同樣也可以學會責怪自己。

就如同我稍早所說的，當人們察覺不到這些無形的大改變時，就會開始無的放矢的責怪他人。因此盲目的群眾就會開始想把巫婆綁在十字架上燒死，或者把人送上斷頭台，或者互相彼此攻擊（例如民主黨和共和黨），而不是去想辦法解決他們所看不到的無形事物。

為什麼有錢人愈來愈有錢？

當我和安迪於一九六七年夏天一路藉著搭便車的方式去加拿大蒙特婁時，我們不光是要看世界博覽會中富勒博士所設計的美國館穹頂建築而已。我們想更進一步瞭解富勒博士為什麼經常會說：「上帝希望所有的人都能致富。」這一句話。富勒博士在他一九八一出版的著作《關鍵路徑》（Critical Path）中說過類似的話：「事實上現在我們在地球這艘太空船上存在著六十億位以上的億萬富翁……」。當時這些話對我們二十幾歲的腦袋瓜來說，簡直是天方夜譚。我們在學校裡所學的根本不是這樣，學校一直告訴我們說只有極少數的人們才會變得非常「有錢」。

雖然我們在穹頂建築裡駐足許久，但是仍然沒有得到我們所冀望的答案。我們的腦袋只能看到這個龐大的建築，一個看起來不需要什麼支撐，能獨自站立的球體建築。它跟之前我們所看過的建築是這麼的不一樣。雖然該建築物涵蓋了這麼大的室內空間，但是看起來卻輕得跟羽毛似的。

雖然我們的腦袋並沒有得到想要獲得的答案，但是我們的心智卻能感受到富勒博士所預見的未來世界。因此當我和安迪離開蒙特婁時，心中確實感受到無限的可能性，相信的確有可能創造一個人人安居樂業的世界，一個沒有「你死我活」或者是「人人為己」的世界。一個人們不需要彼此殺害，更勿需偷竊謊騙才能苟活的世界。一個真正你我都能「雙贏」的世界。

就如你們所知，我相信只要願意學習、採取行動、犯錯、從錯誤中學習，並且持之以恒，人人都必定能成為自己財務未來的舵手。我自己就是一個活生生的例子，在校成績差，來自於夏威夷鄉下地區的孩子竟然能異軍突起，我相信你也一樣可以做得到。你一定會有第二次的機會，只要你願意相信自己，並且把所學的知識用實際的行動運用出來即可。

有錢人遵循的一般原理

有錢人遵循的一般原理其中有一項叫做「簡成」（ephemeralization），它的意思簡單來說就是「以少做多」的意思。農業時代的國王們也是藉著以少做多而致富的。與其到處漂泊尋找食物，他們停止遷徙並且開始自行生產食物。藉著養地並且開墾農田的方式，他們可以從土地上創造出比原本更多的食物，進而養活更多的人口。

工業時代美國的強盜貴族們也完全遵循著簡成的一般原理。他們也是想盡辦法以少做多。回想前幾頁約翰・司塔索對於強盜貴族們的慷慨是怎麼說的。他的解釋其實就是在描述簡成這項基本原理。

問：因此有些人說強盜貴族們非常的貪婪，但是也有人說他們非常的慷慨？

答：是的，再次印證所有的硬幣都有著兩面。有智慧的人就能站在硬幣的邊緣上（也就是某個問題或者是理念），然後把兩邊都看清楚。

問：諸如史蒂芬・賈伯斯、馬克・祖克柏，以及大衛・卡普等企業家，這些就是所謂的新強盜貴族？那他們是否也有遵守簡成這項基本原理？

答：是的。永遠別忘了馬匹終究被無獸力的汽車所取代。而資訊時代中，換成人類被他們所看不到的科技取代。

如今虛擬世界的不動產，例如亞馬遜或阿里巴巴，把傳統的不動產，例如百貨公司和零售店等，打得體無完膚。全球各地都有數百萬的民眾因為這種變化而失去了自己原本的工作。

問：這也就是為什麼貧富之間的差距會愈來愈大的原因？

答：這的確是其中的一個原因。

問：你的意思是說有些人還在用工業時代的方式做事，也有人早就在用運用資訊時代的新方法？

答：是的。還有為數不少已經失業的高層主管們，仍然在找尋工業時代才有的高薪資、福利優渥的理想工作。很不幸的，絕大部分的學校和老師們在創業和職場這些領域中，仍然在教導工業時代的觀念。很多老師們想要得到更高的薪資，但同時也想要減少自己班上學生的人數。

這種觀念完全違背了簡成這項基本原理。他們反而應該思考如何以少做多，例如服務更多的學生人數，用更有效的方式來教導，獲得更好的教育成果……等等。

問：不是有些老師在利用網際網路，以更便宜的方式來教導更多的學生們？

答：是的。有少數幾位老師因為怎麼做了而賺到了上百萬的財富，而且他們的確是值得擁有這樣的收入。這些老師們有在遵守簡成這項基本原則，也就是以少做多的觀念。

富勒博士做出了很多的預言。有些成真了，還有一些尚需多年後才能日漸成熟。他在去世之前，也就是一九八三年的時候，預言說在這個世紀結束前，地球上將會有一種嶄新的科技出現。他說這項科技將會永遠的改變這個世界。

網際網路於一九九〇年首次開放給商業界使用，全球因而感受到通訊，以及資訊上長足的大躍進。網際網路的普遍使用正式宣告了工業時代的結束，人類從此邁入了資訊時代。

所以因應工業時代所建立的城市（例如底特律市）就變了一座鬼城。而例如矽谷這類資訊時代的重鎮開始興起繁榮。數百萬工業時代的工作機會同時也跟著消逝於歷史的洪流之中。

問：如果老師（或者任何其他的人），不遵守簡成這項基本原理會怎麼樣？

答：這個問題我讓你自行回答。我個人相信，那些想要獲得更高收入同時又想要做更少事情的人們，失業只是時間上的問題罷了。很多目前失業或者只能打零工的人們，持續讓工業時代的觀念佔據著他們的腦袋，因此讓他們的心智無法看到身邊的各種新契機。

問：我們的政治領袖們是不是也有同樣的問題？他們是不是一樣也看不到這些改變？

答：是的，這也就是為什麼下一次會爆發上百兆美元的危機。

看不到的巨人們

全世界最大的市場有：

1. 衍生性金融商品市場
2. 外匯市場
3. 債券市場
4. 股票市場
5. 期貨市場
6. 不動產市場

全世界最大的三個市場就是排在最前面的三個，依序為：衍生性金融商品市場、外匯市場，以及債券市場。

至於股票市場、期貨市場，以及不動產三個市場，其規模誰大誰小仍然有著爭議莫衷一是。但對我而言，每個市場都已經夠龐大了，而且彼此之間還會相互影響，造成衡量上的困難。舉例來說，很多人投資不動產是透過不動產證券化基金（REITs）這個投資工具來進行，而這項工具本質上來說是一種股票。期貨、股票，以及債券等也都一樣有著各種演化的投資工具，常常把投資人搞得一頭霧水。

衍生性金融商品市場

最重要的關鍵是：全世界最大的市場，就是衍生性金融商品的市場。其他市場的規模大小都跟它差上一大截。而且只有少數人知道、瞭解，甚至能看得見這個怪物市場的存在。

問：這個市場到底有多大？

答：在二〇〇七年金融風暴之前，衍生性金融商品市場的規模估計有七百多兆美元。

問：為什麼它這麼重要？

答：因為二〇〇七年金融海嘯發生的原因，並非因為不動產價格下跌或者是股市崩盤所致。該危機完全是因為衍生性金融商品市場所導致的。

問：那麼衍生性金融商品到底是什麼東西？

答：在我回答這個問題之前，我先引用一些衍生性金融商品著名的專家們，所說過的一些話。

全世界最富有的投資者華倫・巴菲特說：「衍生性金融商品是金融界大規模毀滅性的武器。」

世界上最成功的投資家之一喬治・索羅斯（**George Soros**），也公開表示自己不會去運用稱之為衍生性金融商品的契約，「因為我們搞不清楚它們實際的運作原理。」

在一九七〇年把紐約市從金融崩潰的邊緣挽救回來的投資銀行家菲利克斯・羅哈廷（**Felix Rohatyn**）是用這種說法來形容衍生性金融商品的：「財經界的氫彈。」

硬幣的另外一面

想當然爾，有些人就是喜歡衍生性金融商品。號稱「大師」，連續獲得四任美國總統指定（雷根、老布希、柯林頓以及小布希）的前聯準會主席亞蘭・格林斯班（Alan Greenspan），在二〇〇四年對衍生性金融商品說的盡是好話。

「由於風險的集中因此可以對它有更清楚的認知，而當集中後的風險超過一般所能接受的程度時，運用衍生性金融商品或者其他信用和利率上具有風險的投資工具，可以將潛在的風險轉移給其他的法人實體。結果是各自獨立的金融機構可以降低潛在風險對本身所造成的威脅，進而使得整個金融體制更加的安定。」

在柏南克被推薦成為格林斯班繼任人後所舉行的同意權公聽會（confirmation hearings）中，以下節錄了當時部分的答詢內容：

參議員保羅・沙賓斯（Paul Sarbanes）：巴菲特警告我們衍生性金融商品就像定時炸彈一樣，會影響訂定契約的雙方以及整個金融體系。根據《財經時報》的報導說目前這種炸彈至少還沒有被引爆的前例，但是這個正在迅速成長的市場有著實際的風險存在。對於這樣子的顧慮你怎麼回答？

班・柏南克：跟你方才提出的看法比較，我個人對衍生性金融商品保持著更為樂觀的看法。我認為大體上來說它們非常具有價值。藉著把風險分享、切割、細分等這種特別的運作方式，可以把風險轉移給那些願意承擔風險的特定對象。我個人相信他們對於整個金融系統，提供了許多不同的彈性手段。由於重視安全穩定，絕大部分衍生性金融商品交易，都是由那些有動機去了解，並且會加以妥善運用的老練金融機構和個人去進行。聯準會的職責就是確保旗下監管的機構們，具備有良好的系統和程序，來確保衍生性金融商品的投資組合，有被妥善地加以管理，並且不會超過這些機構所能承擔的風險上限。

快轉至二〇〇七年……

當股票和不動產市場突然在二〇〇七年開始崩盤，造成數百萬家庭的成員失去自己的工作、自宅，以及他們的退休金時，真正的問題並非出在那些次級房貸貸款人、劣質不動產，甚至非法的次級房貸等作法。真正的問題出在那些被稱之為信用違約交換（Credit Default Swaps, CDS），以及擔保債務憑證（Collateralized Debt Obligations, CDOs）等等的各種衍生性金融商品。

巴菲特當時做出了以下的聲明：「衍生性金融商品所具有的風險，雖然現在是潛在的，但是絕對足以致命。」當次級房貸這個炸彈被引爆之後，衍生性金融商品的風險就從「潛在」升級成「致命的」。

衍生性金融商品是金融市場中隱形的黑死病，造成雷曼兄弟（Lehman Brothers）和貝爾史登（Bear Sterns）等巨型銀行倒下，同時使得數百萬民眾失去了自己的工作、自宅，以及未來。

問：衍生性金融商品到底是什麼？

答：用極為簡化的方式來說，衍生性金融商品就是一種保單，就像您所購買的房屋險或者是車險等是相類似的。

當次級房貸貸款人停止繳交他們付不起的房屋貸款後，這些具有大規模毀滅性的武器就被引爆了。爆炸的威力就像是衝擊紐奧爾良市的卡雀娜颱風，或者是襲擊紐約和新澤西州的珊迪颶風一般。兩者唯一的差別就是保險公司受到了嚴格的規範，並且擁有對保單進行理賠的財力。

而衍生性金融商品這個全球最大的市場，幾乎完全沒有任何的規範，也不存在著任何強制履約理賠的辦法。結果當這些衍生性金融商品出了問題，結果都是由納稅人買單，而非那些出售這些衍生性金融商品，並從中獲利的銀行或個人來承擔責任。

真正的貴族強盜

聯準會主席、美國財政部部長，以及各大銀行的總裁們應該可以被視為真正的貴族強盜。他們利用簡成這個一般原理來讓自己變得更富有，但同時賠上了全球的經濟。他們非常的貪婪，而非慷慨。而且從我個人的觀點來看，他們違反了一般原理來剝削百姓，而不是利用這項一般原理來改善所有人的生活。

如今貧富差距的鴻溝愈來愈深。數百萬民眾失去了一切，包括他們所有的夢想。很不幸的，目前只有一位銀行家被起訴，但是葛林斯班和柏南克仍然在享受著他們的退休俸以及在各地演講的收入。

問：誰應該為這次衍生性金融商品風暴負責任？

答：柯林頓總統於二〇〇〇年簽署通過了「商品期貨現代法案」（Commodity Futures Modernization Act, CFMA），替擴大衍生性金融商品市場打下良好的基礎。在二〇〇〇至二〇〇七年間，衍生性金融商品市場從一百兆美元膨脹到七百兆美元，結果就引爆了市場。

問：如今衍生性金融商品市場的規模是多大？

答：根據公信力極佳的《威靈頓週刊》（Wellington Letter）執筆者伯特・多門（Bert Dohmen）的統計，目前（原文書出版為二〇一四年）衍生性金融商品市場的規模已經達到了一百兆美元之譜。

問：一百兆美元到底有多大？

答：是他媽的一大筆錢。

下一章我將會述說其他市場以及政府如何在干預這些市場的方式，來讓我們一窺究竟，探討一般大眾所看不到，也更不瞭解的領域。

問：我為什麼需要知道這一些事情？

答：因為這麼一來你就可以躲過絕大多數人根本不知道即將要來臨的大衝擊。

第七章　如何看見無形的事物

文字是一種工具。這是人類發明所有的工具中，最有威力的一種。

—巴克明斯特・富勒博士

富勒博士經常會在課程裡或者是書中強調語言文字的威力。在他人生的低潮時，他反省自己現在所面臨的各種困境，大部分的起因都是文字的關係。他說：「我對語言文字開始抱持著非常謹慎懷疑的態度。」所以富勒博士從那個時候起決定保持緘默，直到他能清楚掌握自己口中所說出來的每一個字。他連續保持緘默的期間超過兩年以上。

當富勒博士說上述一番話的時候，我腦海中一直不斷地重複富爸爸所說的話：「你的自有住宅並非一項資產。」與其費力解釋資產與負債兩者的區別，富爸爸會畫出下頁這個簡單明瞭的圖形。

當富勒博士在講授這一段話的時候，我才明瞭光是知道資產與負債兩個名詞之間的差別，就讓我在人生當中遙遙領先了其他的人。富爸爸那些一而再，在而三重複畫給我們看的簡單圖形，圖表一讓我能看到一般人所察覺不到的事物。數百萬的民眾之所以會面臨財務上的困境，是因為他們經常把自宅和自用汽車當成資產，而非債務來看待。更嚴重的是，有更多的人根本搞不清楚到底什麼才算是資產。富勒博士對語言文字開始抱持著非常謹慎懷疑的態度，你也應該要如此才是。

圖表一

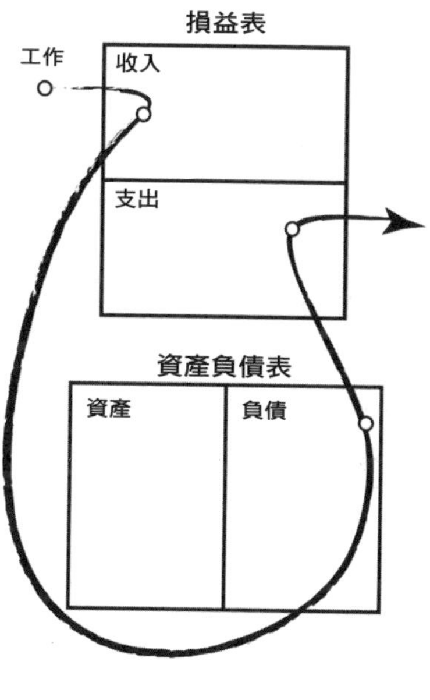

現金流這三個字，很有可能是財務教育當中最重要的詞彙之一。分辨何者是資產何者是負債完全取決於現金流。如果你能清楚瞭解現金流、資產與負債三個詞彙，那麼你就大大提高自己獲得富足生活的機會。很多人之所以會在財務上困頓掙扎，是因為他們的現金流大部分在流出，但卻幾乎沒有現金流在流入。

我鼓勵你花點時間把你自己所擁有的一切資產與負債在紙上一一列舉出來。如何分辨該項目為資產或者是負債方式：如果有一天你不再工作，哪些項目會給你帶來現金，而哪些又會讓你花錢破費？絕大部分的貧窮階級和中產階級擁有的都是負債，卻沒有資產。絕大部分的退休基金並非資產。它們屬於未擔保的給付義務，而你只能期待它在你退休之後，仍然有能力給你帶來現金的收入。

當人們開始留意自己能買下來或者是打造出來的資產之後，他們看世界的眼光就會開始發生變化。他們開始能看到那些無形的事物。

另外一個重要的名詞叫做富有（wealth）。富勒博士對富有的定義是「你能維持這種生活幾天」的天數來計算。富爸爸對富有的定義是問這個問題：「如果你不再工作了，你能生存多久的時間？」有人估計一般美國民眾不再工作的話，最多只能生存一個月左右。這就是為什麼數百萬的民眾戰戰兢兢地上班，只求一份穩定收入的原因。他們有的只是一份工作，但完全沒有任何財富。

我和金之所以能在四十七和三十七歲的年齡退休，是因為我們把焦點放在資產之上。我們致力於囊括能產生現金流的各項資產。我們並沒有花費心思在尋找有保障的工作、薪資收入，或者是長期投資於股市之中等事項。與其把重點放在儲蓄存款這種詞彙上，我們把焦點放在債務上，並且利用債務來累積自己的資產。

一些相反詞

當我們的學子被制約成「好好上學唸書，找份工作，辛苦工作，存錢儲蓄，買房子（因為自用住宅是一項資產），清償債務，並且長期投資於股市之中」，他們完全因為這些詞彙而變得眼見如盲。他們無法看清硬幣的另外一面，亦即有錢人的世界。

以下舉些相反詞的例子……

員工	雇主
存錢儲蓄者	舉債借貸者
應課所得稅的收入	免課所得稅的收入
負債	資產
自僱者	創業家
薪資收入	現金流
賭徒	投資者

在學校裡訓練學生運用上方欄位中的詞彙。有錢人則是把焦點擺在下方欄位中的詞彙。如果人們願意花點時間的話，就像富勒博士在兩年緘默期內所做的事，那麼他們就能開始看見金錢世界中無形的事物，一個只有少數人能看到並瞭解的世界。

問：我能看得出現金流、資產與負債三個詞彙之間的差別。但是一個位於S象限中的自僱者到底和B象限中的創業家之間，到底有著什麼樣的不同？

答：自僱者是在為錢而工作；B象限中的創業家是為了資產而在工作的。

舉例來說，一個不動產仲介算是自雇者，因為他是在為錢工作（因為其收受的佣金就是他的收入)。而一位不動產業界的創業家工作是為了打造一個能創造現金流的資產。

上述例子中的不動產仲介將要承擔所得稅中最高的稅率。而不動產投資者獲得的現金流收入很可能完全不用繳交任何所得稅。不動產仲介在工作時所賺到的收入是要課徵所得稅的，而不動產的投資者們所獲得的收入是不用課徵所得稅的。不動產仲介會把賺到的收入存起來。不動產創業家們會借錢來買下各種不動產投資。

如果不動產仲介每年經手十個不動產物件，而不動產創業家每年買下十間供出租用的不動產，那麼十年後那位不動產仲介很有可能比創業家賺到更多的收入，但是該創業家會遠遠比那位仲介更富有，享受完全免稅的現金流收入。

問：全世界都是如此嗎？

答：差不多。全球各地的稅法並沒有太大的差別。永遠不要忘記黃金法則：擁有黃金的人有制訂遊戲規則的權力。

問：為什麼絕大部分的人都沒有聽說過這一回事情？

答：因為絕大部分的學校在教學生的時候，教的都是前一頁上方欄位中的詞彙。這就是為什麼大多數的人都只會想要獲得穩定的收入，而不像有錢人要的是現金流。根據「一必定是多元的，而且至少有二」這項基本原理，每一枚硬幣必定有兩面，就像宇宙中的陰陽一樣。

你或許已經留意到現金流象限中一樣也可以用二分法來看。在E和S象限那一邊的人們是在為錢而工作的；B和I象限這邊的人們工作則是為了獲得資產。

E代表員工
S代表自僱者
B代表擁有事業的人
I代表投資者

經濟危機中受傷的都是E和S象限中的人們，而在大部分的情況下，B和I象限中的人們卻會因此而受惠。E和S象限中的人們之所以損失慘重，是因為他們儲蓄存款和金錢的價值因為大量印鈔票、通貨膨脹，以及更高的所得稅率等而大幅減少。許多人失去了原本自以為是資產，但實為負債的事物，例如自有住宅以及退休金帳戶中的股票價值等。

我不斷地強調：當你開始研究，並從所得稅率的角度來看現金流象限的話，你就能開始看到整個金錢世界的樣貌（見圖表二）。

圖表二
每個象限的所得稅率

問：為什麼稅率上會有這麼大的差別？

答：理由之一是因為E和S象限中的人們是在為錢工作，存錢儲蓄，並且長期投資於股市之中。B和I象限中的人們在工作是為了打造資產。與其存錢儲蓄，他們反而會到處舉債借錢。與其直接投資，他們會致力於創造出各種讓E和S象限人們來投資的資產。

問：這一切聽起來為什麼會這麼複雜？

答：因為你開始看到硬幣的另外一面，也就是金錢的無形世界。這就好像要一個右撇子開始運用左手寫字一樣，需要一點時間來適應它。

問：我要如何重新鍛鍊自己，來看到金錢世界的另外一面？

答：一般上來說我會推薦人們先玩一玩現金流這款遊戲。當你玩的次數愈多，並且教會更多人一起玩該遊戲之後，你就愈是能看清楚收入欄位中的薪水收入，和資產欄位中各投資項目之間的差異在哪裡。E和S象限的人們把焦點放在收入欄位之上，而B和I象限的人們卻把重心擺在資產欄位之中。

現金流是目前市面上唯一教導玩家負債真正威力的遊戲。懂得運用債務的玩家必定會擊敗害怕運用債務的其他玩者。當你愈擅長這款遊戲，你就會愈清楚為什麼負債會讓有錢人愈來愈有錢，而同樣的事物（例如所得稅和負債）又會讓貧窮階級和中產階級愈來愈窮的理由。當你一旦能看到硬幣的另外一面時，你就不會像現在這麼混亂，並且一個嶄新的世界將會為你而打開。絕大部分的人根本不知道這個世界的存在。

問：所以我要先從留意自己在運用哪些詞彙先開始著手？

答：是的……並且留心強取豪奪的巨人們在做些什麼，請留意一般人根本看不到的無形事物。

當我們回顧以往來展望未來之際，有些新聲音也同時在分享他們對未來世界趨勢的看法。我喜歡把他們稱之為「新的小小雞」……而且我深深著迷於這些人對未來的看法。

未來怎樣會取決於我們所能看到的，以及那些所看不到的事物。重點在於從工業時代演變成資訊時代的過程當中，不要以為只是一些生意上手段的改變而已。我們現在所處的環境是一個二十四小時不停在運轉的世界，所有無形的領域都在以飛快的速度在演進中。我們要訓練自己的心智來看到肉眼經常會忽略的事物，並且隨時留意自己所運用的詞彙，以及哪些人在運用哪些詞彙也不可輕忽。

在介紹一些新的小小雞們之前，讓我們先複習一下「小小雞」這則童話故事。雖然它是老掉牙的故事，也已經翻譯成各種語言以及不同的版本，但是這個故事的精神，運用於現代可能比當年古代還來得更加的重要。以下是最普及的版本內容：

小小雞的故事

小小雞在森林裡散步，有顆小果實掉下來打到牠的尾巴。小小雞說：「天要塌下來了。我要趕快跑去跟國王說。」

小小雞遇到了母雞潘妮，牠說：「母雞潘妮，天要塌下來了。」母雞潘妮說：「你怎麼知道的，小小雞？」小小雞說：「有一部分掉下來打到我的尾巴。」母雞潘妮說：「我們要趕快跑，我們要趕快跑去跟國王說。」

結果牠們遇到了火雞洛基。母雞潘妮說：「火雞洛基，天要塌下來了。」火雞洛基問：「你怎麼知道的，母雞潘妮？」，母雞潘妮說：「因為小小雞告訴我的。」

火雞洛基問小小雞：「小小雞，你是怎麼知道的？」小小雞說：「是我親眼看見的，是我親耳聽到的。有一部分還掉到我的尾巴上。」火雞洛基說：「我們要趕快跑，我們要趕快跑去跟國王說。」

結果牠們遇到了幸運小鴨。火雞洛基說：「幸運小鴨，天要塌下來了。」幸運小鴨問火雞洛基：「你怎麼知道的，火雞洛基？」火雞洛基說：「因為母雞潘妮告訴我的。」

幸運小鴨問母雞潘妮：「你怎麼知道的，母雞潘妮？」母雞潘妮說：「因為小小雞告訴我的。」

幸運小鴨問小小雞：「小小雞，你是怎麼知道的？」小小雞說：「是我親眼看見的，是我親耳聽到的。有一部分還掉到我的尾巴上。」幸運小鴨說：「我們要趕快跑，我們要趕快跑去跟國王說。」

結果牠們遇到了大鵝谷西。幸運小鴨說：「大鵝谷西，天要塌下來了。」大鵝谷西：「你怎麼知道的，幸運小鴨？」幸運小鴨說：「因為火雞洛基告訴我的。」

大鵝谷西問火雞洛基：「你怎麼知道的，火雞洛基？」火雞洛基說：「因為母雞潘妮告訴我的。」

大鵝谷西問母雞潘妮：「你怎麼知道的，母雞潘妮？」母雞潘妮說：「因為小小雞告訴我的。」

大鵝谷西問小小雞：「小小雞，你是怎麼知道的？」小小雞說：「是我親眼看見的，是我親耳聽到的。有一部分還掉到我的尾巴上。」大鵝谷西說：「我們要趕快跑，我們要趕快跑去跟國王說。」

結果牠們遇見了滑頭狐狸。大鵝谷西說：「滑頭狐狸，天要塌下來了。」滑頭狐狸問大鵝谷西：「你怎麼知道的，大鵝谷西？」大鵝谷西：「因為幸運小鴨告訴我的。」

滑頭狐狸問幸運小鴨：「你怎麼知道的，幸運小鴨？」幸運小鴨：「因為火雞洛基告訴我的。」

滑頭狐狸問火雞洛基：「你怎麼知道的，火雞洛基？」火雞洛基：「因為母雞潘妮告訴我的。」

滑頭狐狸問母雞潘妮：「你怎麼知道的，母雞潘妮？」母雞潘妮：「因為小小雞告訴我的。」

滑頭狐狸問小小雞：「小小雞，你是怎麼知道的？」小小雞說：「是我親眼看見的，是我親耳聽到的。有一部分還掉到我的尾巴上。」滑頭狐狸說：「我們要趕快跑，我們要趕快跑到我的窩裡去，然後我跑去跟國王說。」

接下來這些動物都跑進了滑頭狐狸的窩裡，結果從此消失，再也沒有走出洞穴來。

勇氣的故事

這個故事的結局有眾多不同的版本，故事的主旨也是眾說紛紜。在這個版本的結局裡，滑頭狐狸把所有的羽類動物都吞下肚裡去了。在其他版本裡，小小雞和他的朋友們得以幸運的逃走了。小小雞的故事是一則有關於勇氣的故事。把自己心中的話大聲說出來是需要勇氣的。就如同一則名言所說：「邪惡獲得勝利唯一的必要條件，就是所有正直的人束手旁觀。」

我們都認識一些束手旁觀的人，或者那些對於自己的憂慮不已或者不滿的事情，仍然選擇三緘其口的人們。我也了解這些人選擇這麼做的理由為何。當一隻小小雞並非易事。當我在一九九七年出版的《富爸爸窮爸爸》一書時就有很深刻的親身體驗。當我在書中寫說：「你的自有住宅並不算是一項資產」時，我就一直被揶揄和抨擊。當我在二〇〇二年《富爸爸教你預見經濟大未來》一書中說人類歷史上最大的一次股災將會在二〇一六年左右發生，而且在那之前也就是二〇〇二到二〇一六年之間還會發生一次預警性的崩盤後，我就被世人當成「小小雞」，一隻成天跑來跑去並且高聲喊叫：「天就要塌下來了！」的丑角。

巴奇・富勒博士、富爸爸，以及在下，特別是在金錢和經濟相關的領域之中，並非是受人尊敬的小小雞。我們從未受過經濟學家、銀行家，或者是股票營業員的培訓，我們也從未在華爾街裡面工作。因此我很能理解別人不把我們的話當一回事的態度。

新的小小雞

在 Y2K 事件，亦即千禧年電腦病毒危機之後沒有多久，有一群新品種的小小雞開始警告世人：「天要塌下來了」，而他們卻得到了眾人的注意。為什麼？因為他們是一群新品種的小小雞。他們從名校畢業，並且在商業界、銀行界、金融界，以及軍方等擁有相當的經驗和名聲……而且他們來自於富勒博士所說的「強取豪奪巨人們」所統御的世界。

好消息是有愈來愈多的民眾開始留意這些警告。壞消息是這些人跟我們多年來所講的話是一樣的，亦即雖然他們各自從不同的角度切入，但是他們所抱持的觀點和富勒博士、富爸爸，以及在下多年來所講的內容完全相同。

問：這是公平的嗎？

答：我並沒有說這是公平的。我想表達的是只要具備一些財務教育，往後當滑頭狐狸在講故事的時候，就能幫助你看到硬幣的兩個面了。

問：這種現象會一直持續下去嗎？

答：有可能，但是我懷疑應該不會。目前已經開始形成遠比語言文字、操縱扭曲，以及謊言更強大的力量正在成型。

問：這些是怎樣的力量？

答：容我向你介紹另外三位有膽識，勇於發聲的小小雞。或許他們能讓你瞭解正在成形的各種力量，遠比那些假造的失業率報告、通貨膨脹報告、無法兌現的選舉空頭支票，以及被崩盤救援小組操縱的國際市場價格等更能反映出當今的現實狀況。我在本章稍後還會更詳細探討這些形成中的力量，以及崩盤救援小組操縱干預的方式。

新品種的小小雞

這三隻小小雞也加入了歷代各個小小雞所構成的合唱團。最大的差別就在於這三隻小小雞出身於名校，也在銀行界高層、企業高層，以及軍方等領域工作過。三位都擁有各自的著作，並表達出他們個人對於這次危機的看法。這三位是：

1. **理查．鄧肯**（Richard Duncan）《美元大崩壞》（The Dollar Crisis）以及《新的經濟大蕭條》（The New Depression）
2. **詹姆斯．瑞卡滋**（James Richards）《下一波全球貨幣大戰》（Currency Wars）以及《下一波全球貨幣大崩潰》（The Death of Money）
3. **克里斯．馬特森**（Chris Martenson）《崩盤之路》（The Crash Course）

理查．鄧肯

理查．鄧肯在范德比大學主修經濟，並於一九八三年畢業。之後赴百森大學商學院

（Babson College）主修國際財經，並於一九八六年畢業。之後他在華盛頓特區替世界銀行工作，並且身兼國際貨幣基金組織（International Monetary Fund, IMF）的顧問。理查也是《美元大崩壞》（二〇〇二出版）以及《新的經濟大蕭條》（二〇一二出版）兩本書的作者。《經濟學人》雜誌對這兩本書所做的評論為：「在最近出版的《新的經濟大蕭條》這本書中他所做的分析，看起來跟前作一樣精準無比。」

當我在二〇〇三年看完《美元大崩壞》一書之後，我和理查一拍即合。擁有這種位居世界金融金字塔頂端的朋友，能從世界銀行和國際貨幣基金組織的觀點來跟我解釋當今世界經濟的發展是非常有福氣的一件事情。我們一起在全球各地同台解釋目前的「錢」是如何讓世界愈來愈貧窮的理由。

在他的著作和演講裡，理查解釋「熱錢」是如何流竄於各國之間，造成全球各地經濟奇蹟和經濟泡沫化的現象。舉例來說，當熱錢流入日本時，日本的經濟就突飛猛進。此時，全球各地的經理人和大學頂尖學者通通湧入日本，想要研究日本的「經濟奇蹟」。很多人認為是日本人的管理能力造就了經濟的繁榮，但事實上是因為「熱錢」的湧入罷了。

當「熱錢」於一九九二年離開日本之後，日本泡沫化的經濟就破滅了。日本到現在尚未從這次的衰退中恢復過來。事實上日本的經濟到現在還是起伏不定，而且無論採用政治干預或由銀行來振興仍然都無法改變現狀。

後來「熱錢」流竄到東亞和東南亞其他國家，造就了泰國、印尼、台灣、南韓，以及香港等亞洲四小龍或亞洲之虎等國家，結果同樣的戲碼再次上演。這些國家的經濟突飛猛進，但最後這個泡沫在一九九七年亞洲金融風暴的時候被戳破了。

「熱錢」後來流入美國，並由房利美（Fannie Mae）、房地美（Freddie Mac），以及各大銀行承接這筆熱錢，並且用於發放各種次級房貸之中，又更進一步利用這些次級房貸創造出許多衍生性金融商品，結果美國經濟於二〇〇七年崩潰——完全和理查在二〇〇三年出版的書中所做出的預言相符合。

後來這筆「熱錢」跑到歐洲，如今原本富裕正常的冰島、希臘、義大利，以及西班牙等國的經濟變得支離破碎，復甦之日更是遙遙無期。

在早期二〇〇〇年間，理查也針對衍生性金融商品市場的高度成長提出了警告，很不幸的是市場對他的警告充耳不聞。

從理查・鄧肯的眼光來看，很容易就能看清楚這筆從一九七一年尼克森總統藉著切斷美元金本位制，來推翻布列頓森林系統（Bretton Woods Agreement）所產生出來的熱錢，是如何在南美洲、墨西哥、亞洲、美國，以及歐洲等地產生出這麼多的痛苦和貧窮。

問：為什麼「熱錢」會造成貧窮？

答：完全跟「次級房貸」讓美國經濟瀕臨崩潰是一樣的道理。當有錢流入銀行時，銀行一定要想辦法把這些錢給貸出去。千萬別忘了，雖然儲蓄存款是你的資產，但同時也是銀行的負債。接著稍早解釋過的「部分儲備制度」，銀行可以把這筆錢放大數倍之後再轉貸出去。舉例來說，如果目前部分儲備制度下存款準備率的比例是百分之十的話，那麼就表示銀行可以放出儲備金額十倍的貸款款項（譯註：百分之十的倒數恰為十倍）。存款準備率的高低完全要看當時聯準會想要對經濟挹注或者是緊縮貨幣的供給來決定。

當銀行願意放款時，物價就會上漲。當物價上揚後，銀行就更願意把錢借出去，直到經濟體無法再行吸收更多的「信貸」或者是「債務」為止。換句話說，愚蠢的民眾會一直不斷地借錢，一直到借到自己還不起的地步時，這時候「熱錢」就會被抽走。如果你想要進步了解理查・鄧肯對未來世界的看法，我鼓勵你閱讀他的書籍，並且聆聽他在富爸爸電台中的訪問內容。

詹姆斯・瑞卡滋

詹姆斯在一九七三年獲得霍普金斯大學學士學位，並在一九七四年從該校尼采高級國際研究學院獲得國際經濟的碩士學位。接著他在賓州大學法律系獲得法律博士學位，並且在紐約大學法學院獲得稅務法法學碩士。

詹姆斯也在一九八一年參與了美國解決伊朗人質危機事件。之後因為身為長期資本管理基金（Long-Term Capital Management, LTCM）之總顧問，他成為當年 LTCM 跟聯準會進行紓困談判的主要人物。詹姆斯也在華爾街擁有三十五年的工作經歷。二〇〇一年他開始發揮國際財經的專長，協助美國國安局以及國防部防範未來其他勢力可能引發的貨幣或金融戰爭。

《富比士》雜誌對他所寫的《下一波全球貨幣大戰》（Currency Wars）一書做出了以下的評論：「將來的歷史必定會把詹姆斯・瑞卡滋視為貨幣戰爭中（預警敵人來襲）的保羅・李維爾（Paul Revere）。」《金融時報》的評論家也對這本書做了非常精闢的結論：「我們只能抱著希望他這次有可能看錯了。」在這本書中，詹姆斯・瑞卡滋解釋各國之間如何在用貨幣進行鬥爭。

以往國家會利用各種武器來消滅他們的敵人。如今各國卻是想利用錢來擊敗他們的對手。很不幸的，各國領袖同時也在運用該國的貨幣來殘害自己百姓的福祉。各國政治領袖最大的恐懼之一就是失業率，因為高失業率通常會導致民眾的暴動。這就是為什麼美國更積極在推廣「糧票」的發放作業。飢餓的民眾是會上街頭抗議的；而豐衣足食的民眾則會任其擺佈。

克里斯・馬特森

克里斯・馬特森於一九九四年獲得杜克大學神經毒物學博士的學位，並於一九九八年獲得康乃爾大學財經碩士的學位。他也曾任職《財星》前三百大企業輝瑞藥廠（Pfizer）的財務分析師。他後來跟雅虎（Yahoo）前副總亞當・泰格（Adam Taggart）合夥成立「極致繁榮」（Peak Prosperity）這間以財務教育為主的企業。極致繁榮這間公司針對目前的經濟出版許多資訊和教育用的教材。克里斯也是二〇一一年出版的《崩盤之路》一書的作者。

富爸爸公司舉辦了為期兩天的課程，特別邀請克里斯和亞當來帶領大家研讀《崩盤之路》這一本書。結果全球各地的人們蜂擁而至參加了該次的研討會。富爸爸企業的不動產顧問肯・麥克羅在課程結束後跟我說：「讓人憂心，但又非常具有啟發性，同時讓我充滿力量。我今天立即就會做出改變，絕對不會空等明天的到來。」

克里斯・馬特森具有科學家的背景，並用這項本事來詮釋目前世界經濟所面臨的問題。我認為這也是為什麼他的看法會跟富勒博士這麼相似的原因。好消息是在《崩盤之路》這本書中，克里斯把科學和經濟變得非常容易讓人理解。該書中充滿了許多好主意，值得深入探討並且讓大家有所警惕。

以下列舉該書部分的關鍵要點：放眼預測未來的重點不是在證明論點是否正確，重點是要即時採取行動。太多人都習慣於等待有了證據再說，而不是迅速開始準備。克里斯並沒有說他自己一定是對的，他純粹只是在解釋為什麼他要採取行動，來替他所預見的未來作準備。

他解釋目前影響全球人類的四個「E」，亦即經濟（Economy）、環境（Environment）、能源（Energy），以及幾何增長（Exponential，或指數曲線）。其中「幾何增長」（馬特森自稱是四項中最突出的E）非常重要，他解釋得簡單易懂並且非常詳細，為什麼即將發生的改變會以加速度的方式，而非線型逐步地日益惡化。如果他的研究屬實，這些變化將會讓一般大眾措手不及，根本沒有時間做準備。

他所提出的建議非常簡單明瞭、切實可行，並且非常實際。這些步驟任何人只要願意都能做得到。他會以科學家的角度來跟你逃說實際的狀況，也就是那些滑頭狐狸們絕口不提的事物。他最引起爭議的看法，就是他對能源價格的看法，特別是原油和煤。許多大企業和政府的滑頭狐狸們想要讓民眾相信美國的能源是自立自足的，而克里斯對這一點也並非完全否定。

克里斯想指出的是滑頭狐狸們並沒有向民眾坦承說廉價能源的時代已經結束了。換句話說，美國和其他國家雖然擁有充足能源，但是其成本與價格必定會一路攀升。如果克里斯的看法屬實，那麼能源上漲將會嚴重打擊股市等金融市場。

保羅・李維爾

歷史上關於保羅・李維爾午夜快騎的故事，亦即他沿路喊出的警告：「英國人要打來了！」，也是一則小小雞的故事。只是這一次英國人真的要攻過來了，保羅因此成為英雄名垂千古。以下這則名言非常適合描述保羅・李維爾當年的作為，以及他當時可能的心境：「勇氣就是儘管怕得要死，仍然決定繫緊馬鞍翻身上馬。」（約翰・韋恩）

誰是滑頭狐狸？

現在比較重要的問題是：「到底誰是滑頭狐狸？」其實到處都是滑頭狐狸們，他們想盡辦法想要把你騙到牠的窩裡去。我們之間也許有些人這輩子碰到了不止一隻的滑頭狐狸。我很多人都被某隻滑頭狐狸所欺騙，或者愛上一個已經結了婚的滑頭狐狸，很多人也都在跟滑頭狐狸共事。也許有些讀者本身就是一隻滑頭狐狸。而今滑頭狐狸可以從地球任何的角落裡，利用收音機、電視機、報紙，以及網際網路入侵你的家園。

滑頭狐狸所採用的工具

問：滑頭狐狸們是如何混入我們的生活之中？

答：方法有很多，但最主要的就是藉著語言文字。簡單來說，滑頭狐狸會說出你想要聽，以及你想要相信的話。語言文字就是滑頭狐狸的工具。舉例來說，我們都看過類似的電視廣告保證：「你只要吞下這粒小藥丸，你就能在一個禮拜內甩掉五公斤的體重」等話術（我每次都忍不住，一定會上當）。雖然我清楚知道這種廣告很可能是個騙局，但是我仍然說服自己這次它可能會是真的。我想要相信我仍然可以大吃大喝又不用運動，就可以擁有電視上模特兒一般的身材。

什麼叫做「聯準會的宣布」？

目前的金錢世界無時無刻在留意聯準會主席所說的每一句話。問題是只有極少數的人聽得懂聯準會主席到底在說些什麼。這也就是為什麼每當聯準會主席發表公開聲明時都被人稱之為「聯準會的宣布」，或者當年聯準會主席亞倫・葛林斯班宣布事項時，也都被人稱之為「老葛的聲明」。

前聯準會主席（一九八七年至二〇〇六年）的葛林斯班曾經說過：「自從出任央行一職之後，我學會了要非常不連貫的咕噥自語。如果你毫無疑問地聽得懂我在說什麼，那麼就表示你一定是對我所講的話有所誤會了。」

富爸爸對語言文字的觀點

富爸爸對他自己所運用的語言文字也非常的謹慎。富爸爸也知道語言文字擁有無比的力量。就像本書以及我所寫過的書中，都再三強調富爸爸對文字語言影響力的謹慎態度，這也就是為什麼他會嚴格禁止我和他的兒子說類似「我買不起」這種話。他說：「窮人說『我買不起』的次數比有錢人多，這也就是為什麼他們貧窮的原因。」

富爸爸同時也說：「有錢人、窮人，和中產階級之間最大的差別，就是他們所運用的語言和文字。中產階級和貧窮階級都在說上班族的語言，例如工作、職位、福利，以及薪資等字眼。他們不懂得運用金錢這套語言裡的文字。因此他們只能為錢工作，而無法讓錢為自己工作。」

你第二次機會可以先從下定決心學習並且運用新的語言和文字開始著手。特別是那些能幫助你獲得心目中所冀求的結果，那個領域內的語言和文字。

富勒博士和富爸爸兩人都同意最有力量的文字之一就是責任。對他們而言，責任是一個神聖的字眼。富爸爸曾經說過：「政客們不應該一直重複強調民眾的權利，這些政客應該要闡揚每位公民的責任。」

當甘迺迪總統說這句話的時候就是做到了這件事情：「不要問國家能為你做些什麼，要問自己能為國家做些什麼。」

很不幸的，現在的政治領袖們都在強調「理所應得」（或不勞而獲）的觀點，而非「負起責任」。除非改變我們所用的語言和文字，用「負起責任」來取代「理所應得」，要不然我們的經濟狀況是不會發生變化的。

問：因此我的第二次機會要從觀照並且察覺自己所運用的文字和語言開始？

答：是的。如果你願意花時間來察覺，並且持續有意識地去改變、改善，並且升級自己想法和講話時所運用的語言和文字，你的生命就會開始產生改變，你也會開始察覺到許多不同之處。這並非一夕可蹴，而且是日復一日地下功夫才行。改變自己的語言和文字就能改變自己的生命。最重要的是這一切的改變都是由你自己來掌控的，因為你控制了自己想法和講話時說引用的語言和文字。別忘了聖經也這麼說：「聖言成為血肉（道成肉身）」。無論如何，你都注定成為跟自己想法以及所講出來的話同樣的人物。

問：真的這麼簡單嗎？

答：我並沒有說這很容易就能做到，但是的確就是這麼簡單。如果這是很容易的事，那麼人人都早就做到了……但事實上卻不然。無數的人卻選擇說比較輕鬆容易的話，例如「我天生注定就不是有錢人」或者是「我對錢沒有什麼興趣」等等。同時也會有很多人刻意責怪有錢人，因此說出一些類似「有錢人都非常貪婪」、「有錢人應該要繳更多的稅」，以及「政府應該要給我更多的錢」等等的話來。而每個人實際上的生活就會完全呈現出自己思想和講話時所採用的語言和文字。

問：我要如何改善財務方面的詞彙？

答：也許訂閱《華爾街日報》是一項不錯的選擇。每天至少閱讀兩篇文章，並且準備一本金融術語詞典。每天給自己一個目標，也就是要查閱兩個新的單字，並且要把這兩個新詞彙運用在你當天跟別人的對話之中。一個月之後你腦海中大約就會擁有六十組新的詞彙，堅持一年你的生命可能會有很大的改變。但是別忘了，沒有辦法保證一定會有改變。

問：為什麼沒有保證？

答：因為你自己必須要運用並實現這些新的詞彙。你得採取行動才能讓這些語言文字「變成血肉」，成為自己的一部分。太多人只會背誦詞彙，並且在談話當中運用這些詞彙來讓自己看起來很有學問的樣子，但是無法把這些文字付諸行動。

在看完《富爸爸窮爸爸》這一本書之後，成千上萬的人都知道「資產就是把錢放到自己口袋裡的東西」。雖然他們清楚了解資產的定義，但是絕大部分的人們仍然沒有採取任何行動來打造或者收購任何資產。很多人沒有採取行動是因為害怕犯錯、害怕賠錢、甚至害怕丟臉。因此，雖然他們知道資產這個詞彙的定義，但是這個詞彙尚未變成他們的血肉（現實）。

改變自己的未來就跟學習高爾夫球是一樣的。如果你想要改善自己的球技，你就必須上課、做老師交代的練習，並且在上場打球時實際應用自己所學。很多人都會去上課，但是從不練習更遑論上場打球，因此他們的球技就不會有什麼進展。

問：為什麼人們怎麼害怕犯錯？

答：理由有很多。其中一個理由是：因為在學校裡犯錯最少的那些人都會被視為資優生，而那些犯很多過錯的人們則會被貼上愚蠢的標籤。

在現實生活當中，那些犯下多次錯誤並且願意從錯誤中學習的人們，都遠遠比那些絲毫不犯錯的人們來的成功許多。

如果你害怕運用詞彙，也不敢採取行動實現詞彙，對犯錯感到恐懼因而失去從錯誤中學習教訓的機會，那麼你是無法學會金錢這套語言的。就像約翰・韋恩所說的：「勇氣就是儘管怕得要死，仍然決定繫緊馬鞍翻身上馬。」

問：那些不懂金錢語言的人們會發生什麼樣的事？

答：那麼滑頭狐狸就會把這些人騙到窩裡，然後在星期天晚上吃炸雞，感恩節享受火雞大餐，耶誕節不愁沒有烤鵝，甚至還可以在過中國舊曆年時端出北京烤鴨來。

問：滑頭狐狸是怎麼辦到的？

答：是利用語言和文字做到的。他盡說一些別人們想要聽的話。在缺乏財務教育的狀況下，民眾就會盲目跟隨那個往自己耳朵裡灌迷湯的滑頭狐狸，因為這些民眾就是缺乏財務方面的教育，因此腦海裡大概也沒有裝相關的事物，才會讓滑頭狐狸有機可趁。伯納德・馬多夫（Bernard Madoff）也就是這麼做的。他盡挑人們想要聽的話，因此有五百億美金就跟著他回到窩裡，結果創下截至目前人類歷史上最大的一次龐氏騙局。

我說截至目前的原因，是因為還有股票市場、不動產市場、樂透彩市場，以及社會福利保障等這些合法的，但規模更大的龐氏騙局存在。

問：龐氏騙局到底是什麼？

答：或許這就是你第一個應該要查找的詞彙，並且實際應用到你今天的談話之中。了解龐氏騙局是一件很重要的事情，因為滑頭狐狸們最愛用這一招了。民眾也熱愛龐氏騙局，因為人們想要相信只要今天把錢放進去，明天就一定會變出更多的錢出來。事實上龐氏騙局根本無法長久維持不墜。

真正的滑頭狐狸們

當富勒博士寫《強取豪奪的巨人》的這本書時，有寫到「無形的巨人」在控制著我們世界的經濟。這些無形的巨人也同樣控制著我們的法律、政治，以及政客們。

從許多方面來看，所有的政客們個個都是滑頭狐狸，他們都只會講民眾想要聽的話。如果把硬幣兩面所有的真相都說出來，那麼他們永遠都不會當選。為了把你騙到他們的窩裡，政客們需要保持民眾缺乏財務教育的現狀。

由於缺乏財務教育，絕大部分的選民只能看到硬幣其中的一個面，也就是政客們想要民眾看到的那一面。他們絕對不敢跟選民說出硬幣另外一面的真相。讓我們來檢視美國最近十任總統表裡不一致的實際情況。

接下來就舉些例子來說明這些強取豪奪，無形的巨人們是如何影響著美國和全世界的經濟。讓我們檢視美國近十屆以來，那些表裡不一的總統們。

約翰．甘迺迪總統

是甘迺迪總統改變了失業人口數的統計方式。如今每當聯準會報告失業人口數時，事實上這些數據無法反映出真正的真相。現在的失業人口並不包括已經灰心喪志，不再尋找工作的既有失業人口。當今的失業率只反應出「目前」正在「積極主動」找尋工作的人口數。這也就是為什麼雖然社會上失業人可能高達百分之二十，但是政府公佈的失業率數字只有百分之七的原因。

問：他為什麼要這麼做？

答：這麼做一樣有許多理由。其中有一個理由，可能是他想要讓民眾感覺到他在任職期間是有所作為的。也許他想要競選連任，而高失業率可能會影響他的選情。另外可能的理由是，美國在二次世界大戰之後的經濟繁榮已經走到了尾聲。日本和德國已經重新站起來了並且開始和美國競爭，造成美國經濟的萎縮。

另一個鮮為人知的理由，就是必須要維護聯準會的面子。高失業率就代表聯準會並沒有克盡職責。國會甚至為此於一九七七年修正了聯準會法案，更具體說明了授權委任聯準會的雙重使命。

問：這又怎麼樣？

答：因為雙重使命宣告了聯準會必需要達成的兩項工作：降低失業率以及抑制通貨膨脹。

問：因此與其承認失業率偏高，甘迺迪總統同意聯準會改變數據？藉著改變失業率的定義，來變更計算的方式？

答：是的，這也是一種看法……

問：他們為什麼要這麼做？

答：因為他們要講民眾們想要聽到的話。這就是滑頭狐狸的作法。問題是真正的失業率遠高於政府所公布的數據。

問：這又有什麼不對？

答：因為這麼一來根本無法指出問題的大小以及嚴重性，更遑論如何進一步解決這個問題。這麼做只會讓失業的問題日益嚴重罷了。

林登・詹森總統

有人相信是詹森總統開始允許挪用社會福利保障基金裡的錢，來把它當成美國政府預算的一部分。問題是這麼一來社會福利保障制度的資金是被花費掉了，而不是被拿去進行投資。換句話說，原本用來支應民眾退休生活的錢被當成支付政府帳單之用。這也就是為什麼社會福利保障制度基金裡已經沒有什麼錢了，絕大部分都是美國財政部所發行的借據罷了。這就是為什麼數百萬的戰後嬰兒潮世代的民眾，以及他們的下一代退休時，很可能一毛錢都領不到。

富勒博士說如果當年，也就是一九三〇年把社會福利保障基金投入股市的話，現在所有的退休人士個個都會變成千萬富翁。不過現在再這麼做已經為時已晚。如今社會福利保障制度只不過是一個大規模的龐氏騙局，這個基金的錢已經赤字開支，而且還要面臨七千五百萬戰後嬰兒潮世代的人們開始陸續退休提領的窘境。

問：有數百萬的民眾當年都有把自己的錢投入社會福利保障制度以及聯邦醫療保險制度之中，現在美國政府要怎麼支付他們呢？

答：這我就不知道了。每當新投入的資金不足以支應原先參與者的提領潮時，所有的龐氏騙局無疑都會垮台。

李察．尼克森總統

當尼克森總統取消了美元的金本位制之後，他必須想辦法操縱通貨膨脹的真相。為了掩蓋通貨膨脹的實際數據，他修正了消費者物價指數（CPI），亦即政府出手干預了通貨膨脹計量的方式。與其反應通貨膨脹的真實情況，他反倒把能源和食物從計算消費者物價指數的公式中剔除了。

當歐巴馬總統於二〇〇八年就任時，當時的油價是每公升六．七二美元。當他連任當選後，每公升的油價已經漲到了十三．二美元。雖然油價已經上漲了近一倍，但是根據政府公告的消費者物價指數來看，通貨膨脹的數據依然維持不變。

由於許多肥料的原料來自於石油，舉凡播種、收割，以及運輸食物都需要用到石油，食物的價格早就隨著原油價格的上漲而上揚了。雖然任何在買菜的百姓都知道食物的價格都比之前還要昂貴，但是根據消費者物價指數來看，這幾年根本沒有發生任何通貨膨脹。

問：這不也是聯準會的雙重使命之一？所謂的抑制通貨膨脹？

答：是的。這也是那些缺乏財務教育民眾想要聽到的話術，就算是謊言也一樣。教育體制內沒有財務教育的好處，就是當局很容易地欺瞞一般的大眾。人民在缺乏財務教育的狀況下，也可以很容易的剽竊他們的財富。

問：上層的領導們可以藉著財務上的誤導來剽竊民眾的財富？

答：是的，通貨膨脹就是剽竊財富的手段之一。通貨膨脹會侵蝕你工作的價值，侵蝕你賺來的錢，並且侵蝕你存下來的財富。

吉拉德．福特總統

當福特總統於一九七四年取代尼克森總統時，恰好正是通過受僱人員退休所得保障法案（ERISA）的時期。現在很多時候都把這個法案簡稱為401k。

問：為什麼受僱人員退休所得保障法案是這麼重要？

答：因為透過這個法案，有錢人就可以直接把手伸進一般民眾的口袋之中。換句話說，這個法案允許華爾街在民眾實際領到薪水之前，就能先把部分的錢給取走。

問：為什麼會這樣？為什麼華爾街可以先拿到錢？

答：一九七四年的過受雇人員退休所得保障法案（ERISA）跟之前一九四三年的稅捐稽徵法案非常相似。一九四三年的稅捐方案賦予美國國稅局可以在民眾實際領到薪水之前，就可以從中先扣除所得稅的權力。而一九七四年的法案賦予華爾街銀行同樣的權力。只要擁有 **401k** 退休金帳戶，那麼華爾街的銀行在民眾實際領到薪水之前，就可以從中先扣除民眾提撥的退休金。

問：富勒博士對股票市場抱著什麼樣的看法？

答：他說早期都只是那些有錢人在投資股票市場。當時交易所內流傳著一句口頭禪：「千萬別放那些賤民進來瞎攪和」。賤民一詞源自於中古世紀，通常用來形容卑微的一般百姓。簡單來說這句話的意思就是在說「千萬別讓那些窮人進股市」。

當強取豪奪的巨人們瞭解到這些賤民也有不少錢之後，他們就藉著受僱人員退休所得保障法案等各種退休基金計畫為這些賤民大開股市之門。當「賤民們」的錢投入股市之後，這些有錢人就變得更加富有了。

吉米・卡特總統

卡特總統或許是近代史上講話最坦白，行事風格最直接的美國總統。他看起來是一個掏心掏肺，直言不諱的總統。或許這就是為什麼他是一位被世人所「遺忘的總統」。他的確是一個比較前衛的人士（註：卡特總統曾於二〇一〇年預言美國將會出現第一位同性戀總統）。一直到二〇一四年國家美式足球聯盟（NFL）才接受第一位同性戀運動員加入選秀活動。

如今美國已經在採用無人飛機進行轟炸。是否在不遠的將來恐怖分子就不再需要劫持民航機，一樣可以用無人機來進行恐怖攻擊?卡特曾經發表過他對戰爭的一些看法：「雖然戰爭有時候是必要之惡，但是無論是多麼的必要，它永遠都是一種惡，絕對不會是一種善。如果我們彼此殘殺對方的年輕人，我們將永遠學不會和平相處之道。」而現在美國參議會以及眾議會形同水火，而不是在彼此協同合作來完成他們分內的工作。「除非是雙贏，要不然任何協議都無法持久。」

卡特總統卸任後非常積極協助各種社會公義以及人權相關的計畫。「仁人家園」（Habitat for Humanity）甚至把前總統卡特以及他的夫人蘿絲琳・卡特（Rosyln Carter）稱為「我們最出名的義工」。

隆納・雷根總統

當一九八七年股市發生黑色星期五的崩盤時，正好是雷根總統就任的期間。下頁圖表三就在呈現當時的情況。

為了避免將來股市再次的崩盤，雷根總統於一九八八年成立了的所謂的「總統金融市場工作小組」，如今已經被世人稱為「崩盤救援小組」（The Plunge Protection Team, PPT）。

圖表三

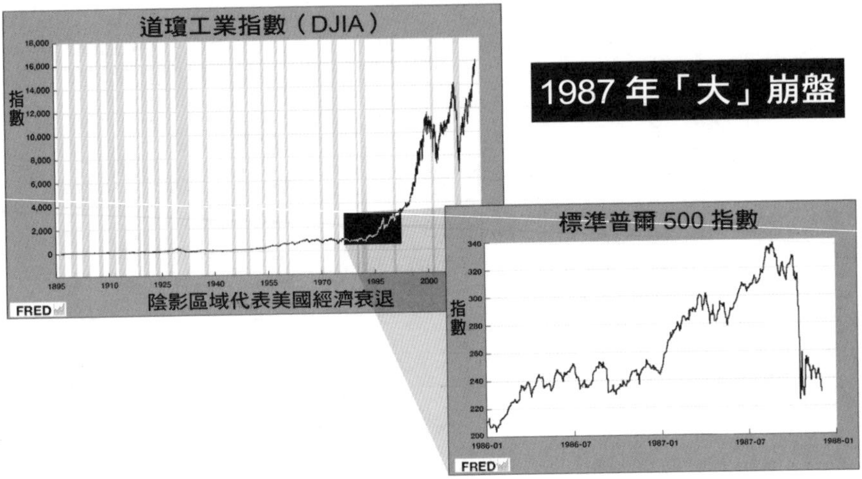

問：崩盤救援小組是幹什麼的？

答：沒有人確實知道……只有極少數的人會提到它。

問：到底會發生什麼事情？

答：現在只要發生崩盤，會有一名神祕的「匿名」買家，透過摩根大通銀行、高盛銀行，以及海外帳戶等，在期貨市場買進大量的「衍生性金融商品」。這類神祕的買家不但有能力可以阻止股市崩盤的惡化，他們同樣有能力干預其他市場，例如阻礙黃金和白銀市場的上揚。當你下次看到股市「神奇的」回復原有指數水準時，很可能是滑頭狐狸的傑作。亦即所謂的崩盤救援小組進場，撐住股票市場……直到哪天干預無效為止。

問：根據上述的情況下，所以你在《富爸爸教你預見經濟大未來》一書中預言二〇一六年股市會發生大崩盤就不一定會發生囉？

答：正確。被操控的市場是可以被硬生生的

撐住，避免崩盤的發生。

問：可以撐多久？

答：誰知道？

問：操縱金融市場又有什麼不對？

答：這麼一來所有的賭徒們都會受到保障。如今有數百萬的民眾愚蠢地把錢投入股市，因為他們知道政府一定不會容許股市崩盤的發生。

問：政府這麼做又有什麼不對？

答：這麼一來就會鼓勵投資者不要把資金投入事業或者是工廠之中，因而減少許多就業的機會。結果資金通通往各種投資市場集中來從事賭博的行為，而非流入一般市面上來改善我們的經濟狀況。滑頭狐狸口中說是在保護你的投資，但是他真正想保護的是那些大銀行以及他們所擁有的金融賭場。

問：他們是怎麼辦到的？

答：一樣也是透過許多不同的方式。其中有一種方式是透過聯邦存款保險公司（FDIC）來達成。

問：這個組織的作用什麼？

答：它替存款人的儲蓄提供了保障。當二〇〇七年開始爆發股災時，銀行非常害怕存款人會將他們的儲蓄提領一空。因此政府重組聯邦存款保險公司，並將存款保障的額度提高至二十五萬美元之譜。

問：這麼做哪裡不對了？

答：這會讓存款人開始失去戒心。與其關注銀行實際的經營狀況，存款人會因為擁有這樣的保障，因而盲目地將自己得儲蓄存款交給任何銀行。

問：這麼做又哪裡不對了？

答：因為聯邦存款保險公司早就沒錢了。它已經沒有足夠的資金來應付下一次的風暴。

問：這樣又會發生什麼樣的事情？

答：如果再次發生崩盤，那麼聯邦存款保險公司就要宣布破產，而納稅人又要再一次的給銀行進行紓困，而且還必須給所有的存款賬戶提供二十五萬美元的保障。

問：這麼做哪裡又不對了？

答：這次的損失將會高達數兆美元之譜。你的子子孫孫多年後所繳的稅金，這次通通會提前拿來先給銀行進行紓困之用。

問：所以當滑頭狐狸說：「你的存款都受到了保障」時，他並沒有進一步說明聯邦存款保險公司已經身無分文，而將來通通都會由納稅人來買單？

答：是的。滑頭狐狸永遠只會說一些你會想要聽的話。就連《經濟學人》雜誌都說二十五萬的存款保障額度在不久之後就應該要予以調降才行。他們也倡議說所有的銀行應該也要進行所謂的評比，讓儲蓄人知道銀行經營的狀況，以及自己存款的安全程度。《經濟學人》雜誌認為提供每個儲蓄帳戶二十五萬美元的存款保障會讓納稅人和未來的世代承擔過高的風險，而且這個機構的存在只是在保障銀行，而非一般的存款民眾。

喬治 H.W. 布希總統

他曾經親口承諾說：「現在請大家看我的嘴唇：不再增稅。」結果他仍然在任內提高了稅率，因此四年後競選連任失敗。

比爾．柯林頓總統

對於現代銀行業大開方便之門的，就屬柯林頓總統了。如果要指出哪些人應該為二〇〇七年的金融風暴負起責任，那麼的確可以把大部分責任歸咎於他。簡單來說，他讓銀行界的朋友們變得非常、非常有錢，但同時犧牲了絕大部分的貧窮階級和中產階級。諷刺的是，絕大部分的民眾還相信他是平民百姓之友。

柯林頓總統任內做了兩件具有重大影響的事情，也就是廢除了格拉斯—斯蒂格爾法案（Glass-Steagall Act）。這個在一九三三年制定的法案就是禁止商業銀行從事投資銀行的業務。這個法案也被稱之為「一九三三年銀行法」。因此花旗銀行被允許跟所羅門美邦（Salomon Smith Barney）進行合併，柯林頓總統甚至公開宣稱：「格拉斯—斯蒂格爾法案已經過時了」。

問：為什麼這件事情影響深遠？

答：因為他允許商業銀行轉型成投資銀行。藉此他們就可以拿儲蓄人的存款來從事銀行本身想要進行的投資。

問：為什麼銀行想要這麼做？

答：因為這麼就可以賺到更多的錢。銀行家可以藉著投資股市來賺大錢，獲利遠比之前把錢借給貸款人來收取利息還高出許多。結果法案一通過沒有多久，股票市場就一飛沖天。股票市場這間賭場正式開張，在這裡下注的投資人萬一損失了，通通都由政府和納稅人一起來買單。如果市場不幸崩跌，雷根總統的崩盤救援小組也會出面再把股市拉抬上來。

問：結果發生了什麼事情？

答：結果美國產生了一個新的階級，也就是投資階級。他們並不富有，但也不算貧窮，但他們也早已經不屬於中產階級了。這些人絕大部分都受過良好的教育，擁有相當收入的工作（例如醫生、律師等），最重要的是這些人都擁有額外的一些錢可以拿來投資於「不可能會輸」的股市之中。二〇〇七年金融風暴對這些人並沒有造成太大的影響，因為他們並不屬於那數百萬失去工作、自有住宅，以及退休金的那群人。

問：你曾說過，如果富爸爸對二〇一六年股災所做出的預言成真，則會有一些人深受其害，當時你所指的是否就是這群人？

答：很不幸是的就是這群人。

問：那麼柯林頓總統做的第二件事情又是什麼？

答：我在前一章就已經寫過了。柯林頓總統於二〇〇〇年簽署通過「商品期貨現代法案」，替衍生性金融商品廣大的市場鋪路。結果是從二〇〇〇年至二〇〇七年間，衍生性金融商品市場從一百兆美元膨脹至七百兆美元的規模。

別忘了巴菲特把衍生性金融商品稱之為「金融上大規模毀滅性的武器」。而且這些武器也在二〇〇七年開始逐一引爆。

主題：政府的祕密與謊言
來賓：約翰．威廉斯
富爸爸廣播電台下載免費的 APP: www.richdad.com/radio

垃圾進垃圾出

如果缺乏正確無誤的財經資訊下，你將無法做出優質的財經決策。換句話說：垃圾進，垃圾出（Garbage In Garbage Out）。

我們的政府不但在狂印鈔票，他們也在操縱著新聞資訊。他們並沒有向大眾開誠布公地說出所有的真相。

前《財星》五百大經濟分析師約翰・威廉斯（John Williams）目前是「影子數據」（Shadowstats.com）的總編輯。該網站提供訂閱者經濟方面最新、最正確的各項數據。

我在二〇一四年十二月在富爸爸廣播電台訪問了他。光是聽他講政府如何扭曲、掩飾經濟數據的手法令人既驚訝又難過。富爸爸曾經說過：「政府沒有在說謊。他們只是不會講出實話罷了。」

過往的畫面

圖表四中你可以清楚看見雷根總統就任期間，一九八七年股市大崩盤時的規模大小。你一樣也可看到柯林頓總統就任的八年間到底發生了什麼樣的狀況。

圖表四

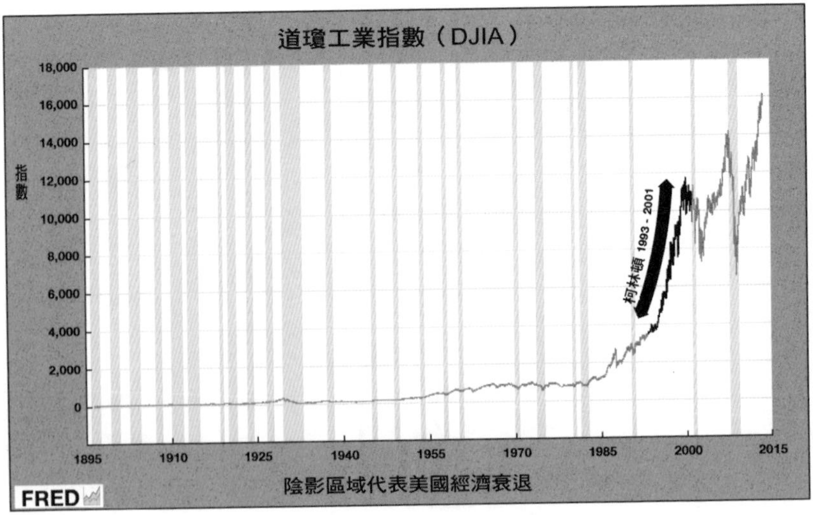

喬治W．布希總統

所有大幅增加國家赤字的總統當中，都比不上小布希總統任內的所做作為。在二〇〇四年競選連任之前他的聲望連同就業率雙雙下滑，看起來連任似乎是無望的。謠傳他跟醫藥業界私下有著協定，利用他入主白宮的地位大力推動並替「處方用藥改善及現代化法案」來背書。該法案也被稱之為「聯邦醫療保險計畫現代化法案」。這成為美國聯邦法案之一，並於二〇〇三年通過實施。此舉創下美國公共醫療實施三十八年以來，規模最大的一次的澈底翻修。該法案深獲年老民眾的喜愛，同時也讓醫藥界非常的高興。從我個人的觀點來看，該法案的通過確切保證了美國在近未來注定宣布破產的命運。

美國聯邦預算中心前審計長大衛・沃克對該法案是這麼形容的：「這是美國從一九六〇年代以來所有推動的法案中，在財政上最不負責任的一次。」結果小布希總統於二〇〇四年競選連任成功。

社會福利保障制度與聯邦醫療保險制度

你已經不止一次地看過社會福利保障制度（Social Security）的圖表。下頁圖表五是社會福利保障制度與聯邦醫療保險制度（Medicare）未來趨勢的部分圖形。

問：圖表五在告訴我們什麼事情？

答：這因人而異了。對於那數百萬期待政府將來會幫忙照顧他們退休生活的民眾而言，看樣子不會有好的下場。

巴拉克・歐巴馬總統

歐巴馬總統高舉著希望的旗幟於二〇〇八年入主白宮。結果在二〇一二年競選連任時，大部分的希望都已經變成了失望。歐巴馬總統是一隻老練的滑頭狐狸，也是一位偉大的演說家。他每次一開口就會讓民眾非愛即恨。只有極少數的百姓能站在硬幣的邊緣上看待這些事情。

歐巴馬的確強行通過所謂的患

圖表五

聯邦醫療保險和社會福利保障面臨嚴重的赤字

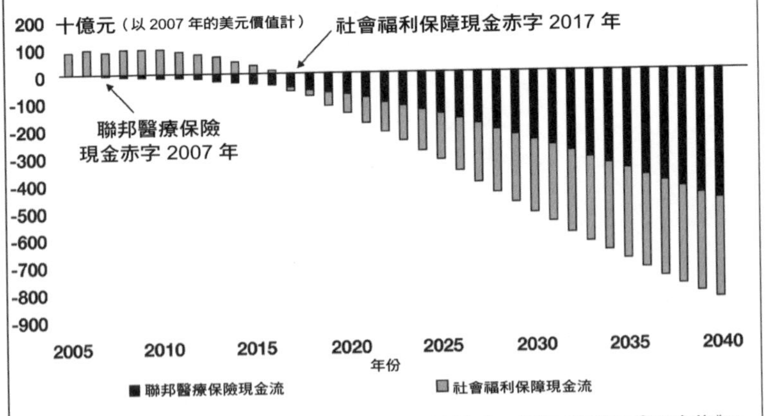

Source: *GAO analysis of data from the Office of the Chief Actuary, Social Security Administartion and Offices of the Actuary, Centers for Medicare and Medicaid Services.*

Note: Projections based on the intermediate assumptions of the 2007 Trustees' Reports. The CPI is used to adjust from current to constant dollars.

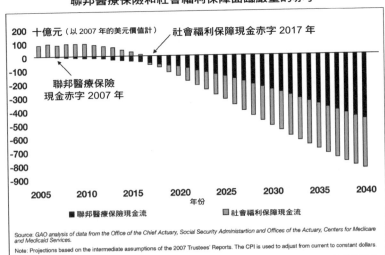

者保護與平價醫療法案，或另稱為歐巴馬總統的全民健保（Obamacare）。永遠別忘了，政府頒行計畫與法案時所採用的名稱，個個都符合滑頭狐狸所要的詭計。這些名稱通常恰恰與該計畫或法案真正的作為完全相反。

舉例來說：社會福利保障制度（Social Security）的確對二次世界大戰那個世代的民眾提供了一些保障，但是完全沒有幫助到越戰世代民眾的生活。社會福利保障制度與聯邦醫療保險制度將會成為越戰世代本身，以及他們接下來數個世代民眾沉重的財政包袱。

受僱人員退休所得保障法案（ERISA，簡稱401k）只讓銀行界變得更加富有，但是完全沒有讓員工退休金與生活獲得更好的安全保障。病患保護與平價醫療法（歐巴馬全民健保）早已經讓負擔不起保費漲價的數百萬民眾叫苦連天。唯有經過一段時間才能夠全面瞭解歐巴馬全民健保所造成的影響。

就如同小小雞那一則故事，滑頭狐狸說：「我們要趕快跑，我們要趕快跑到我的窩裡去，然後我跑去跟國王說。」接下來這些動物都跑進了滑頭狐狸的窩裡，結果從此消失，再也沒有走出洞穴來。

歐巴馬總統利用「平價醫療」等字眼來誘騙民眾。他有所保留，並沒有說出口的是「平價醫療法案」本身實際上是一種新增的稅賦。

問：它為什麼是一種增稅法案？

答：因為歐巴馬全民健保提高了E和S象限的稅賦。

問：就是那些為錢工作的象限？

答：是的，尤其是那些會把賺來的錢投入股票、債券及共同基金之中的E和S象限的人們。他提高了利息收入、股利收入及資本利得等，針對有價證券方面的所得稅。

問：哪些人不需要繳納歐巴馬變相課徵的所得稅？

答：有一群人的確沒有被歐巴馬變相課徵的所得稅所影響，也就是那些懂得利用負債來買進能創造出現金流的不動產的那些投資者。

那些利用翻修轉賣不動產來獲得資本利得的投資者，現在會因為歐巴馬總統所頒發的法令而大幅增加自己所要繳納的稅金。

問：所以這又是資本利得和現金流兩者的差異？

答：是的。所謂資本利得就是當你賣出資產（股票、債券、不動產，或者是事業等）時，所獲得的利潤。這些因為買賣而產生的利潤是必須要課稅，而為了現金流投資房地產的投資者，其現金流的收入卻不用課稅。事實上只要找到得力的稅務顧問，這些現金流收入很可能都無須繳稅。

問：這樣公平嗎？

答：當然囉。稅法是對每一位公民一視同仁的。不公平的地方是我們的學校缺乏財務教育，一般人也不知道要到哪裡找尋這方面的教育。

問：全世界是不是也都是一樣的？

答：是的，大部分地區是一樣的。我之前有說過：用語和政府相關政策可能會有所不同，但是總體來看稅法的精神與法條是一樣的。

我最近有到蘇格蘭一趟。我在當地的朋友格雷姆和他太太莉安娜只用了二十萬英鎊，就買下了一間有一百五十年歷史的教堂。蘇格蘭政府以政府撥款補助的名義給了他們三十五萬英鎊來修繕維護這間教堂。這是筆不用歸還的金錢。

問：他只付了二十萬英鎊但收到蘇格蘭政府三十五萬英鎊的補助？你的意思說他完全免費得到了這項資產？

答：是，同時也不是。他必須按照政府想要進行的方式來行事，也就是修繕教堂並提供低收入戶居住的空間。這裡的關鍵是：他做到了政府想要他去完成的事情。

他打算利用四十萬英鎊投資者的錢（稱之為股東權益）來修復教堂，並提供十六棟低收入戶用的住宅。接著他就會到銀行申請七十萬英鎊的債務（稱之為負債），來完成整個計畫。

兩年之後，當計畫開始落實並且開始收到十六棟住宅的租金時，按照他訂定的商業計畫，此時要回頭找銀行，給銀行看該不動產所增加的現金流，然後按照新的現金流來申請全新的貸款額度。

拿到新貸款之後，所有投資者都能拿回他們一開始投入的金錢，並且持續享受免稅的現金流收入，直到該不動產案件報廢為止。換句話說，由於兩年之後所有投資者都把本金給拿回來了，所以他們得到的投資報酬率是無限大的。除此之外還有更好的事情，他們從那個新貸款拿回本錢的時候是完全免稅的，因為他們拿到的錢是該不動產所產生出來的債務（非所得），而這筆債務將來都是由租客們來幫他們清償的。

當我和事業夥伴兼富爸爸顧問的肯・麥克羅站在該教堂前評估這件案子的時候，起碼有二十多位路人經過「教堂出售」的招牌，但這些人完全無法看到這個絕佳的投資機會。肯感到非常的自豪，是因為透過了他的書籍和課程，教會了格雷姆和莉安娜如何安排這類的投資案。

這種投資方式在全球各地到處都能用。問題是那些每天為了薪水而上班，路過教堂的人，看不到格雷姆和莉安娜花時間訓練自己，能看到無形的現金流的這種能力。

問：喔……為什麼我的頭開始痛起來了？

答：因為你的腦袋和心智開始能看得到那些無形的事物。你開始能看到那些強取豪奪，無形的巨人們是如何藉著貨幣體系來控制全世界：隨意發行他們想要的貨幣額度，讓我們的工作所得、儲蓄存款、增加稅率，以及通貨膨脹等不斷的貶值，使得那些需要為錢工作的人們，生活變得愈來愈辛苦。你也開始瞭解到真正的有錢人不會長期投資於股票市場之中的原因。別忘了：凡是都是一體兩面。有錢人賣出自己事業的股票，讓中產階級和貧窮階級來購買。你也開始看出學校體制是如何藉著教導我們要為錢工作，而讓我們變成財務方面的文盲。

問：而這一切都肇始於語言文字？

答：是的。語言文字能讓自己的腦袋和心智看到硬幣的另外一面，能看到無形的事物。這個世界上的人們每天匆匆忙忙的上班……完全無視於有錢人是怎麼變得更有錢的。他們頑固的相信稅法是不公平的，即便稅法是非常公平的也一樣。因為只要擁有財務上的智慧，就能把稅法轉變成對自己有利的狀況，來享受稅法上的各種減免與優惠。有錢人、窮人和中產階級之間的差別就是從語言文字開始的。語言和文字讓有錢人變得更有錢，同時也讓窮人和中產階級愈來愈窮。

如果你很認真的想要獲得人生的第二次機會的話，那麼先從改變自己所運用的語言文字開始著手。永遠不允許自己說出：「我負擔不起」這種話。說出這種話的人必定是貧窮階級。也千萬別說：「量入為出」這句話。這種話將會打壓你內心那個有錢富有的精神。

從今天，此時此刻起，運用有錢的語言文字，而非貧窮階級和中產階級所用的詞彙。開始運用資產、負債以及現金流等詞彙，而不再說類似有保障的工作、穩定的收入，以及存錢儲蓄等詞彙。富勒博士相信語言文字是「人類發明最強而有力的工具之一」。只要改變你所運用的語言和文字就能改變你的人生。而且最好的消息是：語言和文字都是免費的。

問：我現在立即能做些什麼？

答：本書接下來的內容就是在探討這方面的事情。目前本書都一直在陳述著過往，而下一篇則是要探討現在以及未來的領域。

本書第二和第三篇的重點就是在講你的第二次機會，也就是有關於財務教育這方面。但是跟以往傳統教育不同的是，這裡所說的財務教育並不是要你變的比別人聰明，或者要想辦法記住正確的答案。這裡的財務教育強調的是通力合作，而非彼此競爭。在接受財務教育之前，你必須清楚知道自己對未來的願景是什麼，並且知道自己要去學習什麼樣的技能，才能實現自己渴望的夢想與未來。

財務教育並非爭執孰是孰非，或者要避免犯下錯誤。真正的財務教育是需要具備勇氣，並且在懷有恐懼的狀況下，知道自己在人生成功的路上，或者追求自己與家人的未來時，必定會跌倒犯錯，但是仍然願意採取行動的行為。你的第二次機會取決於在走偏或跌倒犯錯之後，你是否還能重新站起來，並且具備從錯誤中學習的能力。

本書接下來兩篇的重點是無論你以前做過（或者沒有做）什麼事情都沒關係，重要的是要如何讓自己充滿力量的重新站起來，並且利用過往和現在，給自己打造出一個更光明的未來。你的第二次機會就從今天開始。就如同富勒博士所說的：「我們被召來是要成為未來世界的建築師，而非它的受害者。」

第二篇

現狀

你是正常的還是不正常的人？

「天下最愚蠢的事就是：每天不斷地重複做相同的事，卻期待有一天會出現不同的結果。」

—亞伯特・愛因斯坦（Albert Einstein）

神經失常的政府：一個由於太多鈔票所造成的危機，如果政府還想要藉著發行更大量的通貨來解決，這種行為還算正常嗎？

神經失常的百姓：當政府持續發行巨額的通貨純粹只是為了支撐股市時，你繼續堅持為錢工作、存錢儲蓄、長期投資於股市之中等等的行為還算正常嗎？

應該是要明理的時候了，本書第二篇是探討你個人目前的財務狀況。當你開始檢視自己目前真實的處境，才能開啟你的第二次機會，並且決定自己未來的狀況。

問：政府不是打算花錢來修補道路、橋樑、學校以及公共設施等措施？這麼一來不就提供了更多的就業機會？難道這種作法無法挽救我們的經濟嗎？

答：花錢修繕損毀老舊的公共設施的確是個好主意。這種作法的確會增加一些工作機會，但是仍然無法挽救我們的經濟。政府繼續印鈔票來支應開支，在公共部門中創造高薪資的工作機會，同時還要補助愈來愈多不想要找工作的失業民眾等等的作法，只是在拖延不可避免的最終結局。

印鈔票是一種神經失常的行為，你我都心知肚明。問題是：當你發現自己在一個精神病療養院裡生活與工作時，你要怎麼辦？當你發現院長和職員的神經都不正常，反而是那些病患還比較明智的時候，你又要怎麼做？當你開始尋找這些問題的答案時，你就開始啟動了自己的第二次機會。

第八章 之前和之後

你無法從毛毛蟲的照片上看出，牠將來會變成一隻蝴蝶。

——巴克明斯特・富勒博士

一般人最喜歡看之前和之後的比較照片了。電視播放減重廣告時，經常會把減重前後的比較照片擺在一起：減重之前一百多公斤的照片，以及減重後只剩四十二公斤，穿著比基尼，擁有魔鬼般身材的名模照片。然後配音員就會說：「如果這個五十二歲的太太都可以得到這種身材，那麼你一定也可以做得到。」接著訂購專線的鈴聲就會響不停，購物網站開始擁塞，結果是數百萬元就這樣成交。

之前和之後的照片都很容易勾動我們的內心。這類的照片在提醒我們內在真正的自己是誰，同時也在提醒我們擁有與生俱來的無比潛力，其實有能力來實現自己的夢想。我們都會想起自己內心的深處想要振翅高飛的那一隻蝴蝶。

「改頭換面」形式的電視節目最近也大行其道。這類的節目會找一個非常邋遢，沒什麼吸引力的小人物上節目，然後藉著改變他們的服裝、髮型，以及化妝等手段，這時候再讓這個人踏上舞台時，就變成了人人心中的白雪公主或者是白馬王子。也有另外一種類似的電視節目，是藉著利用上油漆、重新裝潢廚房和浴室等方式，專門把老舊破敗的房子修改成人們心中夢幻般的房屋。

我自己的電視節目

多年來電視節目製作人會不停的聯絡我，問我是否願意製作這類改頭換面的電視節目。他們想要由我出面給一些「窮光蛋」進行改頭換面，希望把這些人變成一個很有錢的人。幾年下來我至少跟十幾位非常認真，想要做出這類節目的製作人商談過，但是每一次的討論都會因為這個兩個問題而打住：「真的可以做得到嗎？」以及：「那麼實際上要做些什麼？」所有的製作會議都毫無例外，只要碰到了：「如何在財務上讓一隻毛毛蟲變成蝴蝶？」這個問題時，就再也討論不下去了。

內在和外在的差別

外在的改頭換面，以及內在的改頭換面兩者之間差異甚遠。把老房子上上油漆，或者讓人穿件新衣服是件蠻容易的事情，這些都屬於外在的改頭換面。但是要如何讓一個窮光蛋變成有錢人？想要做到這點並非上個妝，或者是換件新衣服就可以辦得到。

從貧窮到富有是一種無形的蛻變，跟外在上上油漆的改頭換方式有著極大的差別。這種屬於內在的改頭換面是沒有辦法做成吸引觀眾的實境電視節目，因為這些改變都是無形的。這些改變包括了內在思維架構的改變，改變人們對自己和金錢的看法，並且也要改變他們做出選擇的方式。我個人知道以上這些的確是可以做得到，但是我跟電視節目製作人尚未找到一種方法，可以用具體呈現的方式來把它拍成電視節目。

經濟危機

近代之所以會發生經濟危機，是因為有很多人在外表上裝著很闊綽的樣子，但是他們的內在卻是非常的貧乏。次級房貸危機就是人類這種慾望的最佳寫照。有數千萬的民眾被准許向銀行申請忍者貸款（沒有收入、沒有工作、沒有擔保品的貸款稱為忍者貸款），因此他們可以拿著這筆貸款來買房子，或者拿去償還他們一輩子也還不起的自有住宅貸款。結果銀行把這些「次級房貸」包裝成衍生性金融商品，並且把這些「大規模毀滅性武器」賣給瘋狂追逐營利的世界。換句話說，人們因為有裝門面的動機，因而造成房地產和股票市場的繁榮與泡沫，同時也會促進消費者信用卡卡債、甚至學生貸款額度的激增。

想要擁有富人的外表並沒有什麼不對的地方，我自己從來就不曾想要縮衣節食。從我個人的觀點來看，縮衣節食就等於在扼殺自己的精神生活。我反而會想盡辦法來拓展自己的財源，尋找新的賺錢方式，好讓我可以享受生命中更高品質的生活。

我非常喜愛自己所擁有的豪宅跟名車，我想很多人也會跟我一樣。問題在於缺乏財務教育的狀況下，絕大部分的人永遠都不會具備富有的內在……而這點才是我們社會所面臨的真正危機。

第二次機會

本書的目的，並不是要幫助人們做「外在的改頭換面」。我所謂的第二次機會並非重新裝潢自己的廚房，或給自己的房屋打造一個全新的外表，更不是擁有個人全新的行頭，或者讓身材變得更健美，也完全不是要你重返校園進修來獲得更高薪的工作等。

第二次機會是一種譬喻，如同毛毛蟲化作成蝴蝶是一樣的過程。每個人都擁有從毛毛蟲蛻變成蝴蝶的潛力，這也就是為什麼廣告界運用「之前和之後比較照片」這類的宣傳手段會這麼有效果的原因。這類之前和之後的比較方式，會重新讓我們想起自己內心深處所具有的力量。

把毛毛蟲變成蝴蝶

問：你是否曾有過破產的經驗？

答：是的，有數次的經驗。

問：因此你知道那種感受是如何？

答：我很清楚的知道。

問：因此對於那些沒有錢的人們，你是否會替他們感到惋惜，或者是可憐他們？

答：不會，我不會對貧窮的人感到惋惜。我有同理心，但是並不同情他們。

問：為什麼？你為什麼不會可憐他們，或者為他們感到惋惜？

答：因為我知道每個人都擁有一種與生俱來的力量，任何人只要有意願，絕對可以借著這股力量來改變他們自身的生活。

如果我替他們感到惋惜或者是可憐他們，就表示說，我認為他們心中並沒有這樣子的能力；如果我替他們感到惋惜或者是可憐他們，就表示我認為上帝對這些人很不公平，但事實上我知道上帝並沒有對不起這些人。我堅信每個人都擁有自由做出各種選擇的權利。

問：你這麼想會不會太理想化了？

答：是的，的確是滿理想化的，但同時也是非常務實的想法。我為什麼會知道這一點，是因為我自己也曾經可憐過自己。我也曾陷入自怨自艾的低潮之中。自我可憐最大的問題，就在於有些人會很享受那種低潮的處境。

問：你說的是哪些人？

答：其他受害者、輸家，以及自暴自棄和自怨自艾的人們。自怨自艾的人們通常會吸引到各種「救世主」，以及「汲汲行善」的人們。雖然許多汲汲行善的人都有時候的確會幫助到一些人，但很不幸的，並非所有汲汲行善的人們有能力協助他人重新找回內心潛在的力量。許多「救世主」也無意識地讓受害者一直處於無助的狀態。幫助他人、安慰他人、照顧他人，以及給人們重新站起來的力量等等作法之間，有著極大的不同。

我已經強調過很多遍：純粹拿錢給貧窮（或者抱持理所應得心態）的人們，只會讓這些人更沉溺於原來的貧窮之中。別誤會我的意思。我們每個人偶爾都需要發揮本身的同情心來關懷他人。我們自己跌倒之後，也需要別人的鼓勵來協助我們重新站起來。短暫的自我可憐或者是自怨自艾是無傷大雅的，畢竟這也是自我療癒的過程之一。

問：所以你曾經自怨自艾過？

答：當然了，而且還不止一次。但是我發現自怨自艾的作法長遠來說，都對自己毫無幫助。自我可憐只會讓自己所面對的問題愈來愈嚴重而已，並且解決問題所需的時間愈耗愈久。

問：因此當你生意失敗賠光積蓄之後，又發生了什麼事情？

答：當我自我可憐的派對開完了之後，我就重新站起來，捲起袖子認真工作。

問：你不是已經沒有錢了嗎？你不是宣布破產了嗎？

答：是啊。身無分文讓我變得更堅強、更聰明，並且更有能力。就是因為沒有錢了所以我被迫認真思考，努力發揮自己的創造力。想當然，如果我身邊還有些錢的話，我東山再起之路就不會走得如此辛苦。但是就因為沒有錢反而把我鍛鍊的比一般人更加堅強，同時也培養出自己原本沒有想到的能力。

我相信每個人都有所謂的強項和弱點。如果我選擇自我可憐的話，那麼就是在強化我自身的弱點。如果我沉溺在自怨自艾的情緒中，我的強項就會逐漸變弱，而同時也會愈來愈強化自己的弱點。

問：因此政府的各種補助津貼以及民間捐款，很有可能會斷強化受益人的弱點，而同時造成他們自身的強項愈變愈弱？

答：我相信是這樣的。我也知道會有許多人駁斥這個觀點。的確有時候一個人需要別人對他伸出援手，但是有更多的時候這個人真正需要的，是別人來狠狠的踢他一腳（給予嚴格的鞭策）。我人生當中有很多次被人嚴格地鞭策，雖然當時心裡很不是滋味，但是每次經歷都把我鍛鍊地更為堅強。

問：如果缺錢能夠激發自己發揮強項，也可以變成一個變成有錢人的動力和理由嘍？

答：是的。

問：這麼一來有錢也可能會變成某些人的弱點了？

答：的確是如此。我們都看過許多家境優渥的孩子被寵壞的樣子。雖然讓孩子們予取予求可以讓家長和孩子心裡感到舒服，但是父母這麼做的同時也在冒著讓孩子能力變弱的風險，甚至有可能完全阻礙孩子發展內在精神的力量，特別是在跌倒之後重新站起來的能力與意願。

我曾在富爸爸廣播節目裡訪問川普的兩個兒子小唐納和艾力克。在這近一小時的訪談當中，他們分享了自己出身於富豪名門的成長經驗。雖然他們的確擁有一般人根本不會享有的優勢，但是他們成長的過程卻一點也不輕鬆。川普要兩個兒子到碼頭或者是興建工地裡，去跟一般工人一起從事勞動的工作。一般人絕對不會想像有錢的富豪竟然會要求兒子去做這些事情。我之後有機會跟這兩位年輕人私下相處。從我個人親身的體驗來說，我可以說他們的確是非常富有的年輕人，但是絕對不是那種被寵壞的媽寶。雖然他們出身於川普的名門家庭，但是他們兩位甚至比我很多朋友的孩子們還要來的更為腳踏實地。

主題：想要聽羅勃特訪問

來賓：唐二世．川普和艾力克．川普

富爸爸廣播電台下載免費的 APP: www.richdad.com/radio

悲劇的開端

我家位於美國亞利桑那州鳳凰城一個富裕的社區裡。這個社區並不大，約有四十間的豪宅，並且圍繞著一個高爾夫球場。但是自二〇〇七年金融風暴之後，光是在這個小社區內，就發生了三起自殺事件以及一場火警。

問：誰自殺了？

答：其中有一位是繼承了父親數億元遺產，但是因為做生意把這筆錢賠光了的年輕人。另外一位當年是為了錢才娶了現在的太太，但現在卻把老婆的錢給賠光了。看樣子對他而言，與其將來在法庭當中和老婆進行離婚訴訟，選擇自殺痛苦相對少一些。至於那一場火警的元兇，是一個專門從事翻修轉賣房屋的青年。他最近以三百五十萬美元的價格買進這棟房子，並且想以五百萬美元的價格轉賣出去。當他確定房子無法在短期內脫手，自己又付不起高額房貸的時候就決定縱火燒屋，並且希望保險公司來賠償他的損失變成了他最後的選擇。如今他不但身陷囹圄，而且我聽說他已經在獄中自殺了。

問：這些人是否就是那些外表看起來很有錢，但內在卻不是這麼一回事的人們？

答：這是我個人的看法。有意思的是：在金融風暴同樣的期間裡，我們社區當中有許多鄰居反而都變得更加富有。他們在風暴期間找到了許多傑出的投資機會。因此，雖然那次的股災的確毀掉了許多民眾的人生，但是對一些人來說卻是個非常難得的好機會。

在社區內有一位鄰居在股災爆發時陷入了很大的麻煩之中，但是他並沒有選擇自殺。他反而在動盪中屹立不搖，努力想辦法熬過那段時間，如今他變得比之前更加的堅強、聰明，並且更富有。

問：這麼說來他找到了自身新的強項，並且大大強化了這些優點？

答：我相信是如此。有時候跌倒並不是壞事，只要你能重新站起來並且變得更加堅強。從我個人的經驗來說，當人們跌倒時拿錢給他們這種做法，雖然他們會再度站起來，但是這些人卻變得更為軟弱而非堅強。當政府給大銀行們進行紓困的時候，就是在製造這類的結果。如今這些大銀行的規模比從前還大百分之三十七。雖然他們變得更為巨大，但是並沒有讓這些銀行變得更加健全。就如愛因斯坦曾經說過：「想要解決問題，就不可以採用當初製造出問題本身的思考模式。」

問：這個意思就是說下一次的股災會比上次更加的嚴重？

答：恐怕是的。

問：那麼我要如何找到自己的強項並且要怎麼強化他們？

答：其實這就是人生的奧祕。我真希望有個簡單的答案能直接告訴你。我也希望有我個魔法棒可以讓你搖身一變就能獲得成功，但是我沒有這樣子的法寶。

問：你會不會認為上帝刻意創造股災，來讓人們有機會變得更加堅強？

答：我認為有可能，至少這也是一種看待事情的方式。就像我在前一章裡所說的，富勒博士所提出的一般原理當中有一項叫做「危機中必有崛起之機」。

我相信我們正在面臨人類歷史上最大一次財務危機爆發的前夕。問題是：我們要如何趁機崛起？

澈底破產

一九八四年十二月我和金離開夏威夷的時候身無分文。我們兩個人綜合的資產負債表看起來如圖表一。

圖表一

損益表

收入 0
支出 ?

資產負債表

資產	負債
0	$820,000

我們在聖地牙哥過著無業遊民的生活。我們沒有任何工作也沒有收入。由於我們不是睡在汽車裡面，要不然就是借朋友的地下室居住，因此開支非常低。偶爾拿到一些錢的時候我們才有三餐可吃。那時候對我們來說，每天都在面臨經濟上的危機。

我一項資產都沒有。為了讓我的尼龍錢包事業能繼續維持，我在離開夏威夷之前早就把手上所有的東西變賣完了（基本上都是位於夏威夷的不動產）。

負債欄位中的八十二萬美元負債，是各個金主當初給我創業用的貸款，早就用在我的尼龍錢包事業之中。當我決定離開公司時，我同時也得承擔清償這些貸款的責任。我打電話給金主們讓他們知道我的決定，並且告訴他們我一旦重新站起來之後就會把錢還給他們。雖然其中有一些人跟我說：「算了，這筆錢不用還了」，但是我知道其他的人一定會要我負責到底。

活在當下

我之所以要告訴你們我在聖地牙哥身無分文的故事，是因為本書的第二篇著重於面對現狀。在金和我能大步朝未來邁進之前，我們必須得清楚了解自己目前真實的狀況。

絕大多數人在財務方面都沒有活在當下，並不瞭解自己真實的狀況，是因為他們不懂得什麼叫做財務報表。雖然擁有高學歷，但這些人在財務方面卻跟文盲沒有什麼兩樣。因為他們看不懂，更遑論運用自己的財務報表。

如果你曾經看過《富爸爸窮爸爸》這本書並且玩過現金流這款遊戲，那麼跟那些高學歷的知識分子相比較，你在財務教育方面已經足足領先了他們一大截。隨著你在替自己光明的未來做規劃時，你就可以好好發揮自己所學到的相關知識。

第二次機會

到了一九九四年我們的財務報表變成了圖表二的樣子：

圖表二

損益表

收入
租金收入 $10000
支出
個人支出 $3000

資產負債表

資產	**負債**
52 棟出租公寓	自宅 $85000

我們算不上有錢人。當時的我們是所謂的「身價上的百萬富翁」，每年從資產產生的現金流讓我們擁有每年十二萬美元的被動收入。從此我們再也不需要工作了。在一九八四到一九九四年的十年間，我們達到了財務上的自由。

我們當時仍然住在一個較小的房屋裡，過著一般中產階級家庭的生活。最大的差別是我們一輩子再也不用工作了。我們再也不是金錢的奴隸了，我們開始讓錢為我們工作。我們正在從毛毛蟲蛻變成蝴蝶的過程當中，但是我們清楚知道自己尚未完全蛻變成蝴蝶。我們察覺到自己內在已經開始發生蛻變，但是整個過程還沒有澈底完成。我們還不能展翅高飛，因此我們知道還得下更多的功夫才行。更重要的是我們體會到富足開始從內在的心靈開始萌芽，而非從外在追求而來。

那些看起來比較有錢的人們

在這十年間，許多人看起來比我們有錢多了。他們的財務報表看起來應該像圖表三的樣子：很多這些外表看起來很有錢的人們所面臨的問題，是他們在內部財務上已經一塌糊塗了。光看這些人的外表，你可能無法想像他們每個月都要為了支付帳單而傷透腦筋，他們甚至有可能是月光族。雖然他們也熬過了二〇〇七年的大股災，但是他們在近未來可能就沒有如此幸運了。如果富爸爸的預言成真，那麼在未來經濟的動盪中，這些人將會變成首當其衝的受害者。

圖表三

收入
工作職業上的高薪資所得

支出
高水準生活的消費

資產	負債
股票、債券、儲蓄存款	豪宅 名車 信用卡卡債 學生貸款

問：能不能再跟我說一次，為什麼這一群人面臨極高的風險？

答：沒問題。克里斯・馬特森在《崩盤之路》一書中說財富分成三大類：1.主要財富，2.次級財富，3.三級財富。

那一些擁有高薪工作、豪宅、銀行裡大量的存款，以及各種股票的人們，他們所擁有的是屬於第三級的財富。克里斯說在下一次的危機中，受傷最重的就會是那些只擁有第三級財富的群眾，也就是把資產通通放在有價證券中的投資階級。

問：如果第三級財富屬於有價證券之類的，那麼請問主要財富和次級財富之間有什麼不同？

答：主要財富屬於資源上的財富。舉凡原油、黃金、白銀、魚類、森林，以及肥沃的土壤等等都屬於主要財富的層級。

次級財富是屬於生產財的領域。舉凡生產食物的農夫、捕魚的漁夫、鑽油的工人、挖黃金的礦工，以及生產各種百貨的工廠老闆等等都屬於次級財富的一環。

或許你的年紀太小，沒有看過「豪門新人類」（The Beverly Hillbillies）這個電視連續劇，但是容我在這裡向你介紹該節目主要的劇情，以及這和三種財富之間的關係。

從前有一位貧窮的礦工杰・坎培特到自家後院林子裡打獵尋找食物，結果當他開了一槍之後卻完全改變了他的一生。當子彈擊中地表後，杰就眼睜睜地看著原油（別名「黑金」或「德州茶」）從地下源源不絕的湧了出來。此時OK石油公司付給他一筆為數可觀的權利金，獲得在杰家院子裡鑽油的權利。此時杰搖身一變，變成了一位百萬富翁。

杰這時候擁有的是資源──也就是土地和原油這兩種主要的財富。當OK石油公司取得了在杰家後院採礦的權力之後，該公司就擁有了屬於生產財的次級財富。那麼石油公司付給杰的權利金這筆錢又是怎麼來的？當然是OK石油公司從股市和金主籌措而來的資金，也就是一種第三級的財富。

問：所以說擁有三級財富的人們多半是那些存錢儲蓄，或者藉著炒股票賺錢的投資客，或者擁有並且在發行股票的企業家們囉？

答：是的。就如克里斯・馬特森在書中所解釋的，手上握著有價證券的人們所擁有的只不過是一種「真正財富的兌換券」罷了，但絕對不是財富的本身。舉例來說，美元紙幣並不是一種財富，它只不過是一種可以用來兌換真正財富的媒介罷了。擁有某間食品公司股票的小股東手上所持有的，只是對公司部分財產權利的持有證明而已，但是這位小股東所擁有的並非生產食品的土地所有權。

問：這有什麼不對的地方呢？

答：如果股市崩盤了，首當其衝賠錢的，就是任何公司的股東們。

問：股東們會先賠錢？為什麼會這樣？

答：呃……我想辦法用最簡單的方式跟你解釋給你聽。我們假設某一間企業不幸倒閉宣布破產了。如果該公司有任何剩餘的資金，首先有權利拿到錢的，是該公司的員工們；如果這筆錢還有剩的話，那麼可以拿到錢的下一個順位就是倒閉公司上游的供應商；第三順位是公司的債主，也就是貸款給公司，或者持有公司欠款證明的對象。最後才可以拿到錢的（如果到現在還會有錢剩下來的話），才是倒閉公司的股東們。

問：那麼股東們現在所面臨的風險，是不是比之前高出許多？

答：是的。

問：為什麼？

答：就之前來說，股票從一九五四年迄今都算是相當安穩的投資，因為股市從一九五四年起就一直非常穩定的上漲。雖然股市在這期間有幾次拉回、空頭市場，甚至還發生了幾次大崩盤，但是股市終究還是回復到了原先的價格水準。因此長期投資股市的人個個都收穫豐碩。有些甚至還發了大財。

問：一九五四年到底發生什麼事情？

答：股市於一九二九年創下了三八一的歷史高點，並且埋下了日後爆發經濟大蕭條的種子。結果股市崩跌後總共花費了二十五年的時間，也就是要一直到一九五四年的時候，股市才重新站回381點。如今股市已經連續漲了六十多年，同時也讓數百萬的民眾賺到了不少的財富。你可以從圖表四當中看到股市在這期間上漲的模樣。

圖表四

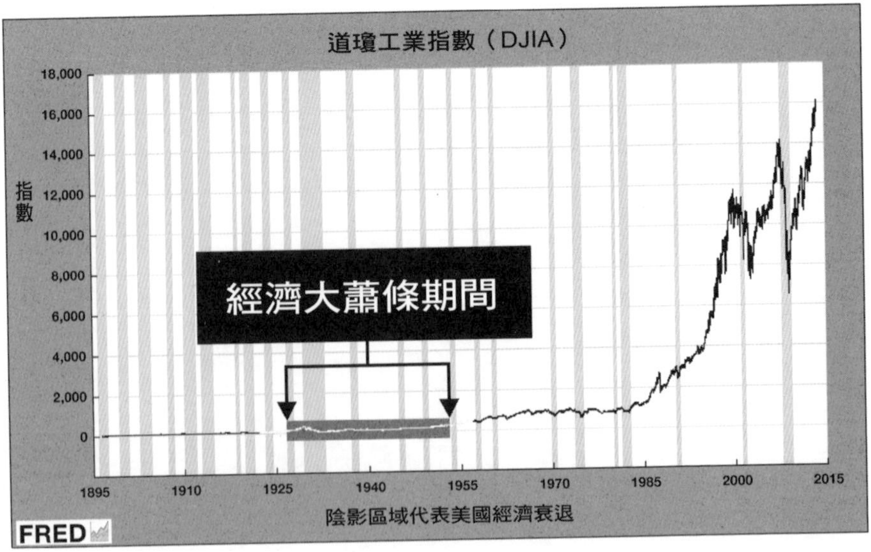

從圖表四中你就可以看出來為什麼從一九五四年起，會有數百萬的民眾從股市當中賺取了不少的財富，並且到現在還願意繼續把自己的錢投入在股市之中。這也就是為什麼會有這麼多民眾仍然相信並聽從「持股續抱，長期投資」這種過時的投資建議。

問：所以問題就出在於這些長期投資於股票市場的人們，所擁有的是屬於第三級的財富，也就是有價證券，對吧？

答：是的，而且只要克里斯・馬特森、詹姆斯・瑞卡滋，或者理查・鄧肯等任何一隻新品種的小小雞的預言成真，那麼股票市場注定要發生大崩盤，因此那些擁有大量第三級財富的人們將會付出慘痛的代價。

問：這麼說來那些投資於主要財富和次級財富的人們，會比較能撐過下次的金融動盪囉？

答：是的。但是再次強調，這個意思並不是持有主要或次級財富的人們就一定會沒有事情。沒有所謂「保證一定會這樣」這回事情。

問：如果全球第三級財富完全化為烏有，那麼世界會變成什麼樣子？

答：我想全世界各個像紐約這樣子的金融城市，將會受到最大的衝擊。

問：為什麼會這樣？

答：因為像紐約這類的金融城市，完全是靠著第三級財富而建立起來的。紐約市市民所擁有的財富，絕大多是屬於第三級的財富。曼哈頓基本上根本沒有什麼農場、工廠，或者是油井等。如果第三級財富開始萎縮，那麼這些民眾所居住的公寓、公司行號，以及豪宅等的價值也會跟著下滑。如果紐約市房地產下跌，造成紐約市房屋市價低於市民的房貸額度時，那麼就很可能會再次爆發房貸危機。但是這次爆發的次級房貸危機並非是由貧窮階級所引發的，而是因為有錢階級付不出鉅額房貸所引發的超級危機。

問：你認為發生這種事情的機率有多大？

答：只要政府持續印鈔票來支應他們的赤字，繼續發放失業補助來鼓勵民眾不用工作，並且持續人為干預股票市場避免它的下跌，那麼這個問題只會愈來愈嚴重。詹姆斯・瑞卡滋在他所寫的《下一波全球貨幣大戰》一書中，有提到目前這種日益複雜化的現象。

問：他說日益複雜化……是什麼意思？

答：與其直接解決我們所面對的問題，政府無所不用其極地想出愈來愈複雜的手段來維持經濟復甦的假象。

詹姆斯利用終年積雪的山頂來解釋這種概念。與其在各處引爆少量的炸藥來避免白雪過度累積導致雪崩，政府反而興建了愈來愈高，愈來愈厚的牆壁，希望避免積雪過多而產生大雪崩。採用這種只能暫時舒緩問題的手段之後，面對任何新問題時，則需要愈來愈複雜的方式（工程）才能壓制它。這麼一來只會讓問題愈來愈嚴重，但無法在根本上解決所面對的問題。

或許你也一樣會這麼認為：當有一天政府黔驢技窮，再也想不出更複雜的解決辦法時，那麼這些防雪牆就會完全垮掉。因為不願意提早安排一些人為控制的小型雪崩，現在反而整座山上的雪會一口氣全部衝下來。

問：那麼解決的辦法是什麼？

答：其中一個答案就是每個人要從這些複雜的第三級財富撤退，回歸像是第二級財富這類比較單純的投資工具。

問：你是否已經從第三級財富撤資了？

答：我從來就沒有進場投資過第三級形式的財富。我個人幾乎沒有什麼儲蓄存款、股票、債券、共同基金，以及其他形式的有價證券。我絕大部分的財富都屬於主要以及次級這兩種財富。

問：為什麼你會這麼做？

答：因為富爸爸講到我和他的兒子要把錢投資在各種以資源和生產為主的主要財富以及次級財富之中。真正有錢人們所擁有的就是最大的財富。以往如此，未來更是如此。

問：能不能舉幾個例子？

答：沒問題。與其採用存錢儲蓄這種第三級財富的方式，我個人會累積像是黃金或是白銀的條塊和硬幣，這類屬於資源財富的主要財富。

與其投資石油公司股票這類第三級財富，我直接跟人合夥投資油井鑽探這類的次級財富。我並不擁有這間石油公司，我擁有的是這間公司生產出來的部分石油。如果油價上漲我就能拿到錢，就算油價下跌我也一樣會有錢可拿。

我也擁有不動產，大部分都是公寓型住宅這類的次級財富。我自己是不投資不動產證券化基金（REITs）這類第三級財富的資產。身為一位創業家，我不會去購買其他公司的股份。我反而會出售自己公司的股票（第三級財富）給其他的投資人。

問：聽起來非常複雜而且需擁有要很多錢才能做到。就算沒有受過財務教育也沒有什麼錢的狀況下，請問一般人是否可以投資這類的主要財富以及次級財富？

答：當然可以，任何人都能做得到。舉例來說，任何人可以在世界各地投資白銀這種主要財富。

我在寫這本書的時候，白銀每盎司的價格是二十美元左右，這個價格跟之前四十美元比較起來已經是相對的低點。如果有人連二十美元都負擔不起，那麼這些人仍然可以去收集美國在一九六四年之前用純銀鑄造的一角硬幣（dimes）。換句話說，任何只要擁有〇．一美元的人都可以投資在白銀這個主要財富之上。

問：為什麼這會是一項好的投資？

答：黃金和白銀的價格永遠都會受到市場供需以及政府的干預而上下震盪。但我認為只要各國政府繼續不停的印鈔票，那麼利用收集黃金和白銀這類的主要財富，遠遠比利用第三級財富的鈔票來儲蓄存款還來的有道理。只要各國政府繼續印鈔票，那麼儲蓄存款這種做法的風險就會相對變高。

白銀擁有一個比黃金和紙鈔更大的優勢：因為白銀的供給量一直不斷地在減少中。黃金的供給量一直都相對穩定，而紙幣的供給量卻是成山成海的在增加中。只要幾秒鐘的時間就可以憑空創造出大量的通貨，但是卻需要數年的光陰，以及數百萬美元的資金來探索、採集，並興建新的黃金和白銀礦場。

無數的庫存白銀一直不斷的在迅速消耗中，這是因為白銀不但是貴重金屬之一，它更是一種工業用的金屬。白銀的用途遍布於醫藥、淨化系統、電子工業、以及其他上百種不同的用途之中。千萬要記得黃金和白銀數千年來都被人們當成真正的金錢在使用。沒有人知道美元的價值還能撐多久。

問：這是不是為什麼比特幣（**Bitcoin**，譯註：一種電子貨幣）變得這麼的受歡迎？

答：也許是吧。每當民眾對政府所發行的通貨失去信心時，就會有新的通貨發明出來。

問：你會投資比特幣嗎？

答：絕對不會。

問：為什麼不？

答：因為我不了解比特幣。對我而言，黃金和白銀是比較容易理解的東西，它們同時也是很難複製和生產的資源。想要偽造黃金和白銀是一件非常不容易的事情。

從我個人的觀點來看（而且我的看法也可能是錯的），比特幣應該是屬於第三級財富的一種。我看不出它可以被歸類成主要財富或者是次級財富的理由，除非是針對那些創造出比特幣以及其他數位貨幣的人們那就另當別論。

好消息

對於那些將自己資產從第三級財富，移轉至主要財富和次級財富的人們而言是個好消息。這種退一步的作法可以讓他們像真正有錢人一樣，開始擁有正真的財富。

在前文我曾經介紹過人類演進的四大階段，亦即：**狩獵時代**、**農業時代**、**工業時代**、**資訊時代**。從特定觀點來看，主要財富是屬於農業時代的財富。工業時代則是講求次級財富。而資訊時代，亦即無形的時代，則是第三級財富當家的時代。

無論財富是有形還是無形的，真正極度富有的人們都會把錢放在同類資產中：也就是主要財富以及次級財富之中。就算是在資訊時代裡，像是比爾‧蓋茲、馬克‧祖克伯、歐普拉等真正的有錢人，都擁有各種資源和生產財。在資訊時代裡，諸如智慧財產權等無形的資產，就如同不動產一般，都是非常真實的一種資產。舉凡專利權、商標，或者是合約等智慧財產權雖然是無形的資產，但是仍然跟一些房地產一樣地有價值。

有錢人從不為錢工作

《富爸爸窮爸爸》這本書開宗明義就說「有錢人從不為錢工作」。換句話說，有錢人努力工作是為了獲得主要財富以及次級財富，而不是「鈔票」這種第三級的財富。他們辛勤工作是為了擁有各種資源以及生產財。他們大部分都是創業家，而這些創業家會努力實現他們的點子，尋找適當的資源，並且打造一個能把資源轉換成產品的事業，然後這些產品就會變成他們的金錢。他們所擁有的財富並不是來自於鈔票，他們的財富是來自於擁有各種有形或無形的資源、生產財這類的主要財富以及次級財富。

傳統教育體制教導學生們要上學好好念書、尋找高薪的工作、努力辛苦的賺錢、存錢儲蓄，並且長期投資在股票市場之中。這全都屬於第三級財富的方式。

從許多方面來看，有錢人和其他人最大的差別，就是什麼樣的人擁有主要財富和次級財富，而又是哪些人只能擁有第三級財富這種差別而已。

問：因此如果我開始致力於累積主要財富以及次級財富，我就會慢慢變成真正的有錢人，就像富勒博士口中所說的那些強取豪奪的巨人們？

答：是的。你一樣可以採取誠實合法的方式，跟那些強取豪奪的巨人們一樣致力於累積屬於自己的財富。

累積財富並沒有什麼不對，但是千萬要記住累積財富時，有所謂正確和錯誤的做法，合法與不合法的方式，以及合乎倫理道德（或者完全違背常理）的手段等。

問：如果我只懂得上學念書、謀求高薪的工作、辛苦上班工作、存錢儲蓄，並且投資股市時，我就會愈來愈遠離真正有錢人們所擁有的財富？

答：完全正確。

問：這也就是為什麼學校從來就未曾擁有過財務教育的原因？

答：沒錯，從個人的觀點來看的確如此。

問：那麼我要如何開始致力於累積主要財富和次級財富？

答：我就是在跟你說這句話。現在你的第二次機會才算真正開始起步。

問：那麼我要如何開始？

答：你要從現在開始著手。從你目前真實的狀況開始做起。

問：那我要怎麼做？

答：就跟我和金在一九八四年所做的一樣。我們先把自己的財務報表做出來，讓我們清楚了解在財務上我們目前所處的狀況為何。

富爸爸經常會說：「我的銀行家從來就沒有要看我的在校成績單。他們也從不過問過我當年的在校成績如何。我的銀行家只想要看我的財務報表，因為他想要知道我是不是有智慧的在運用自己的金錢。」你現在可以抽空填寫像是小方圖形的財務報表。這就是你目前在財務方面的表現，也就是自己目前累積財富的成績單。

第二次機會的作業

拿一張空白的紙張並畫出圖表五的圖形：

圖表五

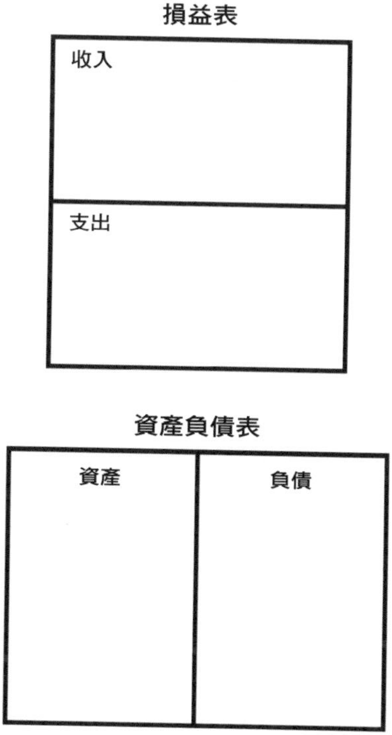

重點提示

別忘了富爸爸對於資產所下的定義是：「資產是能把錢放到自己口袋之中的事物。」而富爸爸對於負債所下的定義是：「債務是把錢從自己口袋中拿走的事物。」

針對這次的作業，資產欄位中只能寫下真正可以產生現金流，能在收入欄位內創造出現金的事物。而對於債務欄位，請寫下自己個人所擁有的各種負債，以及每個月為這些債務會產生什麼樣的支出，並且把這些各項支出填入支出欄位之中。（可以參考下頁圖表六的關連性）

圖表六

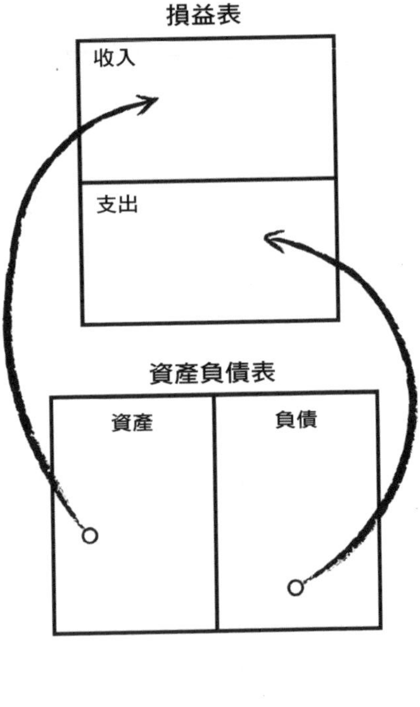

把握現在才是真正的力量

你的第二次機會是要從把握現在開始，甚至可以立即從今天開始。

對很多人來說，起步將會是一個非常困難的過程，但這同時也是毛毛蟲蛻變成蝴蝶的過程當中最艱難的一步。

對很多人來說，把自己目前的財務狀況清楚寫在紙上是一個滿痛苦的過程，你可能也會親自體驗到這種精神上的痛苦。我鼓勵你先深呼吸幾口氣，然後堅持完成這個過程。如果能讓你清醒的面對真實的世界，這一點點痛苦是非常值得的。

或許你可以找一位信賴的朋友來幫忙你，協助你完成填寫自己財務報表的作業。畢竟對很多人來說金錢是一個充滿情緒的領域。或許你的朋友能以更客觀的眼光，不受情緒干擾的引導你填寫屬於自己的財務報表。千萬別忘了把握現在才是真正的力量。

如果你跳過或省略這個步驟，那麼你將會失去自己的力量。當你下定決心要完成這個過程時，並且當你找到勇氣來面對自己財務方面真實的狀況時，你就會重新找回屬於自己的力量。唯有如此你才能從新掌握自己的未來，而你的第二次機會也將會從這一刻開始。

問：這就是為什麼你對那些困頓掙扎的人們保持著同理心，但是不同情他們的原因囉？

答：是的。這個過程我親自走過好幾遍。你也看到過我之前的某一個財務報表，就是擁有八十二萬美元負債的那一份。如果我當時一直自憐自艾的話，那麼那個數字永遠都不會從那個欄位當中消失。就如我稍早所說，我個人擁有過數次的第二次機會，意思就是說我不只一次必須從身無分文的狀況下從頭開始。擁有第二次機會並不是一件輕鬆容易的事情，但至少我愈來愈聰明，愈來愈能解決自己所面對的問題，而不是繼續假裝自己完全沒有問題，或者希望會有別人來幫我解決這些問題。

任何人只要願意作出改變，並且下定決心採取行動完成整個過程，那麼這些人的確值得擁有人生的第二次機會（如果他們真心想要走這條路的話）。

問：因此當我把焦點放在自己的財務報表上的時候，我是否就能開始看到自己的強項以及弱點在哪裡？

答：是的。

問：與其自憐自艾，為自己感到可憐等讓我愈來愈軟弱的做法，現在我可以開始找到自己的強項，看出自己要如何擺脫目前的狀況，並且開始規劃出我自己的未來？

答：是的。當你開始專注於強化自己的強項時，你就是在自己的內心下功夫，開始進行內部改頭換面的工作，就如同毛毛蟲變成蝴蝶一樣的過程。

別忘了你今天做出來的財務報表，是在反映你之前的財務狀況。現在我們已經準備好要邁入未來，來看看之後……也就是你的未來會怎麼樣。

未來

由於你已經很真誠坦白地檢視過自己目前的真實狀況，現在可以開始看看自己的未來如何。

請你在另外一張紙上畫出圖表七的圖形。你將要創造自己為來的財務報表。

選擇自己的資產類別

所有的財務報表都是以這四種資產類別作為基礎：**從商創業、不動產、有價證券、商品原物料**。花點時間問問自己，對哪個資產感到有興趣。可以隨意做出選擇。

圖表七

你的未來：五年後的今天

日期：＿＿＿＿＿＿＿＿

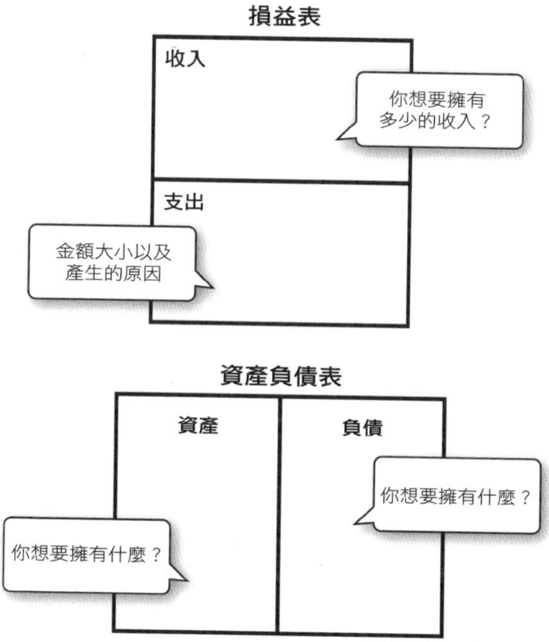

容我跟你分享我個人所做出的選擇。商品原物料一直是我的首選。我非常熱愛黃金和白銀。我從九歲起就一直在蒐集銀幣。後來我到紐約學習如何成為輪船上的航海員，我主修石油，因此成為油輪上的二副。

我在這裡想要表達的重點是：在投資的時候，熱愛是一件非常重要的事情。我個人非常熱愛黃金、白銀和石油。由於熱愛這三樣原物料商品，我可以很容易的研究學習相關的事物。大家都知道市場價格一直在變動。我由於熱愛自己所擁有的資產，因此我不在乎價格的波動。我還想要擁有的更多。所以每當價格下跌時，我還會再予以買進。

我的第二個選擇是不動產。我之所以熱愛不動產，是因為很輕鬆的就能利用債務來買進不動產。還有在稅法上也是非常有利於不動產的投資。

我熱愛不動產，特別是老舊建築物。就因為這種熱愛，讓我很容易的成為一位好學生，學習和不動產以及籌措資金的相關知識。我一直是活到老學到老，我也鼓勵你抱持同樣的態度，因為我永遠都不能夠誇口說我已經學完了。而且市場的價格一樣也會起起落落。當市場低迷時，我就會買下更多的物件。我很少會出脫手所擁有的不動產，因為我非常熱愛這些房產，以及它們所創造出來的現金流。

我的選擇第三順位是成為一位創業家，一個胼手胝足地打造事業的人物。我創立了許多事業，但是絕大部分都沒有熬過前五年的關鍵期。那些超過五年的是我尼龍錢包的事業、搖滾樂產品事業、我的教育事業、一座金礦、一座銀礦、一間石油公司，以及現在的富爸爸集團。在所有資產類別中，從商創業是最困難的一種。這也就是為什麼全世界最有錢的人都是創業家。這條路既漫長又艱難——但是一旦獲得勝利，其果實也非常豐碩。

我最後的選擇是有價證券。我參加過許多股票和選擇權相關的課程。我非常不擅長投資股票。我不喜歡檢視年度報表或看著股價起起落落。

身為一位創業家，為了體驗讓公司上市的過程，我成立過三家公司並且讓它們上市成功。我想要一窺幕後的操作手法，瞭解如何成立公司並且把股份賣給大眾的過程。結果是一個手段滿骯髒的遊戲，在過程裡我個人並不是很舒服……或許你不會有這方面的問題。所以我是擁有數百萬的股份，但是我自己公司的股票，並非別人公司的股份。

好好花點時間瞭解

你的第二次機會先從自己內在開始做起。我鼓勵你好好花點時間檢視四種不同的資產類別，稍微更深入地研究它們。然後決定你最熱愛的是哪一種類別。

如果以上資產都不能獲得你的青睞，那麼就暫時打住，直到你能找到一種能讓你熱愛的資產為止。

請你務必謹慎小心。選擇資產最重要的條件，就是要能熱愛它、熱愛學習，並且熱愛成為一位學生。我上過太多推銷各種投資工具的「課程」，向天真無知的大眾誇口說會給他們帶來巨大的投資報酬率，讓他們相信可以一夕致富。或許其中有一些值得投資的事物，但是絕大多數都是騙局，在誤導大眾，有些甚至根本是想要吸金的主辦單位所編織的謊言。

千萬要記得，最棒的投資從來就不會打廣告，而且我認真的跟你說，永遠都不會發生。無論哪一種資產類別，那些最棒的投資案件，永遠都是賣給圈內人，那些知道內幕的人士們。舉例來說，當我的合夥人肯麥克羅有新案件的時候，他只要稍微打幾通電話，那次機會立即會被搶購一空。資金全部到位並且不再接受任何新投資者。他完全不需要印製精美的說明書或舉辦花俏的投資課程，想辦法把自己的投資案件賣給局外人。

你的目標之一應該要包括成為一位優質的投資者，擁有許多知識的投資者，那麼你就有機會成為圈內人。

你們之中或許有人已經知道，在公開市場中進行股票的「內線交易」是一種違法的行為。但是在私營市場中進行內線交易則是完全合法的。舉例來說，當中國的阿里巴巴公開上市的時候，就是把股份賣給一般的大眾。而真正的利潤遠遠在公司上市之前，早就被圈內人賺走了。我有一位朋友經常說：「所有的投資都是圈內人在進行的。」唯一的問題是：「你離這個圈子還有多遠？」

主題：如何利用債務讓自己致富
來賓：肯・麥克羅
富爸爸廣播電台下載免費的 APP: www.richdad.com/radio

慎選自己的遊戲

富勒博士經常會說：「他們在玩金錢的遊戲。」他非常不認同各國政府和強取豪奪的巨人們在玩的金錢遊戲。

富爸爸也會說：「找自己想要玩的金錢遊戲，然後從中勝出。」他自己的遊戲是成為一位在餐飲、旅館、便利商店，以及不動產領域中的創業家。

就像我在《富爸爸窮爸爸》一書中有寫到麥當勞的創始人雷・克洛克會說：「我從事的其實並不是漢堡製造業。麥當勞真正在做的是不動產。」換句話說他是藉著漢堡事業來購買不動產，而他擁有的都是全世界最昂貴的不動產。這一樣是富爸爸以及我現在的遊戲。

富爸爸也說：「絕大部分的人都不喜歡玩金錢的遊戲。這就是為什麼他們寧可選擇有保障的工作以及穩定的薪水的原因。」「與其玩金錢的遊戲，他們寧可把自己辛苦賺來的錢交給理財專員處理，並且祈禱自己選對了理財專員。」

他接著補充說：「很多人之所以不會富有，是因為他們一輩子盡心力只是不想輸，而不是要在金錢遊戲中大獲全勝。」

我的窮爸爸不喜歡這場金錢的遊戲。他在金錢方面非常怕輸，所以他玩的遊戲是好好上學唸書，成為公職人員，然後讓政府來照顧他。很不幸的他到後來滿盤皆輸，因為他從未想過要獲勝。

你想要玩什麼樣的遊戲？如果你想要玩的是富爸爸的遊戲，那麼就先從選擇自己所熱愛的資產類別開始，找出自己真正想要潛心研究並且獲勝的遊戲。要下定決心成為最優秀的自己，好好投入自己所選擇並且熱愛的金錢遊戲。

第三篇 未來

二〇一四年十月二十五日的最新消息：《經濟學人》雜誌指出「歐元即將崩跌」，現金再度會變成垃圾。

如果現金變得跟垃圾一樣……那麼真正的財務教育到底是什麼？

當現金變成垃圾時，知識就會成為新的金錢。

從我個人的觀點來看，第三篇簡介最好的方式就是總結第一篇和第二篇的內容。

上學唸書然後學不到有關於金錢的事情，這種作法有道理嗎？為什麼要上學唸書、找份工作、為錢工作，然後一輩子都學不到有關於金錢的事情？教育在我們的日常生活中扮演著舉足輕重的角色，這也就是為什麼美國在內戰之前不給黑奴進行教育，如今還有很多國家的女人仍然無法得到完整的教育。

《富爸爸窮爸爸》這本書第一章就是「有錢人從不為錢工作」。有錢人工作都不是為了支領薪水。如同富爸爸所說的，發薪水的人對那些領薪水的人，擁有無與倫比的掌控力量。除此之外，一個人為錢工作的時候，當你賺得愈多就得繳納更多的所得稅。或許賈伯斯當年只願意支領一美元年薪的原因。

除了在學校裡學不到關於金錢的事情之外，很多學生從學校畢業的時候身負貝債。學生貸款是所有債務裡最難搞的一種。

圖表一顯示學生助學貸款不斷上揚的趨勢。雪上加霜的是大學畢業生的薪資所得一直不斷的在萎縮中。

圖表二就在呈現大學畢業生所得下跌的趨勢。為錢辛苦工作之後，結果卻是要繳納更高的所得稅，這種作法有道理嗎？

下頁圖表三顯示，高所得中產階級人士的所得稅率最高。收入前百分之二十的人們的所得稅率為百分之五十，而收入最高的百分之一的所得稅率卻只有百分之十三。這也是為什麼中產階級不斷地在消逝當中。

圖一

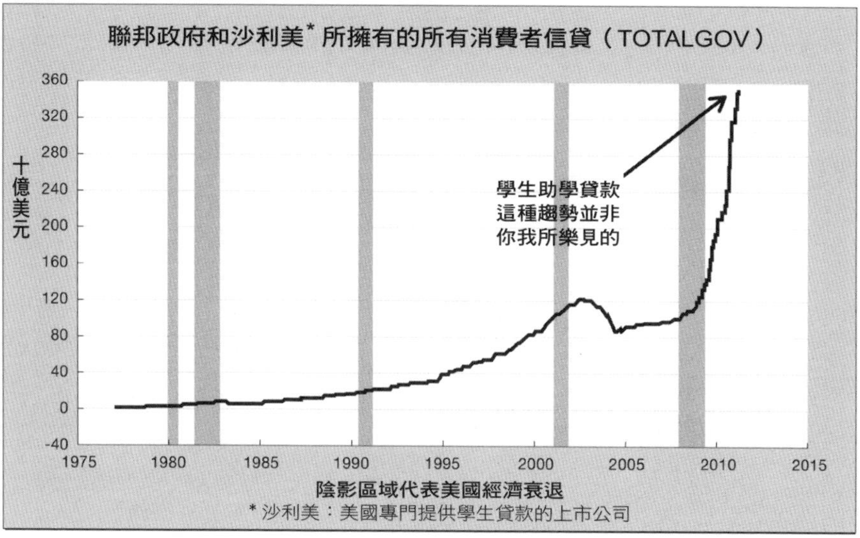
聯邦政府和沙利美* 所擁有的所有消費者信貸（TOTALGOV）
360
320
280
240
200
160
120
80
40
0
-40
十億美元
學生助學貸款
這種趨勢並非
你我所樂見的
1975
1980
1985
1990
1995
2000
2005
2010
2015
陰影區域代表美國經濟衰退
* 沙利美：美國專門提供學生貸款的上市公司

圖表二

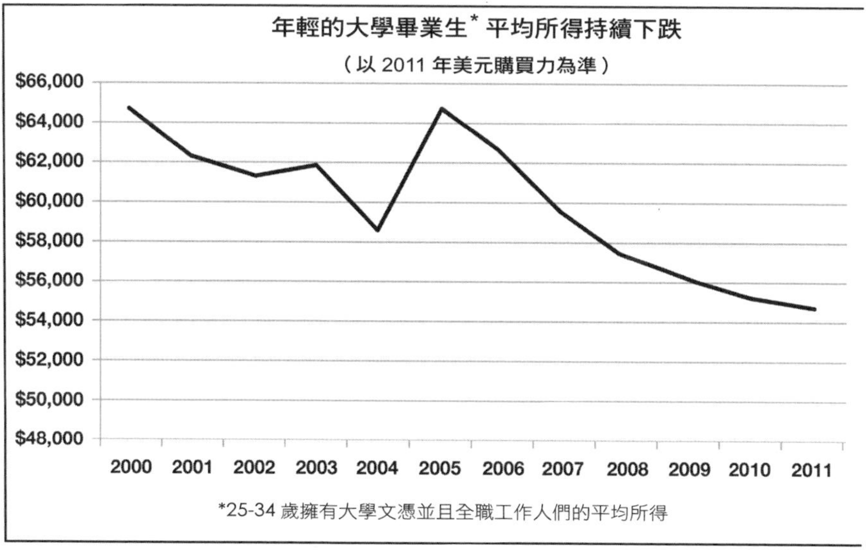
年輕的大學畢業生* 平均所得持續下跌
（以 2011 年美元購買力為準）
$66,000
$64,000
$62,000
$60,000
$58,000
$56,000
$54,000
$52,000
$50,000
$48,000
2000
2001
2002
2003
2004
2005
2006
2007
2008
2009
2010
2011
*25-34 歲擁有大學文憑並且全職工作人們的平均所得

圖表三

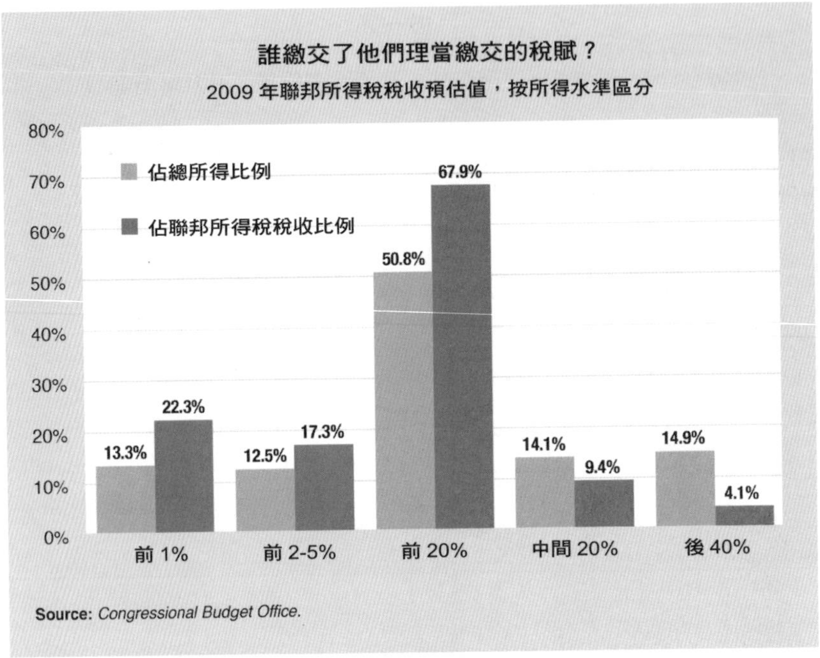

圖表四

已經課夠多的稅了嗎？等到歐巴馬健保案上路後就知道了

為了支付醫療補助擴大方案中的醫療保險鉅額補助，以及其他新的支出，歐巴馬健保案加稅，增加 17 項新的稅賦或罰金，將影響所有美國人。

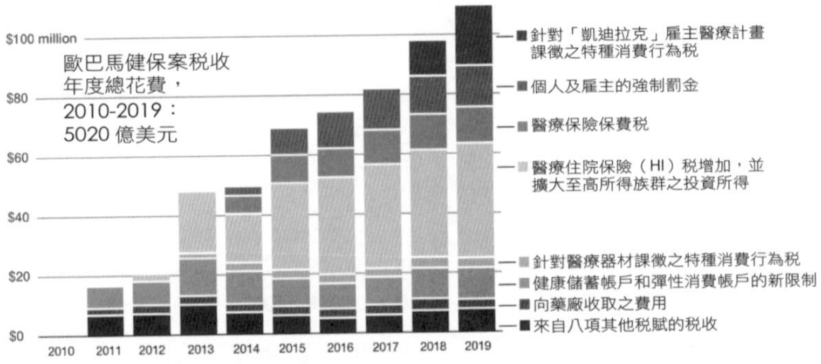

Source: ***Heritage Foundation calaculations based on data from the joint Committee on Taxation, March 2010 report.***

Obamacare in Pictures heritage.org

弗拉基米爾・列寧（Vladimir Lenin）曾經說過：「消滅中產階級的手段，就是要利用稅賦和通貨膨脹來把這些人磨耗殆盡。」

就如右頁圖表四所說，那些受過高等教育，擁有高所得的員工和自由業者一直在稅賦和通貨膨脹的夾擊之下逐漸凋零。

政府拚命印鈔票來挽救那些百分之一的作法，根本是逼死所有貧窮階級、中產階級，以及高收入的自由業者。

隨著美國國民愈來愈貧窮，美國的開國精神隨之蕩然無存，因此從一個資本主義的國家逐漸轉變成一種抱持著理所應得心態的社會。當精神與經濟逐漸被侵蝕的過程當中，所謂的美國夢也開始變質成為馬克思主義的理想國度——那種早已經證明失敗，一種中央極權式的，半社會共產主義的國家，例如列寧統治的蘇聯，毛澤東所領導的中國，羅伯特・穆加比總統統治的辛巴威，以及希特勒所領導的德國等。這就是為什麼我們學校體制遲早需要納入財務教育的原因。

班傑明・富蘭克林曾經說過：「若社會國家監督、控制、監看其公民，其自由之程度亦差矣。」當你為錢工作時，你的財富會因為稅賦而被剽竊。即便是一項負債，把自有住宅當成資產來看待，但這種作法有道理嗎？

在二〇〇七年之後，數百萬的民眾以切身慘痛的經驗發現自有住宅並非一項資產。這些人現在才發現他們房貸尚未還清的欠款，甚至大於自有住宅目前的市值。

更糟的是，由於學生助學貸款的關係，數百萬年輕人現在連自有住宅都負擔不起。

圖表五顯示的是房價的走勢。

在這個例子中由於把負債錯當成資產，你的財富因為缺乏財務教育而被人剽竊。當有錢人利用負債變得愈來愈有錢的時候，還清負債這種作法有道理嗎？

圖表六中左方的存錢儲蓄者，把稅後剩餘的錢存到銀行中。而銀行藉著部分儲備制度把這些存款放大數倍之後，反而減少了這些儲蓄存款的實質購買力；銀行同時還會把放大十倍的存款出借給擁有財務教育的貸款人，但是這些舉債的人會拿這些錢去做投資。錢就是這樣子利用部分儲備制度「被印」，或被創造出來的。每間銀行都是這麼在運作的。

別忘了在以上的過程當中的事實：儲蓄存款的利息所得要繳納最高的稅賦，而舉債卻完全不用納稅。

利差交易

在投資大戶的世界中，有著所謂的「利差交易」這回事情。資金非常雄厚的投資者都是利用這種負債的交易來賺錢的。舉例來說，日本在二〇一四年把利息降低至接近零的水準。此時超級大戶們（例如避險基金等）迅速地借貸出數十億的日圓，把日圓兌換成美元，然後用這些美元去購買利率較高的美國公債。

我們以非常簡化的例子來說明。舉例來說，世界某個地區的避險基金，以百分之零

圖表五

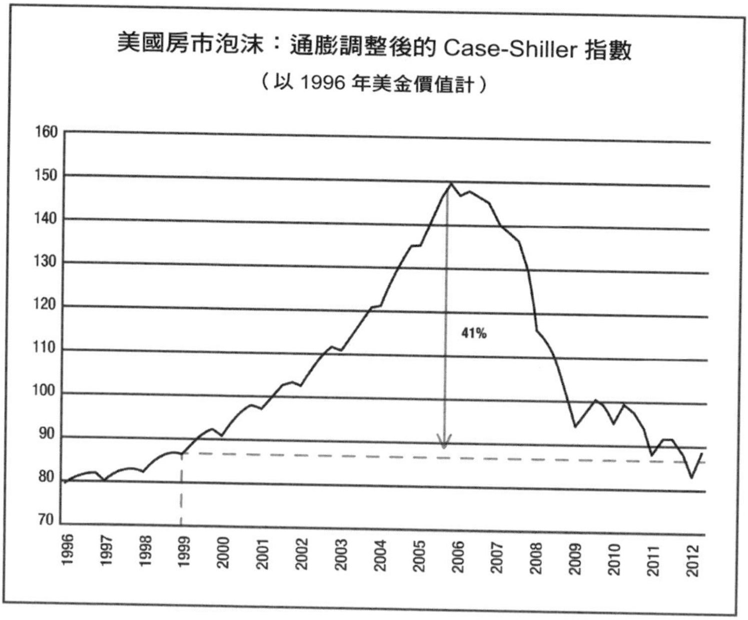
美國房市泡沫：通膨調整後的 Case-Shiller 指數
（以 1996 年美金價值計）
160
150
140
130
120
110
100
90
80
70
41%
1996
1997
1998
1999
2000
2001
2002
2003
2004
2005
2006
2007
2008
2009
2010
2011
2012

圖表六

謝謝！
謝謝！
存錢儲蓄者
舉債者
具備財務教育

利率借貸相當於十億美元的日幣，把這些日幣換成十億美元，然後購買殖利率百分之二的美國公債。結果是該避險基金藉著舉貸相當於十億美元的日幣，替基金穩穩的賺進了兩千萬美元。

以上就是所謂的利差交易，圖表六就是一種經過簡化的圖示說明。

借貸日幣來買進美國公債會造成：

- 美元的走強，因為大家都在買進美元來投資公債
- 公債的價格上漲
- 利息繼續下跌
- 美國出口的物品價格愈來愈貴，促使民眾購買愈來愈便宜的日本產品
- 美國失業率增加
- 黃金和白銀的價格下跌

反觀各地貧窮和中產階級的生活愈來愈難過。很明顯的，如果日本開始升息，那麼世界會再次發生類似二〇〇七年的混亂局面。

簡單化

若用更簡化的例子來說明，利差交易就好比你以百分之零利率向銀行舉貸一百萬

元，然後抱著這筆錢到另外一間提供百分之五活儲利率的銀行，去把這筆錢存起來是一樣的作法。由於貸款是無須納稅的，因此你可以利用這筆免稅的貸款（一百萬元），來幫自己賺進五萬元。

如果原來提供百分之零利率的銀行突然升息，一百萬元的貸款利率變成百分之十的情況下，你就立即面臨財務上嚴重的問題。你就得開始支付十萬元的貸款利息，完全吃掉你百分之五存款所得的五萬元，因而造成五萬元的財務損失。金融危機或者是崩盤都是因為這樣而產生的。

放款的大銀行才不在乎賠掉這幾十億元的貸款，是因為他們清楚知道政府一定會介入，並且會給予他們進行所謂的「紓困」。政府給他們紓困的藉口是「這些銀行規模太大，絕對不能讓他們倒下。」如果換做是你和我賠掉這筆錢，大概也只能宣布破產了，不像銀行會有紓困。

有錢人有辦法來給自己所擁有的銀行進行「紓困」。以目前的狀況來看，當銀行投資賺到錢的時候是他們的。但是萬一銀行投資失利賠錢時，卻是你我一般百姓來扛起他們投資上的損失。

這就是為什麼富勒博士會說：「他們在大玩金錢方面的遊戲。」以上是強取豪奪巨人們剽竊我們財富的手段之一罷了。你的財富會藉著儲蓄存款而被人剽竊。

當政府一直在印鈔票的時候，存錢儲蓄這種作法有道理嗎？當銀行印鈔票的時候，通貨膨脹就會一直上揚。

圖表七

聖路易斯經調整後貨幣基礎（BASE）

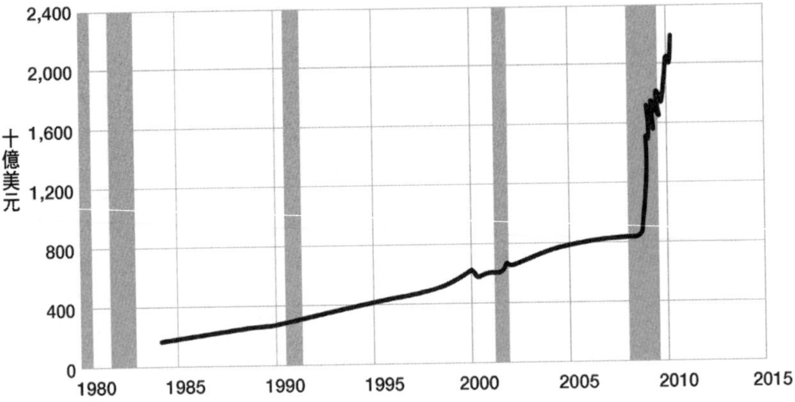

陰影區域代表美國經濟衰退

圖表八

消費者物價指數：1967 ＝ 100

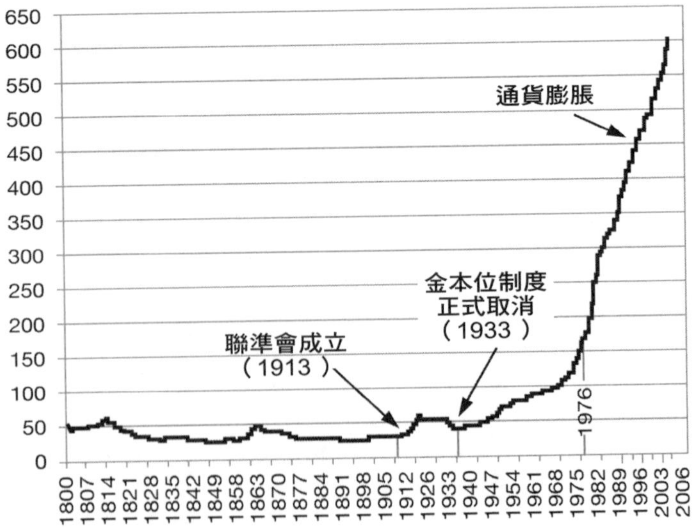

別忘了，圖表七、八通貨膨脹數據的中，政府並沒有包括食物和燃料能源這兩項民生物資。

美國於一九二九年「股市大崩盤」之後，由於沒有大量發行通貨，因此邁入了所謂的「經濟大蕭條」時期。德國於一九一八年確實有大量的發行通貨，反而使得德國邁入了「惡性超通膨」的年代。

下頁圖表九中告訴我們說當時的德國發生了什麼樣的事情。

如今美國好像已經走上一九一八到一九二三年德國的惡性超通膨之路。圖表十可以證明聯準會、華爾街，以及雷根總統的崩盤救援小組等，是如何不斷地支撐著道瓊工業指數，避免它發生崩盤的證據。

當股市位於歷史高點，職業交易員又利用高頻率交易（HFT），每秒買賣上千次「短期炒作」股票時，長期投資於股市這種作法有道理嗎？

就像經濟學家約翰・梅納德・凱因斯（John Maynard Keynes）所說的：「藉著持續不斷的通貨膨脹，政府可以祕而不宣，不為人覺察地沒收民眾大部分的財富。」

富勒博士也說：「我們的財富藉著辛苦賺來的金錢而被剽竊。」

於二〇〇二年發行的《富爸爸教你預見經濟大未來》一書中，富爸爸預言在二〇一六年左右會發生股市的大崩盤。該書同時也預測在二〇一六年大崩盤之前會發生預警性的股災，而二〇〇七年所爆發的金融大海嘯即是。

當你檢視圖表十一時，看樣子《富爸爸教你預見經濟大未來》的確會成真，但是我

圖表九

德國威瑪共和惡性通膨

金馬克與紙馬克的價值比

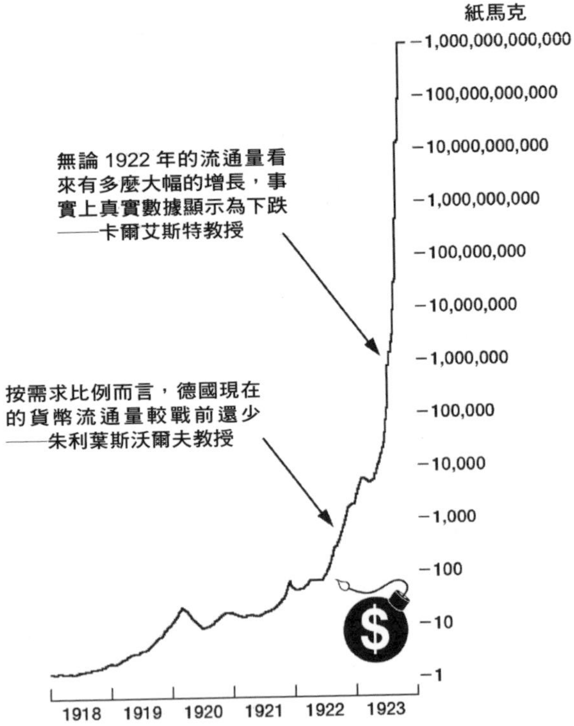

如今美國好像已經走上 1918 ～ 1923 年德國的惡性超通膨之路。

圖表十

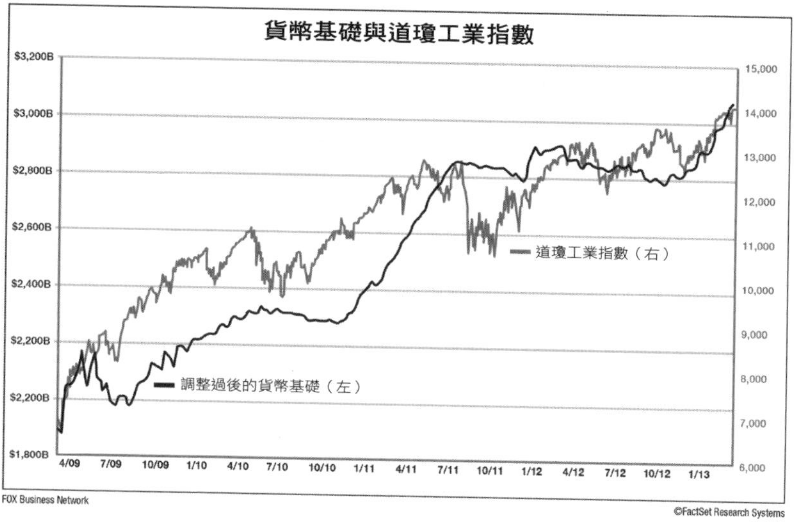
貨幣基礎與道瓊工業指數
$3,200B
$3,000B
$2,800B
$2,600B
$2,400B
$2,200B
$2,200B
$1,800B
15,000
14,000
13,000
12,000
11,000
10,000
9,000
8,000
7,000
6,000
4/09
7/09
10/09
1/10
4/10
7/10
10/10
1/11
4/11
7/11
10/11
1/12
4/12
7/12
10/12
1/13
道瓊工業指數（右）
調整過後的貨幣基礎（左）
FOX Business Network
©FactSet Research Systems

圖表十一

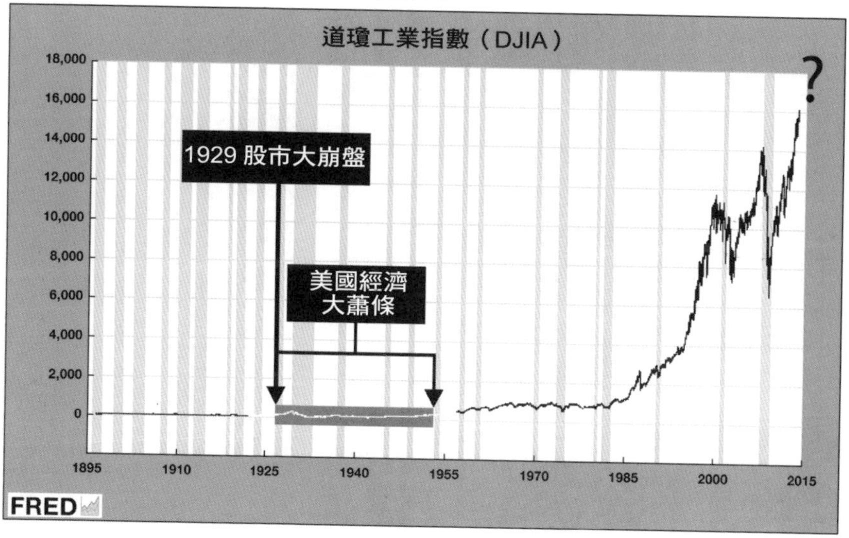
道瓊工業指數（DJIA）
18,000
16,000
14,000
12,000
10,000
8,000
6,000
4,000
2,000
0
1895
1910
1925
1940
1955
1970
1985
2000
2015
1929 股市大崩盤
美國經濟
大蕭條
?
FRED

們仍然希望它不會真的發生。我們都知道「怎麼上去的就會怎麼下來」。因此當股市處於歷史高點的時候，我們為什麼要選擇長期投資於股市之中？

如果富爸爸和富勒博士所言屬實，那麼有投資股市的人們將會受到巨大的衝擊。克里斯・馬特森在《崩盤之路》一書中把它稱之為第三級的財富。

你的財富就因為長期投資於股票、債券、共同基金及儲蓄定存等而逐漸被竊走了。在當前的經濟局勢下，我個人對於任何有價證券都抱持著高度懷疑的眼光來對待之。

對於那些第三級財富的投資者們，我鼓勵你搜尋伯特・多曼（Bert Dohmen）以及他所發行的《威靈頓信函》（Wellington Letter）。我發現他是三十年以來，預測市場最精準的人士。

財務教育到底是什麼？

如果現金變成垃圾，那麼財務教育恰好跟學校的傳統教育完全相反。本書第三篇探討的是硬幣的另外一面，亦即財務教育的兩面，就像陰陽相生的道理是一樣的。第三篇的重點並非在爭論孰是孰非。想要具備財務上的智慧就得站在硬幣的邊緣上，同時檢視硬幣的正反兩面，然後決定什麼才是對自己最有利的作法。

第九章 相對於「上學唸書」

只有在不承認自己所犯的錯誤時，犯錯才會變成罪惡。

——巴克明斯特・富勒博士

我於一九七三年從越戰返回夏威夷，並駐紮於卡內奧赫（Kaneohe）的海軍陸戰隊航空基地中。我跟海軍陸戰隊簽訂的合約還有一年半的時間才能退伍。我分別拜訪了兩個爸爸，向他們請教我接下來應該做什麼。雖然我熱愛飛行，我也非常喜歡海軍陸戰隊，但是戰爭已經結束了，應該是我繼續前進的時候了。

我的窮爸爸建議我重返學校念MBA，甚至攻讀博士學位；我的富爸爸則建議我報名參加一些不動產投資課程。這就是在教育方面完全相反的兩種看法。下頁圖表一的財務報表就在告訴我們這兩者之間的差別在哪裡。

窮爸爸建議我回學校唸書，希望能在一間美國的大企業中爭取到一份工作穩定，薪資又高的工作。他是在建議我為了收入欄位中的薪水收入來工作。富爸爸則是建議我學習如何運用債務來買進現金流免稅的各項資產。

我決定聽從兩位爸爸的建議，因此報名參加夏威夷大學的ＭＢＡ課程，以及一個為期三天的不動產投資課程。當我上完課程並且買下一間能產生現金流的「資產」之後，我就中途放棄了ＭＢＡ課程。我當時才二十六歲，並且已經開始懂得領死薪水、現金流、負債，以及稅賦之間的差異。

圖表一

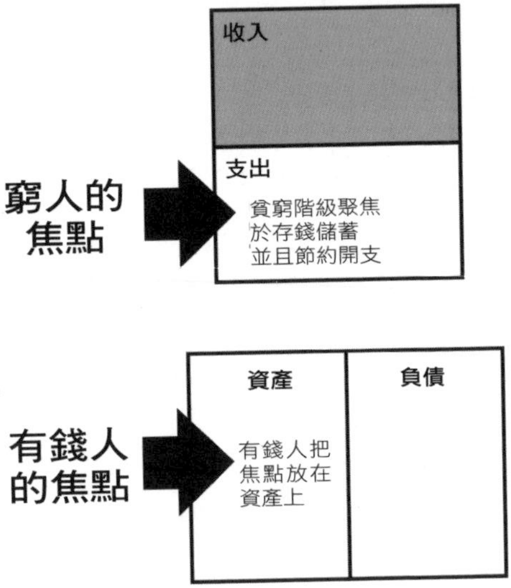

問：請問下列兩者的差異在哪裡？

1.成為一個擁有ＭＢＡ學位，努力在企業中出人頭地的員工，一輩子為了薪水、福利，以及一個充斥著有價證券的退休金而工作。

2.成為一位創業家，建立事業並且投資不動產，努力工作來打造能創造出現金流的資產。

答：不同之處有很多。列舉其中幾項：

1. 年輕就已退休。

我在四十七歲、我妻子是三十七歲時就達到了財務自由。就像我稍早所說的，我們在一九八四年勇於一試的時候，我還因為失去了尼龍錢包的事業而身負八十萬美元的債務，但是我們到了一九九四年的時候就達到了財務自由。要不是我當年去上那一堂三天的不動產投資課程，我很懷疑我們是否能做到這個成就。

在十年內，我們以創業家的身分打造出一個財務教育的事業，還清了之前絕大部分的負債，並且累積了足夠的資產來產生讓我們獲得財務自由的現金流。我的《富爸爸財富執行力：年輕退休，年輕富有》那本書就是在講述那十年內我們所經歷的過程。

2. 負債以及稅賦。

不動產遠遠優於有價證券——亦即股票、公債、共同基金，以及存款儲蓄等項目，就是因為負債和稅賦的力量。簡單來說，如果投資於有價證券時，負債和稅賦會讓你愈來愈貧窮；如果你成為專業的不動產投資者後，負債和稅賦卻會讓你變得愈來愈有錢。

3. 財務安穩。

每當我演講時提到即將來臨的股市大崩盤，我立即就會知道哪些人在投資股市。我也看得出來哪些人的財務未來完全在仰賴股票市場的表現。

如果有人舉手問我，為什麼我一點都不擔心股市的崩盤，我會提醒他們說我絕大部分的財富都是在不動產之中。

當有人問我為什麼崩盤時我的不動產不會受到波及，我也會告訴他們說我的不動產絕大部分位於上班區域附近，尤其是那些不會受到股市崩盤的行業類別。舉例來說，我們擁有的大型出租公寓位於像是休士頓或者是奧克拉馬市等石油工業城市，或者是醫院、大學，或者是保險公司的四周。油價會有波動起落，但是租金收入仍然源源不絕。

我也提醒他們說當汽車工業崩盤時，底特律等城市不動產所發生的變化。底特律的不動產隨著汽車工業一起沒落，如今底特律市政府一直在拆除空屋。再次證明「房屋是一項資產」這種觀念是有瑕疵的。在這裡大家要學到的是：當不動產在工作場所附近時才會有價值。

如果金融服務業受到衝擊，那麼房價高居不下的城市（例如紐約、倫敦、上海，以及東京等）絕對無法倖免於難。大部分的人都需要有居住的空間。如果他們負擔不了房租，那麼政府通常會介入給予租金上的補貼。不動產不容易受到股災影響的理由有幾個。而我在一九七三年不動產投資課程當中所學到的，也只是其中少數幾個原因而已。

如果當年我選擇念ＭＢＡ，並且在大型企業中謀求一份高薪的工作，那麼現在的我很可能是一個工作岌岌可危，害怕自己的工作被薪資較低廉、熟悉新科技的年輕人所取代，並且成天擔憂自己的退休金被一場莫名其妙的股災所摧毀。

現在的我反而在股市或不動產市場發生崩盤時，我利用負債買進更多的不動產，增加更多的現金流，並且獲得更多稅賦上的減免優惠。

以上就是能看到教育另外一個面向時所擁有的競爭優勢。

富勒博士的教誨

富勒博士經常在他的演講和著作裡引用「誠信完備」這個詞彙。他對於這個詞彙所下的定義是「能維持其形狀不變的」即是（圖表二）。他說三角形是邊數最少的完備的形狀。當他講這些話的時候，我更瞭解到為什麼富爸爸比窮爸爸更有錢，就算窮爸爸擁有博士學位也枉然。

以下是我個人詮釋富勒博士所教的內容，並且運用在教育這個領域之中。

大學畢業生：許多人從大專院校畢業時無法和現實社會接軌的原因，就是因為缺乏職業教育這個領域。（如下頁圖表三）因此許多人還要重返學校來獲得職業技能方面的教育。

我的窮爸爸只具備了三角形其中的兩個端點而已。（如下頁圖表四）他天生就是唸書的料子，而且受過成為老師的專業訓練。但是由於缺乏財務教育，因此手頭上根本留不住金錢。而我的富爸爸則是完備地擁有三種不同的教育

圖表二

（如圖表五與六）。

與其上大學，富爸爸每年都至少參加二至四次，在週末所舉辦的各種投資課程。所以與其在一九七三年去念ＭＢＡ，我踏上了富爸爸接受教育的途徑。而到了一九九六年我和金就獲得了財務上的自由。我們成立了富爸爸集團，專門提供不執著於穩定的工作，渴望獲得財務自由的人們各種創業投資相關的課程、教育產品，以及教練輔導等。

圖表三

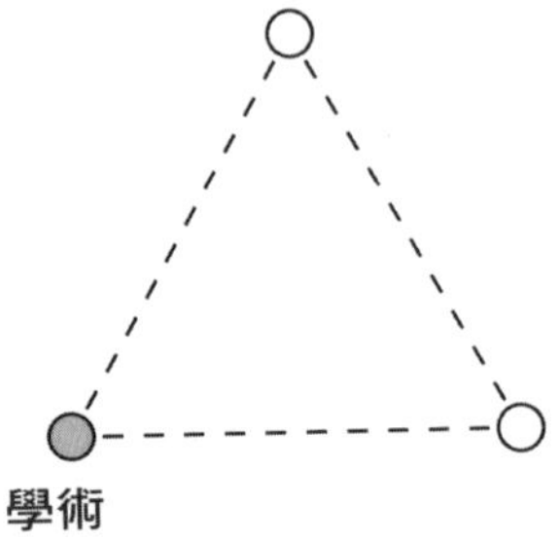

圖表四

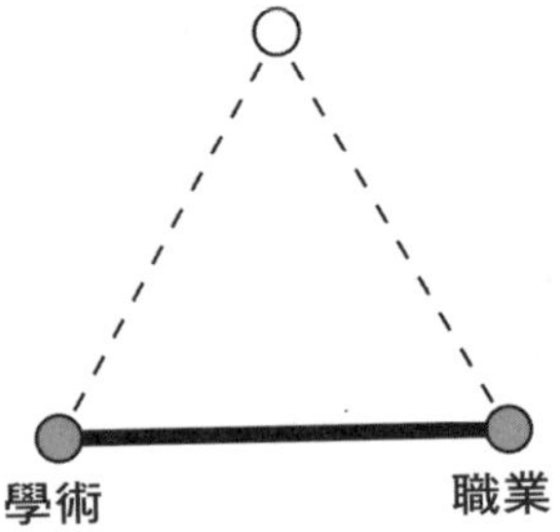

圖表五

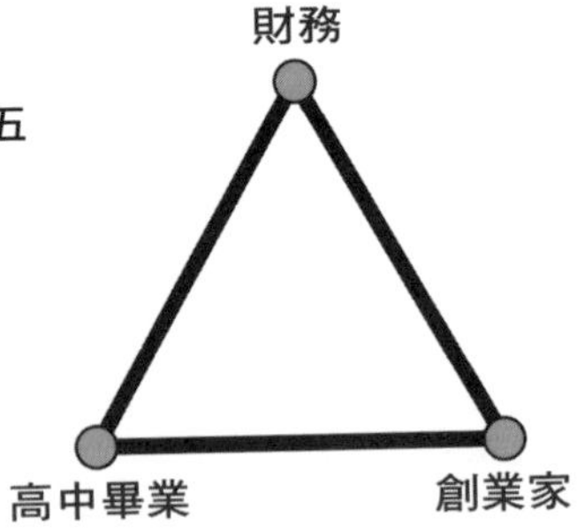

圖表六

你第二次機會應該要學會的事物

你即便是重返校園，請你務必瞭解薪水和現金流兩者之間的區別。別忘了教育本身也有著完全相反的兩種方向。**財務教育就是……硬幣的另外一面。**當你上學唸書是為了學習如何為錢工作；財務教育則是教導你如何累積能產生現金流的各項資產。

第十章　相對於「千萬別出錯」

一九七三年的那場三天不動產投資課程快結束的時候，講師對我們說：「你的教育現在才算正式開始。」老師這句話搞得全班同學一頭霧水。我們全都以為那三天的課程就已經算是我們所接受的教育。

那位講師是一位真正擁有被動收入的不動產投資者，而且並非靠開課來賺錢。在課程結束後，他把班上三十幾位同學分成許多小組，給我們的回家作業是要在九十天內開始尋找、檢視值得投資的一百間不動產，並且給每棟房屋寫一份簡單的報告書。

我們那一組一共有四位學員。我們約定在九十天內完成老師指派的作業。你大概已經猜到了，九十天後小組只剩兩位學員。另外兩位忙著為薪水工作因此沒有辦法完成作業。他們沒有時間去尋找資產。這九十天的作業是我財務生涯上最重要的九十天。這九十天澈底將我從一個貧窮的人轉變成了一位有錢人。

圖表一被稱之為「學習的圓椎」，是由艾格・戴爾（Dr. Edgar Dale）這位教育博士所研發的。請務必花點時間好好研讀一番。

圖表一

學習的圓錐		
兩週後大概還會記得		自然而然的投入程度
90% 自己所說過的話 以及動手做過的事	實際操作 （玩真的）	主動的
	模擬真實的體驗	
	從事戲劇化的講演	
70% 自己所說過的話	發表談話	
	參與討論	
50% 自己所聽到的 和看到的事	觀看他人實地 演練操作	被動的
	目睹別人的示範	
	目睹展覽會中 別人的示範	
	看動態影片	
30% 自己所看到的	看靜態圖畫	
20% 自己所聽到的	聆聽別人 所說的話	
10% 自己所閱覽的	閱讀	

學習最重要的階段

資料來源：Cone of Learning adapted from Dale, 1969 年經過授權獲准使用

在那九十天裡，講師引導我們把注意力放在學習的圓椎圖表中的第二個欄位：模擬真實的體驗。

我們在那九十天裡並沒有買下任何物件。一開始的時候我們四個人會約在下午見面，篩選許多打算出售的不動產物件，尋找符合我們在課程當中所學到的選擇條件。接著我們會打電話給不動產仲介安排看房子的時間，一般上來說一天要看三至五個案件。一天結束後我們就會在活頁夾中的紙上，為每個物件寫一頁的報告，描述當天每個物件的考量點……優點、缺點，以及賺錢的機會等等。

過程一開始非常痛苦、單調乏味，並且緩慢。我們感覺到好像回到嬰兒時期學步的樣子。一個月之後有兩位學員自動放棄，因為他們找不到值得投資的標的而灰心厭倦。其中一直在打擊我們信心的，就是那些重複地告訴我們說：「你們在夏威夷是找不到這種物件的。」的不動產仲介。他們會接著說：「夏威夷的房地產居高不下。你們在這裡是找不到能產生正現金流的不動產。」

富爸爸經常會說：「他們之所以被稱之為股票『經紀人』或者是不動產『經紀人』，是因為一般上來說他們都比你我還更窮。」他的意思是說大部分的員工和自由業者都是在為錢而工作的。以不動產仲介為例，他們是為了佣金而工作的。身為現金流象限右方的創業家和專業投資者，我們這些不動產投資者是在尋找能產生現金流的資產。

由於瞭解不同象限人們有著不同的思維，亦即E和S跟B和I之間有著極大的差異，因此我才能繼續堅持下去。兩個月之後我們就已經開始有飛躍地進展。雖然我們尚未找到符合購買條件的不動產物件，但是我們的心智已經可以開始看出物件之間的不同之處，其中微小的差異，在之前我們對這些是完全視而不見的。我們開始能看到不動產「無形」的那一面。在九十天結束後，我對夥伴表達致謝之意並且各自分道揚鑣了。

我們檢視的一百間房屋當中，只找到了五個有潛力的物件。夥伴知道自己想要進一步瞭解哪幾間的狀況，而我看上的剛好是另外幾間。就如同老師當初上課時所說，看完一百間不動產之後，你運氣好的時候或許可以發掘到一間『炙手可熱』的好標的。這三天課程以及九十天作業的目的，就是要讓你以愈來愈快的速度過濾九十九間不良的物件，來找到那一間最棒的投資標的。」

我第一個投資的不動產物位於茂宜島拉海納（Lahaina）附近的村落中，也是夏威夷房價最貴的地區之一，是一幢一室一衛浴的套房，馬路對面就是美麗的白色沙灘。這個不動產物件並非豪宅類型，而是專門給那些在豪宅裡幫傭的人們所興建的住宅區。

套房開價一萬八千美元，價格非常低廉。所有的不動產仲介都說這類的物件根本不存在。當地類似的住宅售價都是由兩萬六千美元起跳。賣主是社區的開發商，而且他不想要讓仲介賺佣金。想當然，靠著佣金賺錢的仲介當然也不會想要把這個案子介紹給我知道。我完全是碰運氣才知道有這個開發案的存在。

業主手上有十二間套房，並且急著要脫手。他說只要我拿出百分之十的頭期款，他會負責提供其餘的貸款。我完全不需要去找銀行申請房貸。因為我的信用不佳而且收入微薄，這對我來說是個好消息。我利用信用卡支付了百分之十的頭期款，亦即一千八百美元。在扣除所有其他開支之後，我每個月在自己的口袋裡增加了二十五美元的正現金流。我知道你們當中有人正在想：「這類的物件現在已經都絕跡了。現在的房價遠比當年高出許多了。」

當年課程講師，也就是一九七三年的時候，就早已經跟我們講說人們必定會這麼說。他說：「一般人忙著為了薪水而工作，因此無暇致富。」他說：「他們寧可在嘴上說說這種物件不可能存在，而不願意花時間在九十天內檢視一百間不動產，想辦法找到一間能讓他們致富的投資案。」他也說：「每天幾乎都可以遇到一件一輩子難得遇到的好機會。」

從我個人的經驗中可以知道這句話毫無虛假。我和妻子這輩子找到的那些絕佳投資，一直都座落在我們的面前。如果我們不知道要如何去找出這種機會，那麼我們一輩子打著燈籠也找不著。她最佳的投資就在我們鳳凰城自宅的正對面。就因為那個物件就讓她變成了一位非常有錢的女人。如果她當年沒有篩選過上千個不良案件的話，她是無法「看到」這個絕佳的投資物件。

在本書的第七章中，我曾經寫到有關於一位蘇格蘭的朋友格雷姆買下一間有一百五十年歷史的教堂，政府甚至提供他購買與修繕這間教堂的經費。四年來當地居民每天上班時都會路過教堂門口高掛的「出售」牌示，完全不會停下來看看能不能給自己找到一項資產。他們都太忙了，忙著為薪水而工作。

一九七三年第一個投資的物件完全顛覆了我的思維，因為我完全不用動用自己的錢，就獲得了一項可以創造二十五美元現金流的不動產。那是我首次利用負債來致富的經驗。我後來回頭再買下額外兩間同樣類型的不動產。我開始移轉到硬幣的另外一面。

我越過了貧窮階級和中產階級的鴻溝，進入了有錢人的世界。就如當年講師告訴我們說的：「我一輩子再也不用說出『我買不起』這種話了」。如今我和妻子擁有數千個能產生現金流的出租公寓、精緻酒店、五座高爾夫球場，以及一些油井。我們每年都在資產負債表中增加我們的資產，並且稅賦愈繳愈少。如果股票市場、不動產市場，以及原油市場再次發生崩盤的話（因為任何市場都必定會有大跌的時候），我們會利用負債和稅賦的威力，以更低廉的價格買進能增加現金流的資產。

問：難道你不會替那些「看不到」機會的人們感到難過？

答：會也不會。我們每個人的機會都是一樣的。只要有意願，任何人都可以做那些有錢人在做的事情。有錢人享受的稅法一樣可以套用在每個人的身上，但前提是這些人需要受過財務教育，並且擁有現實生活上的投資經驗即可。

真正的問題出在如何選擇自己所接受的教育，一般上的教育對於金錢的另外一面是視而不見的。我之所以會寫作、發明遊戲，並且授課的原因，就是想要讓大眾擁有像富爸爸當年給我的機會一樣。

我每到世界其他國家時，人們都會跟我說：「你的辦法在這裡不適用。」就連在美國鳳凰城，我都是這麼做的城市中演講時，當地人一樣都會跟我說這是不可能做得到的。他們這些人之所以做不到我能做到的，是因為他們所受的教育是要為錢工作、謀求工作保障，以及追求收入上的穩定。光是這些詞彙與想法就讓他們盲目，讓這些人看不到硬幣的另外一面。

犯錯的威力

為什麼絕大部分的人看不到硬幣另外一面，或者無法接受其他的觀點的原因，是因為我的教育制度會懲罰犯錯的學生。問題是：人們在害怕犯錯的狀況下，怎麼可能真正學會任何事物？

當你看嬰兒學走路的時候，你會看到他們嘗試著起立，跌倒然後開始大哭。沒有多久之後他們會一而再，再而三地嘗試……起立、跌倒、哭泣。他們會一直重複這個過程直到能穩穩站著、能走路，然後跑步為止。他們接下來的挑戰就是學騎腳踏車，再次啟動一樣的學習過程。孩子再次從自行車上摔下來，直到學會平衡為止。當犯過的錯愈多時，他們的世界就會隨之寬廣了起來。

結果孩子要開始上學，在學校裡孩子開始學會能把正確答案背起來的同學是聰明的。那些會犯錯的孩子被大家當成笨蛋。幾年後他們畢業開始找工作上班，並且知道一旦犯錯就會被開除。換句話說，一旦孩子開始上學唸書後，他們的學習過程就受到了障礙。孩子們從五歲開始就學會懼怕，並且極力避免犯錯。

每當我提起如何創業或成立公司，或者投資不動產時，絕大部分上班族第一句話會問：「萬一我犯錯怎麼辦？萬一我賠錢怎麼辦？萬一失敗了怎麼辦？」這就是為什麼絕大部分的人沒有錢的原因。他們被制約要害怕犯錯，他們從小被教導只有愚蠢的人才會犯錯，他們被訓練成不能犯錯的模式，因此不熟悉要如何從錯誤當中學習。

為了成功而犯錯

如果你環顧真實的世界，也就是學校體制之外的世界，你就會發現最大的失敗者都是最大的贏家。舉例來說，愛迪生在發明電燈泡之前就失敗了上千次，後來才得已成立美國奇異（General Electric）公司。

麥爾坎・葛拉威爾（Malcolm Gladwell）在他寫的《異數：超凡與平凡的界限在哪裡？》（Outliers）一書中寫說只有極少數樂團失敗的次數會超過披頭四合唱團所失敗的次數。披頭四合唱團的成員在青少年時期，為了取悅美女如雲的觀眾並且喝免費的啤酒，他們連續不斷地每天在台上表演十二個小時以上。

老虎伍茲從三歲的時候就開始練習高爾夫球。每天放學後他都會到球場練習，直到天黑看不到小白球為止。如果你再一次檢視學習的圓椎，你就會知道為什麼失敗為成功之母。

僅次於實際操作（玩真的）就是學習的圓椎中最重要的一列。藉著模擬真實的體驗學習就是成功者和失敗者之間最大的差別。

完全相反的：犯錯

ＭＢＡ課程和那三天不動產投資課程最大的差別，就在於第二列之處——就是模擬真實的體驗。我在上夜校念ＭＢＡ的期間，課程當中一直瀰漫著「千萬不能犯錯」的氣氛。理由是上學唸書就是要避免將來上班的時候犯下錯誤。

這種氣氛和那三天不動產投資課程的老師的作法有著很大的反差。這位老師鼓勵我們，不斷再三強調並且懇求我們務必要立即開始犯錯。這也就是為什麼他會說我們的教育就從離開課程之後才算開始。

當我們在九十天內犯過一百次錯誤之後，那時（而且一定要等到這個時候）他才建議我們進入學習的圓椎圖表第一列之中，就是實際操作（玩真的）。意思就是說可以出手開始買下物件了。

實際操作（玩真的）過後，亦即利用百分之百的債務來創造出二十五元的月現金流之後，我就從ＭＢＡ課程輟學了。我再也不想要為了有保障的工作以及穩定的收入而工作了，而且我的人生不想要活在陰影下：害怕因為犯了錯而失去工作的恐懼之中。

玩現金流遊戲

很多人以為我在推薦大家至少玩現金流遊戲一百遍，並且教其他一百人如何玩的時候，都只是為了推銷自己所發行的遊戲。很多人都認為我只是一味地想要賺錢罷了。

雖然對富爸爸集團而言業績是很重要的事，但是我推薦大家至少玩一百遍的現金流遊戲，並且教會其他一百人的原因，是因為當年富爸爸就是用這種方法教導我和他兒子的。從九歲開始不斷的玩大富翁這款遊戲，他將大量的智慧傳授給我和他的兒子，而且我在玩遊戲的時候也犯下了許多的錯誤。

就像我的富爸爸和不動產講師，我一樣鼓勵大家在投入真正的錢實際操作（玩真的之前），先盡可能多犯些錯。

富爸爸顧問戴倫・威克斯（Darren Weeks）聽從我的建議，並且開始教導他人玩現金流遊戲。目前他在加拿大、美國以及歐洲等地，已經教導超過十萬個學員，並在這個過程當中變成了一位百萬富翁。他在現實生活中，只是簡單地分享他自己玩遊戲的心得（亦即累積能創造資產的現金流），和他教導人們時所學到的經驗罷了。

問：所以犯錯並且從錯誤當中學習是成功的關鍵？

答：是的，在現實生活當中我們把它稱之為練習。舉例來說職業橄欖球選手每週要練習五天，然後在週末的某天上場比賽。這就是為什麼醫生和律師把自己的工作稱之為「執業」（practice），而不是事業。在音樂或劇院內，練習被稱之為「彩排」或「預演」。

問：因此專業人士再實際操作（玩真的）之前，會先藉著練習或彩排來犯錯，並且從錯誤中學習？

答：是的。我在二〇一四年飛去蘇格蘭看萊德杯（Ryder Cup），觀賞世界頂尖的美國與歐洲高爾夫球選手的比賽。他們在比賽前花的好幾天的時間，不斷的在球場上練習比賽，或在練習場上練球，而且每次必定會先空揮幾次……才會正式擊球。這就為什麼他們在高爾夫球界都是常勝軍的原因。勝者失敗的次數遠比業餘選手來的多。

主題：教育創業家：教人怎麼玩遊戲
來賓：戴倫・威克斯
富爸爸廣播電台下載免費的 APP: www.richdad.com/radio

富勒博士對犯錯的看法

富勒博士對犯錯的看法是：「人類被賦予一隻右腳以及一隻左腳，讓人們先朝左邊犯錯偏離，接著向右，再向左，然後一直重複下去。」圖表二我將富勒博士所說的話繪製成圖形。

在一篇叫做《犯錯的謬思》（Mistake Mystique）一文中，富勒博士寫道：「唯有在人類務實的向自己和他人承認犯了錯之後，才能更進一步地接近統領宇宙合一的真理。」換句話說，當一個人承認自己錯誤的時候，他就會愈接近上帝。富勒博士也說：「只有在不承認自己所犯的錯誤時，犯錯才會變成罪惡。」

當我們忽視自身的錯誤時就是一種惡行。當我們承認的時候才會更接近上帝。而當我們承認犯錯時，如富勒博士所說：「唯有這樣人類才能從自己犯錯後所下的謬誤決定當中解放自己。」換句話說，上帝設計人類的時候就是要他們藉著犯錯來學習。

在《犯錯的謬思》一文中，富勒博士提到，「當今老師、教授與助手會檢視學生的考卷並致力於尋找錯誤。他們

圖表二

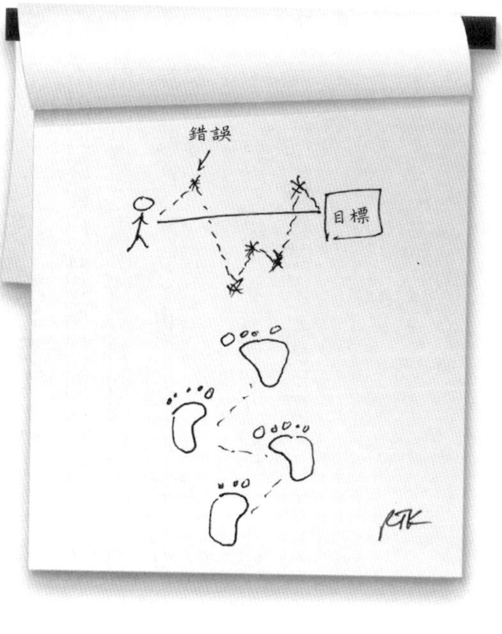

通常會計算學生計對觀念與記錯答案的比例。

他建議教育界在接下來的練習中修改這種作法，並且採用新的方式，也就是要學生定期寫下並整理在這期間所有犯下的錯誤，但不限於課能內容相關的錯誤。這麼做不但在這段期間提醒他們要能有所自律，記錄所有自己犯錯之後所體悟到的內容；這些報告應該真正囊括他們真正所學到的事物，不光是課程的內容而已，也要他們自己的直覺與自覺。

富勒博士建議，校方人員也要跟學生一樣予以追蹤記錄，看看他們在協助學生學會任何重要的課題時的績效——這麼做就是服膺大自然不斷嘗試與犯錯的原則。當學生發掘愈多的錯誤時，那麼他得到的分數將會更高。

你第二次機會應該要學會的事物

在學校裡，犯錯最少的人會獲勝。在現實生活當中，願意犯最多錯的才人會獲勝。**財務教育就是……硬幣的另外一面。**尋找某處可以讓你不斷地練習，練習，再練習，也就是可以一而再，再而三犯錯的場所。別忘了，最成功的人物通常都是犯過最多錯誤的人們。

第十一章 相對於「爭取好成績」

我想說，你們現在所面對的未來，教育將會成為全球最大的行業之一。

——巴克明斯特·富勒博士

教育是一個非常宏偉的詞彙。如今的教育比之前任何時期還來的重要許多。對數十億位民眾來說，應付當今經濟危機的的方式就是要「重返學校唸書」。問題是：對你而言，這是最佳答案嗎？請問傳統教育體制是否能讓你的人生獲得第二次的機會？

就如富勒博士所預測的，教育將會成為全球最大的行業之一。但問題是：哪一種教育？是跟你當年上學時一樣的教育嗎？像是學生一起坐在教室裡聆聽老師授課，努力背誦答案，並且還要隨時考試？或者是線上學習的教育方式？或者根本演變成一種完全顛覆過去的新式教育？

我個人相信應該是後者。如果教育將會成為全球最大行業之一的話，那麼這種教育絕對不是目前所採用的教育方式，亦即被政府和工會所箝制的教育方式。

在不久的將來，一定會有新的教育形式產生，那時人們回顧以往聽老師授課、背誦答案、不斷考試等的教育方式時，必定會質疑說：「多麼野蠻原始啊！在這種狀況下怎麼能學到東西？」

圖表一揭露了一個讓人憂心的趨勢。該圖顯示大學肄業或學士學位以上的失業率一直不斷的在上升中。重返校園這種方式，真的能對他們的生活有所改善嗎？

國家安全的威脅

參謀長聯席會議前主席，已經退休的四星上將麥可・馬倫（Mike Mullen）說當今國家安全遭受到的最大威脅有兩個：1.國債問題，2. K-12 教育。（譯註：從幼稚園到高中畢業一條龍的教育體制）

我們可以從圖表二中看出馬倫上將所擔憂的國債問題，而馬倫上將所憂心的 K-12 教育體制，可以從下列幾項統計數據略窺一般：1.在二次世界大戰剛結束時，美國高中畢業生占全國人口比例為全球第一。如今在二十七個已開發國家中，美國名次已經掉到了第二十二名。2.這些高中畢業生當中，只有百分之四十六會完成大學學業。美國穩穩墊底，十八個先進國家中排名第十八。3.有三分之二的大學教授不斷向當局反應，現在高中所教的內容無法讓學生能順利銜接大學的教育。

圖表一

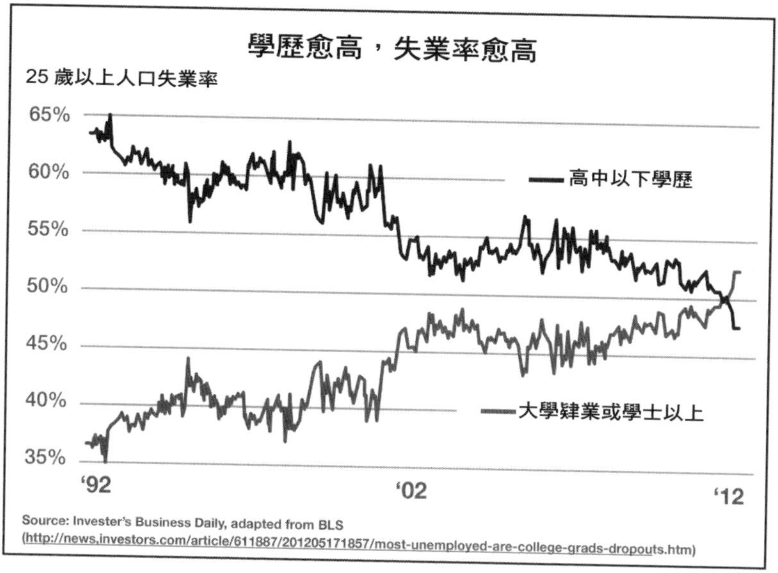
學歷愈高，失業率愈高
25 歲以上人口失業率
65%
60%
55%
50%
45%
40%
35%
高中以下學歷
大學肄業或學士以上
'92
'02
'12
Source: Invester's Business Daily, adapted from BLS
(http://news.investors.com/article/611887/201205171857/most-unemployed-are-college-grads-dropouts.htm)

圖表二

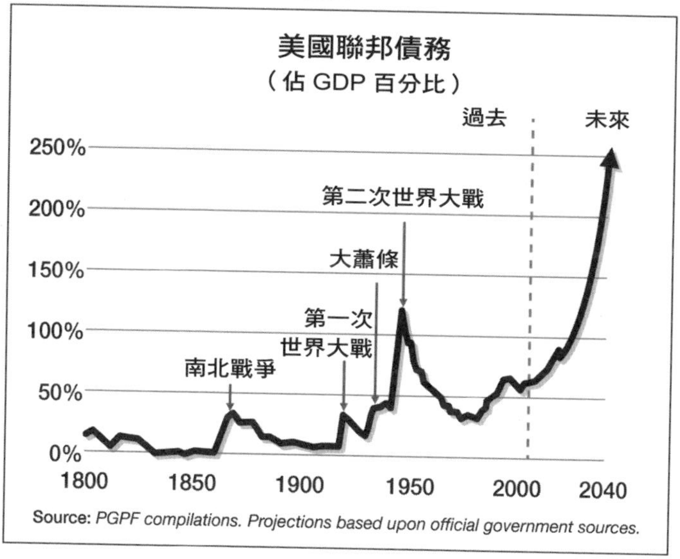
美國聯邦債務
（佔 GDP 百分比）
過去
未來
250%
200%
150%
100%
50%
0%
第二次世界大戰
大蕭條
第一次
世界大戰
南北戰爭
1800
1850
1900
1950
2000
2040
Source: PGPF compilations. Projections based upon official government sources.

問：大學的教育是否能讓人順利的進入現實的社會？

答：這要看你如何定義現實的社會，以及你想要過什麼樣的人生。

再次強調，現金流象限告訴我們金錢世界中四種不同的世界。傳統教育，高中、高職、大學，以及研究所等，是在培訓學生將來進入象限的左邊而做準備，亦即我窮爸爸的那一邊。位於象限左邊的人們都是在為錢而工作的。傳統教育無法幫助學生將來進入象限的右邊而做準備，亦即富爸爸的那一邊，也就是人們工作的目的是為了擁有能產生現金流的資產。

想要在金錢的世界裡獲得第二次的機會，你必須先決定哪些象限最適合自己。好消息是在B和I右邊象限中，你可以發揮自己最具有優勢的智能來學習所需的技能。

問：有不只一種的智能？

答：是的，智能有好幾種。

很不幸的，我們傳統教育偏重並強調其中兩項智能：語文智能以及數學邏輯智能兩種。簡單來說，如果你善於聽說讀寫並且在數學方面沒有障礙的話，那麼你在學校的表現應該會有良好的表現。如果你不擅長於這兩種智能的話，那麼你就只能自求多福了。

問：是誰發現了這些不同的智能？

答：哈佛大學教育研究所的霍華德・嘉納教授（Howard Gardner）於一九八三年出版了

《發現7種IQ》（Frames of Mind）這本書。在書中他整理出七種智能，也就是：

1. **語文智能：**他們擅長利用閱讀和聆聽來獲得最佳的學習效果。他們會用文字來進行思考。他們喜歡謎語、解字謎、寫詩或長篇故事等。
2. **邏輯智能：**他們可以思考概念上的，以及抽象的事物，並且擅長找出規則規律以及事物之間的相關性。
3. **肢體動覺智能：**這種人通常會成為運動員、舞蹈家、外科手術醫生等。他們是藉著身體的活動來進行學習的。
4. **視覺空間智能：**他們是用實體空間來進行思考的，例如建築師、藝術家，以及航海員等。他們喜歡繪畫以及做白日夢等。
5. **樂音智能：**這些人們對旋律和聲音非常敏感，他們熱愛音樂。如果有背景音樂的存在時，會對這些人的學習效果有所幫助。
6. **人際智能：**具有和他人互動的能力。他們都是絕佳的溝通者，藉著與人互動來進行學習。他們有許多朋友，也具有同理心，通常在現實社會上都屬於八面玲瓏的人物。
7. **內省自知智能：**這種人會和自己溝通，清楚瞭解自己的興趣和目標。他們通常會和其他人保持距離。他們都能清楚掌握自身的情緒，具有相當的智慧、直觀能力、動機以及意志力等。能憑一己之力進行學習。

嘉納教授之後又整理出許多其他類型的智能。他清楚知道這些不同智能類型，使得我們現行的，「一視同仁」的教育體制很難顧及所有學生的需要。這就是為什麼即便是有很多學生熱愛學習，但是絕大部分都痛恨學校。

舉例來說，我不喜歡閱讀寫作以及數學，但是我非常熱愛衝浪和打橄欖球，一練就是好幾個鐘頭。我之所以後來加入軍事學校也是因為學習過程也是屬於肢體動覺方面的。我的成績取決於我的設計繪畫以及航海能力。光是看書是無法學會飛行的。唸書期間數理科目讓我吃盡苦頭，要不是藉著肢體動覺的學習能力，我是根本無法完成大學學業的。

長大成人後，我熱愛不動產是因為這種投資是可以讓我看得到、摸的著、並且真實感受到。我個人不喜歡股票、公債，以及共同基金等有價證券，這些資產通常會受到那些擁有語文智能以及數學邏輯智能人們的喜愛。身為創業家需要具備人際智能，能跟許多不同專業背景的各種人進行溝通。對創業家來說最重要的就是擁有內省自知的智能，讓他擁有處理風險、面對財務損失、能接受長時間沒有收入的狀況，能承擔自己以及所有員工所犯下的錯誤，以及擁有長期處在壓力之下的能力。

問題是：你最擅長的是哪一種智能？第二、第三順位的又是哪些智能？就是因為擁有各種不同的智能而造成人們之間的差異。而這些差異也進而影響人們在各個現金流象限裡的表現。舉例來說，假使你不擅長於人際智能，那麼你應該繼續待在E象限裡會比較好些。

人類的教育

我們現行教育體制最大的問題就因為它是一種工業時代的教育形式。學生被當成生產線上的機器人來對待，並且被其他的機器人所製造出來。所有的機器人都按照另外一些機器人所設計出來的課表來進行學習。如果某個機器人跟不上生產線前進速度的話，那麼就會被送回到生產線的第一站，並且被貼上各種標籤（例如智障、遲緩，或者一些由老師所發明，像是過動兒ADD等疾病）。事實上：這些學生只不過是太無聊罷了。

身為人類的我們才是問題的所在。我們並非機器人，所有的人都是不一樣的。擁有四個小孩子的一家人，每個孩子之間也都非常不一樣。就連雙胞胎都有所不同。

在你開始尋找自己的第二次機會之前，一定要先尊重自己獨特的智能、優勢，以及弱點。就算你沒有出身於豪門，求學期間表現平平，職場上也沒什麼傑出的表現，並不代表你一輩子就和財富、自由和快樂無緣。這就是為什麼為了自己的第二次機會，接受一個人類應有的教育，而非機器人式的教育，是這麼重要的一件事情。

四面體

富勒博士告訴我們說四面體（如下頁圖表三所示），是構成宇宙最微小的基礎結構。四面體和三角形是不一樣的，因為四面體能界定出一個量體（體積），而三角形所圍出來的則是一種面積。

既然人類都具有體積，因此我採用四面體來描述人類所擁有，讓我們具有人性的四種智商。

不同的智商

我從一九八四年就成了職業的教育培訓師。當我教的愈久，我更能體驗到人類有四種不同的智商。這是種智商分別是：

1. **肉體的智商**：偉大的運動員都擁有天生獨特的肉體智商。肉體智商是位於人體的肌肉之中。高爾夫球選手經常會強調說「你得發展出自己肌肉的記憶能力」。

2. **心智的智商**：在求學期間表現優秀的學生多半天生就擁有蠻高的心

圖表三

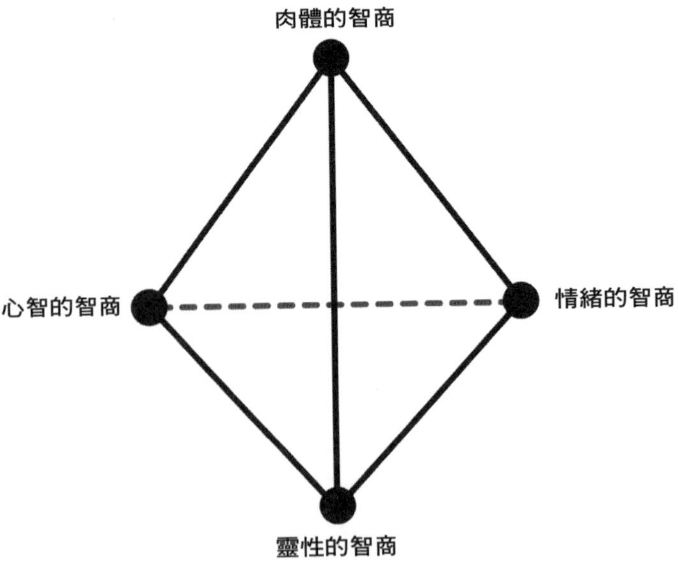

智智商。心智上的智商是位於人腦之中。人們經常會說：「讓我想想看。」

3.情緒的智商：情緒上的智商也經常被稱之為「成功必備」的智商。這個意思就是說當一個人擁有比較高的情緒智商時，他就更能面對並處理人生當中的各項挑戰。這些挑戰包括恐懼、損失、憤怒，以及麻木不仁等。情緒智商位於人體的腹部內。

4.靈性的智商：靈性智商是位於人體的心臟部位。藝術家、詩人、宗教領袖等等，都擁有相當高的靈性智商。

問：為什麼肉體智商在最上面？

答：因為所有的學習都是肉體上的，就連閱讀、思考、以及書寫都是藉由肉體來完成的。愛因斯坦說過：「唯動才能生變。」（Nothing happens until something moves）

問：為什麼靈性智商在最下面？

答：因為靈性智商是所有智商當中最有力量的一種。

當一個人的靈性智商愈高，他就會愈仁慈與慷慨。當靈性智商愈低，那麼這種人通常都很卑鄙、貪婪，而且腐敗。當一個人說謊、欺騙，或剽竊時，都在殘害自己的靈性智商。就如大家所知道的，有些人會為了錢而把自己的靈魂出賣給魔鬼。更多人也因為在違反人類精神的職場中工作而出賣了自己的靈魂。少數人甚至為了一筆錢還會殺害自己的親友。

我個人相信這次的金融危機在本質上是一種靈性上的危機。當今有太多的貪婪、罪惡，以及腐敗在驅動著我們的世界。這就是為什麼想要獲得人生第二次機會的時候，強化四種以人性為本的智商是至關重要的。

問：我要如何強化這些智商？

答：你可以藉著改變所處的環境來強化這些智商。舉例來說，上健身房可以強化自己的肉體智商。當你學習諸如創業時的銷售技巧，或者藝術繪畫等新能力時，你同時也在強化自身的肉體智商。

上圖書館靜靜的閱讀書籍，一樣也可以鍛鍊自己心智的智商。上一堂投資課程，特別是當自己非常害怕賠錢的時候，也可以強化自己的心智智商。

問：就連情緒智商也一樣？

答：是的。對你的第二次機會來說，也許情緒智商將會是四種智商當中最重要的一種。嘉納教授也把情緒智商稱之為智商。也有人把它稱之為成功的智商。一個人如果無法控制自己的情緒，那麼他幾乎不可能達自己人生的夢想。

問：你能不能舉些例子？

答：當然可以。有很多人在心智上非常聰明，但是在情緒方面卻是非常的脆弱。舉例來說，很多學校老師在心智上擁有極家的天賦才華，但是在情緒上（特別是害怕失敗這方面），讓他們在財務上受到了很大的侷限。

情緒智商的另外一個例子，就是端看是否具有延遲享樂的能力。很多人都想要一夕致富，情緒智商低的人才會一直在想辦法迅速致富，這種人無法延遲自身的享樂。我有一位朋友也在投資不動產，他的問題是與其享受穩定的現金流，房價只要一上漲他就會把手上的物件賣掉（結果獲得的是資本利得，他還要為這些所得繳稅），為了資本利得而賣掉資產的行為，無異是殺雞取卵。

問：我要如何強化自己的情緒智商？

答：聘請教練來指導。所有職業運動員都有請教練，絕大部分成功的人士也都聘請各種教練。我遇到了許多偉大的教練，他們的確對我的人生產生了極大的幫助。教練的職責就是要把你最佳的一面給發掘出來。

如果你沒辦法請教練，那麼找一位願意指導你的友人，請他來督促你從事自己心中清楚應該要做到的事情。我一樣也有情緒方面的教練，有些人把這種教練稱之為「諮詢師」，你可以向他們說出自己內心最深、最黑暗的懷疑與恐懼。

許多人壓抑甚至累積自己的各種情緒。舉例來說，我有一位朋友最近失去了兒子。與其尋找專業的幫助，她卻「板著臉孔」，把所有的情緒往「肚裡吞」。壓抑情緒最大的問題，就是得消耗大量的能量才能繼續把它們給壓下去。如果能釋放情緒，那麼這個人將會擁有更多的能量來從事有助益的事情。壓抑情緒也會導致各種疾病。沒有多久之後，我這位朋友被診斷出來罹患癌症。不確定情緒和疾病之間是否有著一定的關係，但是我個人相信是有的。

富爸爸的顧問約瑟和麗莎・藍儂專精於社工創業以及行為改變。他們為那些具有毒癮或酒癮的人們興建各種診所。他們最近開始協助退役軍人，來治療那些因為戰爭所帶來的各種情緒和精神方面的創傷。根據他們的說法，絕大部分的癮頭和心理疾病都是源自於情緒。

主題：社工創業家
來賓：約瑟和麗莎．藍儂
富爸爸廣播電台下載免費的 APP: www.richdad.com/radio

信念到底是什麼？

對信念而言，情緒智商和靈性智商是至關重要的。而信念又是你第二次機會不可或缺的要素。富勒博士說：「信念遠比信仰來得好。因為信仰是相信別人思考的結果。」

當我和妻子於一九八四年開始踏上這個旅程時，我們擁有的只有對自己的信念，以及相信只要我們做出正確的事，那麼一切結果都會很美好。我們所抱持的信念之一，就是我們一路上一定會愈學愈聰明。我們相信智慧會一直不斷地增加，就算在求學期間並沒有什麼特殊的表現。雖然我們都擁有學士學位，但是我們在這個旅程當中所學到的事物和求學期間所學的一點關係也沒有。

是信念和情緒智商才讓我們有持續前進的動力，而非學術上的智商。我們延遲了自身的享樂，願意過著許久沒有薪資收入的日子。就算手頭現金非常緊，我們仍然堅持利用負債和有創意的方式來籌措資金進行投資。就算需款孔急，我們從未為了快速獲得現金而「翻修轉賣」已經上漲的不動產。與其為了現金而轉賣手上的不動產（別忘了如果這麼做還得付更高的稅），我們反而更認真創業來創造更大的現金流。由於延遲享樂以及沒錢的關係，我們成為更優秀的創業家和投資者，換句話說這些逆境讓我們變得更加聰明。

巴奇富勒的教誨

富勒博士的名言中我最喜愛的之一就是：「上帝是一個動詞，非名詞。」（God is a verb, not a noun.）

這就是為什麼我會把肉體的智商放在四面體的上方頂端，而把情緒智商擺在基礎平面的原因。若想要發掘自身的天賦才華，尤其是當年在校成績表現不佳的朋友們，你們一定得做到這一點——亦即犯錯並且從中學習。唯有這樣你才會建立信念，找到自己真正與生俱來、獨特的才華與天賜的智慧。

富勒博士對於你的第二次機會所給予的建議如下：要去做的事亦即那些應該要做到的事情，從你個人來看應該是要達成或完成的事情，而他人似乎都看不出來這件事情有需要去做。唯有如此你才會開始去醞釀如何做到這件應該要被完成的事情，而且完全沒有其他人來告訴你要去做這件情，或者應該如何去完成。這麼一來你就能彰顯那個被深深埋沒在累積多年的特定行為下，或者被他人勉強加諸在意願之上的虛假人格之中真正的自己。

當你開始採取行動時，你獨特的智慧與生俱來的天賦才華就會開始展現出來，因為你開始從事自己相信應該要完成的事情，完全無須由他人來告訴你應該做些什麼，或者如何去做。我和金在一九八四年就是這麼做的。我們根本沒有經過教師資格的認證。我們只是看到應該要人去做的事情，亦即提供任何有意願要學習的人們正確的財務教育這件事情。

你第二次機會應該要學會的事物

利用一至十分的方式（十分最高），評量自身四面體中的各種智商。

1. 請問你自己肉體的智商有多高？
2. 請問你自己心智的智商有多高？
3. 請問你自己情緒的智商有多高？
4. 請問你自己靈性的智商有多高？

如果自己的分數高於三十分，那麼你的第二次機會在財務方面的表現會很有希望。

如果自己的分數低於三十分的話，那麼找個朋友討論自己的優缺點為何。

若想要擁有第二次的機會，那麼你得開發並且強化自己的四種智商不可。**財務教育是硬幣的另外一面。**最好的做法就是跟別人討論自己的四種智商。首先承認自己的弱點就是找回自身力量，變得更強大的初步。別忘了：凡是都是成對存在的。

第十二章 相對於「找份好工作」

過度精細分工化將會導致滅絕。

——巴克明斯特・富勒博士

當年我在求學階段的時候，所有的人都想要進入一流的大企業工作。班上的同學個個都想要成為某某公司的副總經理，或者是某某公司的業務經理等。他們都想要成為在大企業裡支領高薪的員工。如今，所有的人都想成為創業家。

由於失業率高居不下，加上新科技不斷的取代人力，全球化的競爭，以及工作不再有保障的趨勢之下，人人開始夢想成為老闆，大家都想要成立自己的公司，享受財務自由的生活。現在有為數不少，已經成為億萬富翁的高中生或者是大學輟學生，這是因為他們選擇成為創業家而非上班族的緣故。

當今的世界充斥著草創的精神。許多大專學院都競相成立所謂的「孵化器」，各自抱著希望孕育出下一個谷歌或者是臉書。如今有數百萬的人們想要成為創業家，其實這是一件好事情。創業家是有挽救這個世界經濟的能力。很不幸的從以往的數據來看，五年之內將會有九成以上的企業被淘汰出局。

為什麼會有這麼多間公司會以失敗收場，是因為傳統教育把學生訓練成所謂的專才，而創業家則是屬於通才。九成的企業之所以會失敗，是因為創業家本身多半是專才或專家所致。他們不具有創業時所需具備的各種通才技能。

問：請問專才和通才之間的區別是什麼？

答：專才對於小範圍的事知道的非常多；通才則是對於非常多的事情都懂得一點。

問：那麼專才創業時為什麼會失敗？

答：因為他們缺乏成為創業家所需的技能，一些在學校裡沒有教過的本事。

問：什麼技能在學校裡沒有教？請你舉個實際例子。

答：創業家需要具備銷售的能力。如果創業家無法銷售，那麼他們就只有餓肚子的份。

為什麼有這麼多上班族不敢辭職，是因為憑他們的銷售能力無法獲得比薪水還要高的收入。

問：你這是什麼意思？什麼叫做「憑他們的銷售能力無法獲得比薪水還高的收入」？

答：假設說某人的月薪是一萬美元，如果他成為創業家，那麼他每個月最起碼也得要創造出五萬美元的業績才行。

問：為什麼創業需要賺到五萬美元？

答：這是多年來的經驗，大約是五比一的比例。若以你上班時所能賺到薪水為準，選擇創業時你至少要能賺到五倍的收入，你才能同時養活自己以及整間公司。

當你選擇成為創業家時，你就得擔起當員工時所不需要顧慮的支出與費用。你要扛起生產成本、設備成本、營運成本、營業稅、專業配合廠商的費用等等。從你開始聘請第一位員工開始，你的成本、風險，以及頭痛次數都會隨之增加。

研究顯示絕大部分的創業家的收入，在考慮他們真正的工作時數之後，這些創業家實際賺到的錢，比起他的員工還要少許多。舉例來說，很多創業家在打烊之後還有很多工作要完成。例如為了符合政府相關規定的眾多文件（記帳、稅賦、薪資明細、行銷與業績記錄等等），令人瞠目結舌。下班後員工後就能享受自己的人生，但是創業家真正的工作才剛要開始。這也就是為什麼絕大多數企業撐不過五年的原因之一。

問：那麼我應該要怎麼做？

答：先保留自己原有的工作，並且創立一個兼差的事業。任何在富爸爸任職的員工都被鼓勵要擁有一個兼職的，正在「孵化」的事業。我們並不希望員工離職，但是我們希望每位員工將來有一天都能獲得財務上的自由。目前我們公司有很多員工從這些兼差事業或投資上所獲得的現金流，快要完全取代他們原本的薪資收入。我們仍然希望這些員工在獲得財務自由之後選擇繼續留任，是基於他們熱愛在這裡一起學習與工作的機會。

問：所以富爸爸的員工是專才，但是他們在兼職事業中在學習如何成為通才？

答：是的。當人們選擇重返校園唸書，幾乎只會成為更專精某個領域的專才。例如資訊工程師、汽車修理、外語能力，或者攻讀某科的碩士學位。他們對於小範圍的事情知道的非常多，意思就是說專業的課程會深入地探討某個非常狹隘的領域。

問：那要如何成為通才？我應該要鑽研哪些領域？

答：B-I三角形就是這個問題的答案，它呈現了一個完備事業的八大領域，以及各領域之間的關係。

問：B-I三角形是什麼？它代表著什麼？

答：B-I三角形就是資產應該有的樣貌。

問：B-I三角形就是資產樣貌的圖形？

答：是的。就如你所見，**B-I**三角形是由八項完備因素所構成的——個個都是獲得成功不可或缺的要素。它們一起共同能讓一個事業或資產整體達到完備、營運正常，並且最重要的是能夠產生現金流的狀態。

問：所以當其中一項出問題或者是不存在的時候，事業就無法成功或者是會遇到財務上的困難嗎？

答：完全正確。每當我遇到一個事業經營不順利的創業家時，我會把**B-I**三角形八

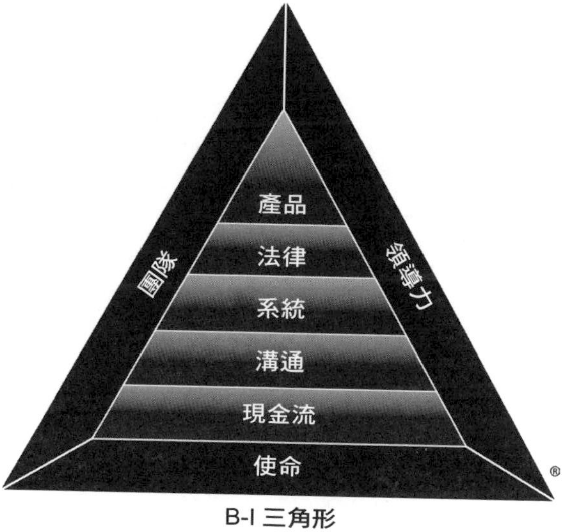

B-I 三角形

項完備因素當成診斷的檢查表來用，逐項檢討有沒有疏漏或者是不完備之處。

問：所以說學校教育是把人們訓練成B-I三角形當中某個因素的專才囉？

答：是的。因此想要成為創業家，你要把自己變成一個通才，要對每項因素都有所涉獵。你同時要清楚知道何時需要什麼樣的專才來幫助你。

問：但是產品是整個三角形中最小的一部分。意思就是說產品是所有要素當中最不重的一個項目，是嗎？

答：沒錯。光是產品本身是不會具備很大的價值。有太多人終日奔走，只會跟別人說：「我有個新產品的好主意」。十家公司當中有九間不能長久的原因之一，是因為他們把焦點擺在產品上，而非公司整體。

問：當創業家新成立公司時，是不是由他一人撐起整個B-I三角形？

答：是的。他們得扛起所有的八項完備因素。這些人通常都是由S象限中起步的專才，很少有人能成功的到達B象限。

問：為什麼會這樣？

答：因為不同象限的人們具有完全不同的思維與心態。眾多中小企業的創業家中，鮮有像是賈伯斯這種擁有打造巨型企業心態的創業家。

問：所以說S象限的創業家想要成長的話，他必須懂得如何聘請比他專精、更聰明的員工來擺放在各個完備要素的位置上？

答：是的，創業家要聘用各種專才。舉例來說，創業家首先要聘用的一定是專業的記帳士，一個能精確記錄所有收入和支出的人。很多創業家在不到一年的時間就會發現自己已經身陷麻煩，就是因為在財會上沒有良好的記錄。若創業家想要讓公司變成B象限的企業，那麼他也必須聘請一位執行長來負責整間公司的營運才行。

問：那些會自己動手做財會記錄的老闆怎麼樣？

答：只會讓公司繼續處在小規模的狀態中。如果你堅持由自己來做財會記錄，那麼你的公司應該是無法成長到能請得起執行長的規模。

問：這也就是為什麼你會說創業家的銷售能力一定要能讓他賺到的錢遠比自己薪水還要高的原因？創業家一定要能請得起專才，這樣公司才能持續成長？

答：完全正確。當你檢視現金流象限時，就能擁有更寬廣的視野。

S象限的創業家是那些在為錢而工作的老闆們。舉例來說，擁有一間漢堡餐廳的老闆就是一種位於S象限之中的創業家。

B象限裡的創業家都是為了建立能創造出現金流的資產而在工作的。例如雷・克洛克建立了一個眾所皆知的，叫做麥當勞的B象限漢堡事業。

問：那麼我要怎樣學習如何建立一個B象限的事業？

答：你一定要先從建立B-I三角形的框架開始，也就是周圍那一圈開始著手。你一定要擁有堅定的使命，優秀的團隊，並且成為一個能激勵團隊的領袖。

問：我要如何學習這幾項的完備因素？

答：軍事學校都很注重這幾項完備的因素。舉例來說當年我念紐約軍事學院時，第一天課程的重點都在講使命這塊領域。在軍事學院裡，沒有比使命更重要的事情了。

這就是為什麼我會寫《創業家必修的八種軍事領導心法》（8 Lessons in Military Leadership for Entrepreneurs，暫譯）這本書的原因。書中有說明為什麼接受過軍事訓練的人們，早已經擁有成為偉大創業家的基本能力。

問：對於那些不打算念軍事學校的人們而言，他們要如何學習有關於使命、團隊，以及領導力方面的本事？

答：加入傳銷組織也會讓你在培養領導能力、帶領團隊、支持共同的使命上獲得非常大的幫助。加入傳銷組織最大的好處就是你在培養自己領導能力的同時，不用支付其他人們的薪水。

許多企業領導人擁有薪水支票這項控制人們的利器。如果員工不聽話照做的話，很快的就會被開除；反觀在傳銷組之中，你要學習如何成為一位能激勵人心，一個以使命為導向的領導者，一個能訓練他人獲得成功的領袖，就算手頭上沒有薪水這類的獎勵工具也一樣無妨。你這麼做是在培育一群不需要仰賴穩定薪資收入的人們。如果你能做到這一點，那麼你自己就會成為無所不能的人物了。

傳教士也是一種願意扛起使命、領導，以及團隊等各項挑戰的人。我最要好的朋友之一，就是駐紮在北愛爾蘭的摩門教傳教士。他的職責就是讓天主教徒改變信仰成為摩門教徒。如今他已經成為一位非常了不起的創業家。

強化這三種完備因素的另外一種方法，就是成為教會或慈善機構的義工，領導其他志工（沒有領取報酬的人們……）一起協助教會或慈善機構的成長。

還有很多方法可以讓你在現實生活中累積使命、團隊，以及領導力的經驗。我個人是因為參加軍事學院和海軍陸戰隊而培養出來的。為了你的第二次機會，你一定要能找到對自己有幫助的做法，來獲得現實生活中的領導經驗。

問：如果身為創業家的我並沒有什麼特別的使命……或者缺乏領導能力，無法打造或激勵團隊的話怎麼辦？

答：那麼你幾乎注定成為一個只能持續待在S象限中的創業家。這麼做也沒有什麼不對，只要你自己滿意快樂就行。

別忘了：位於S象限中的創業家所要繳的稅，一般上來說會比員工繳納的更多一些。享有低所得稅率的創業家，都是那些位於B或I象限中的創業家們。

主題：如何增加收入
來賓：布萊爾・辛格
富爸爸廣播電台下載免費的 APP: www.richdad.com/radio

叢林之王

俗稱「大貓」的有獅子和豹子兩種動物。豹子跟位於S象限中的創業家很相像，都屬於獨來獨往的物種。他們獨自打獵，因此當他們沒有捕獲到獵物時就沒有飯吃。而公獅則是擁有一群獅子。在商業界裡這個群體就是B象限的企業，由一群專才所構成的團體。公獅本身不打獵，而是由那群獅子去補獵。當獅子群獲得獵物後，公獅就會走過來享受一頓飽餐。

雖然這不是描繪S象限和B象限企業家不同之處的最佳方式，但是我相信你已經懂得兩者之間的差別在哪裡了。

如果你想更進一步瞭解打造B象限企業需要哪些專才，那麼我建議你閱讀富爸爸顧問們所寫的叢書系列，或者收聽富爸爸廣播電台的節目。如果你想成為一個能領導各種專才們的通才，那麼這些人的智慧和經驗絕對能幫助你迅速進入狀況。

問：為什麼人事處理能力這麼重要？

答：因為人們就像漂浮的冰山一樣。當我們初次遇見一個人的時候，就像是看到冰山浮在海面之上的一個小角罷了。我們是看不到水面下百分之九十九的其他部分。擁有良好的人事處理能力能夠讓你有效率的處理整個人所面對的問題。

問：我要如何引導自己的孩子邁入B或I象限？

答：唐納・川普的兩位兒子（小唐納和艾力克）是我的好友。他們曾經來過富爸爸廣播電台的節目，在節目中分享他們的父親是如何訓練他們，讓他們擁有B和I象限中領導能力的故事。他們兩位絕對不是被寵壞的富二代，不像現在時下許多年輕人（無論出身是貧是富）的樣子。

而且他們更不是專才。他們兩位都是通才，聰明活潑的年輕人，具備極佳的人事處理能力和領導能力。他們從小就被調教成為B和I象限中的領導人物。

富勒博士的教誨

我曾經聽富勒博士說過：「在目前的教育過程當中，人們的官能被呆滯化、過飽和、被強灌、使痲痺等，結果當人們開始逐漸成熟之際，早已經失去了自己原本與生俱來的學習能力。」

在演講中他一直強調：「過渡精細分工化將會導致滅絕。」現在之所以會有這麼多人重返校園唸書，是因為科技的進步已經讓他們變成過時的產物了。很不幸的這些人重返校園是學習如何成為專才，而非通才。富勒博士經常會用恐龍滅絕的例子來說明為什麼過度精細分工會導致滅絕的原因。當時恐龍的進化已經無法適應氣候巨大的改變而導致滅絕。

如今出版業都已經變成恐龍了，其中不乏我的朋友和事業合夥人。亞馬遜

（Amazon）如今成為出版界的新巨人，並且完全改變了書商業界的產業架構與環境。

去年十月分我和以往的海軍陸戰隊弟兄們在彭薩科拉相聚。根據這些戰友的說法，有謠言傳出軍中所有的單位都在裁撤戰鬥飛行員的訓練。大家的看法是無人遙控戰鬥機將會取代以往的飛行員。就如同谷歌無人駕駛汽車將會取代所有的計程車以及優步（Uber）的司機一樣。現實生活中有太多實際發生的例子不斷的在警告我們職場技能、教育培訓，以及工作形式等，因為日新月異的科技的關係都已經發生了巨大的改變。

最聰明的做法

被公認為最「聰明」的辦法就是改變。就像我稍早有提到的，我當年唸書的時候，所有的同學都只想要進入一流的大企業工作。如今所有的人都想要成為創業家，每個人都自以為擁有價值數百萬美元的好主意。問題在於以往的學校教育並非用來把人們訓練成創業家之用。

為了自身的第二次機會，你得先決定什麼是對自己最有利的做法。你最適合處於哪一個象限之中？對很多人來說，最聰明的辦法是找份好工作，存錢儲蓄，還清所有債務，長期投資於股票市場之中，然後祈禱退休時帳戶裡有足夠的錢使用。對一些人來說緊抓著E和S象限中的各種保障是一種聰明的做法。對另外一些人來說，成為一位創業家才是聰明的做法。這種做法代表要身負數百萬美元的債務——用來買進各種能創造一輩子財務自由的資產與不動產。

問：現金流象限中左邊的E和S，以及右邊的B和I兩邊有著什麼樣的不同？

答：最大的差別在於你要選擇接受什麼樣的教育以及聘用哪類的顧問。

問：我要如何知道什麼對我來說才是「聰明」的做法？我應該要怎麼做……

答：你的靈魂會告訴你應該朝哪個方向走。是什麼能啟發你？什麼能激發你的決心與志氣？哪個途徑最適合發揮你與生俱來的天賦才華與本事？以往每當我考慮去美國的大企業上班工作時我的肚子就會絞痛，甚至還會反胃。很多人每天上班前或在工作的時候，都一樣會有這種同樣的感受。

當我思索成為創業家的時候，精神都會亢奮不已。我會變得很快樂，就算知道創業之路遠比去大企業上班領薪水還來得艱辛許多，我也不想要成為專才，更不想成為S象限中擁有小公司的創業家。

問：所以說S象限中的創業家必須是團隊中最聰明的人物？是不是B象限中的創業家不需要是團隊最聰明的人物，而是擁有最聰明的團隊即可？

答：完全沒錯！我從以前就不是團隊中最聰明的人，而且將來也不想要如此。富爸爸說過：「如果你是自己團隊中最聰明的人，那麼你的團隊是有問題的。」如果富爸爸現在還活著的話，他也一定會說：「專才永遠只能替通才做事」。舉例來說：我沒有在替醫生工作，但是醫生會幫我看病。這也就是為什麼我會寫《富爸爸告訴你，為什麼A咖學生當員工，C咖學生當老闆！》這本書的原因。所以什麼對你而言才是聰明的做法？你的靈魂會告訴你答案。

你第二次機會應該要學會的事物

和「有保障的工作」相對的是「財務自由」。有保障的工作需要接受專才的教育；財務自由需要具備通才式的教育。

你的責任是要決定哪種方式最適合自己，擁有保障還是追求自由？兩者之間有著極大的差異，事實上兩者是完全相對的事物。當你愈是著重於保障時，那麼你的自由就會愈來愈少。這也就是為什麼所有的監獄都有所謂的「高度設防囚室」。**財務教育就是硬幣的另外一面。**員工和自由業者都是專才；創業家是一種通才。

第十三章　相對於「還清債務」

簡成這個一般原理的意思簡單來說就是以少做多。

——巴克明斯特．富勒博士

絕大部分的理財專員會建議說：「要清償所有的債務，無債一身輕。」難道這些人不知道尼克森總統在一九七一年取消了美元的金本位制之後，現在的美元早已變成了一種債務嗎？

或許無債一身輕對於那些缺乏財務教育的人們而言是個好主意，但是從投資理財的角度來看卻不是明智的建議。金錢的世界中有兩種不同的負債類型：良好的債務以及不良的債務。

簡單來說良好的債務會讓你愈來愈有錢，而不良的債務卻會讓你愈來愈貧窮。在缺乏財務教育的狀況下，當今有數百萬的民眾（包括美國政府本身）背負著成山成海的不良債務一點也不令人意外。

大肆消費的傢伙

很多人認為是民主黨增加了國家的負債。但是根據圖表一來看事實上並非如此。就如本書一開始所說的，我並不屬於民主黨或者是共和黨。就如學習的圓椎所教導我們的，看一張圖表遠比聆聽授課的學習效果還來的高許多。

國家負債最大的問題在於它屬於一種不良債務，一種納稅人與後代非得償還不可的債務。在共和黨執政期間所積累的國債，絕大部分是被那些控制軍事工業複合體、銀行、醫藥界等等巨型企業的有錢人給賺走了。

在民主黨執政期間所累積的國債，絕大部分是因為各種理所應得的福利政策，以及那些從這些政策中獲利的機構給賺走了。

圖表一

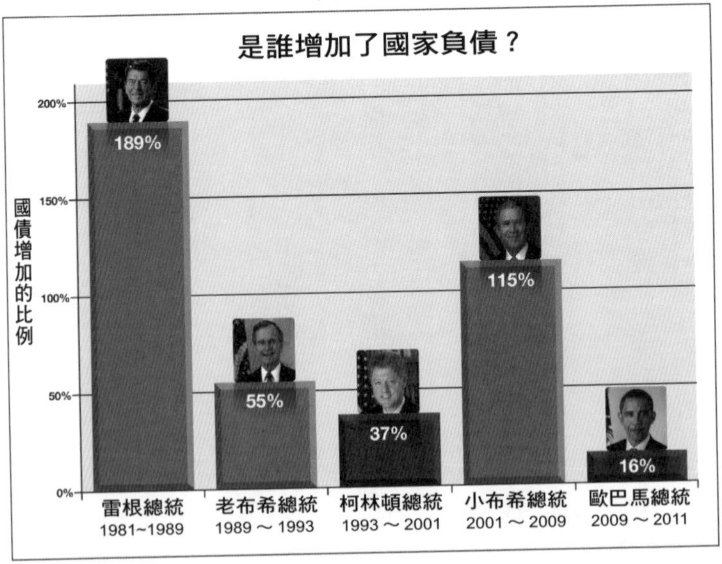

雖然社會福利保障制度和聯邦醫療保險制度兩者加起來的赤字，遠比當今國家的整體負債還來的大，但是一般上來說這兩者都不會列入國債之中。社會福利保障制度和聯邦醫療保險制度這兩種債務，都被列舉為國家資產負債表之外的債務。這就好比你私下欠他人上百萬美元的負債，但是在申請房貸時並沒有把這筆債務列舉出來。如果你我做了目前政府正在做的事情，那麼我們早就被移送法辦了。

沒有人確切知道社會福利保障制度和聯邦醫療保險制度兩者精確的赤字為何，但是仔細估算後社會福利保障制度大約負債二十三兆美元，而聯邦醫療保險制度的負債大約是八十七兆美元。這裡的單位是以兆計……十二個零的兆。我還查到高達一百二十五兆的其他估算方式。美國國債目前才不過區區十七兆罷了。

問：你的意思是不是在說美國已經破產了？

答：我可以找到很多論據來支持這種看法，應該不會是很困難的一件事情。

什麼是良好的債務？

簡言之，良好的債務會讓你愈來愈有錢。舉例來說，當我買下一間出租公寓時會申請房貸。如果公寓每個月能把錢放到我的口袋之中，那麼這筆房貸就算是良好的債務。換句話說，如果出租公寓賺不到錢而我還得自己掏腰包付房貸的話，那麼這筆房貸現在卻變成了一種不良的負債。再次強調，如何區分良好與不良債務的方式端看現金流的流向而定。

問：這就是為什麼你會說「自有住宅不算一項資產」的原因？對絕大部分的屋主而言，他們的自有住宅是不斷的把錢從他們的口袋中拿走的。

答：是的。就算你把房貸還清了，你口袋中的錢因為稅捐、維修、保險、水電費等開支，仍然不斷地在向外流出去。

財務槓桿

在金錢世界裡有個很重要的名詞叫做財務槓桿（Leverage）。財務槓桿跟富勒博士口中的簡成原理非常相似，亦即有以少做多的能力稱之。

窮人愈來愈貧窮而中產階級不斷地在萎縮的原因之一，是因為他們幾乎沒有辦法運用任何財務槓桿。每當貧窮和中產階級思索要如何賺錢時，他們想到的辦法都是如何更辛勤地、超時的工作。很不幸的，當你愈是辛勤地、超時的工作，雖然你的收入會增加，但是所得稅的稅級卻也會同時提高。

財務教育是一種槓桿作用

財務教育的目的之一，就是要讓你擁有發揮槓桿的能力，能遵從簡成這項一般原理，讓你有能力以少做多。讓我向你列舉一些在財務上發揮槓桿作用，以少做多的實際例子。

1. **負債**：身為專業而且積極主動的I象限投資者，我會盡一切可能利用債務來累積資產。我和金之所以能擁有上千個不動產物件，並不是靠著存錢儲蓄來買下它們的。我們是利用負債來買下它們的。這就是為什麼那三天不動產投資課程對我來說是無價之寶，因為在那堂課程當中我學會了如何利用負債這項財務槓桿。

2. **授權**：如果你看到本書最後富爸爸集團成員名單的話，那麼或許你已經留意到我們公司的規模並不大。但是藉著授權，我們是一個非常龐大的國際企業。每當我寫一本書之後，該書立即會授權給全球超過五十間的出版社。這些出版社要給富爸爸集團所謂的權利金才能發行我的著作或遊戲。

3. **社媒**：如果運用得恰當，當今的社媒提供了巨大無比的槓桿作用。如今在富爸爸集團的辦公室裡有著小型的電視台和廣播電台等設備，讓我們可以和全球數百萬的人們維持關係。

4. **品牌**：富爸爸是一個國際知名的品牌。擁有這樣的品牌是一種巨大的槓桿作用。

品牌遠比文宣更加的有影響力，並且同時會向大眾溝通兩件事情：信任感和差異性。我們的差異性就可以從我們的定位看得出來。我們不會倡導「存錢儲蓄」，我們給自己的定位恰好是財務這個硬幣的另外一面。

我們也不會倡議要長期投資於股票、債券，以及共同基金等市場之中。我們相信完全相反的事物：不斷的讓自己的錢動起來！我們也不重視有保障的工作。富爸爸這個品牌堅定的代表著財務上的自由。

5.人才：員工幾乎沒有任何的槓桿能力可言，因為他們本身就是雇主的槓桿。創業能讓你擁有運用他人，也就是你的員工，他們的時間和精力的槓桿能力，來打造資自己產欄位中的事業體。

6.以少做多：用更低的價格提供更優質產品，或服務也屬於運用簡成原理的做法。當某人開口要求加薪、提高每小時薪水、產品漲價，或者降低生產品質來省錢等，這些做法都是在違背簡成的這項一般原理。他們想要的是以多做少，這恰好和以少做多完全相反。

債務的槓桿

當理財專家建議「還清所有的債務」時，他們讓很多人在財務上變得綁手綁腳，理由是這些人失去了很大的槓桿能力。這種財務上的建議並不是一種良好的財務教育。因為在無法舉債的情況下，一個人是很難以少做多的。

接下來舉幾個真實生活中運用債務槓桿的實際例子（我已經盡量把數字簡單化了）。

我在一九八〇年代用五萬美元買下了一間兩房一套衛浴的住宅單位。房子本身的設計很討喜，座落於優質的社區內，並且與公園與池塘為鄰。問題在於房子本身需要進行修繕房客才能夠入住。

我拿出五千美元的頭期款，其餘的四萬五千美元由賣方提供年息百分之十的貸款。所謂的「由賣方提供」的意思是說我不用找銀行申請房貸（每個月的房貸直接交給賣方即可）。我每個月的物件總支出（PITI，亦即本金、利息、稅賦，以及保險）大約是四百五十美元左右，而該地區同款式的住宅租金大約是七百五十美元上下。

當我確實成為房子的擁有人之後，我找了一間銀行申請五千美元的「房屋修繕貸款」。拿著這筆五千美元的貸款，我加建了一間擁有一套衛浴設備的主臥室，並且一併處理房屋其他有問題的地方。我現在手頭上擁有一間幾乎全新的三房兩衛浴的住宅，因此開出每個月一千美元的租金。

當利率開始下跌，我再次找上原來借我五千美元的銀行，並且提出申請新貸款的要求，這次是拿整個屋子來做抵押。房屋經過評估之後認為有九萬五千美元的價值。因此銀行決定給我為期十年的貸款，貸款額度為屋價的百分之八十，貸款利息以百分之九固定年利率計算。拿到貸款後我清償了原本欠賣方的四萬五千美元以及欠銀行的五千美元修繕貸款，最後讓我口袋裡多出了完全免扣所得稅的二萬五千美元。

該物件每個月的總支出大約是七百美元左右，我每個月另外還預留了一百美元做為修繕費用以及其他支出之用。因此租屋的房客每個月一千美元的租金，讓我每個月擁有了兩百美元的淨現金流。

問：所以你完全沒有拿出自己的錢來進行這項投資？

答：是的。意思就是說我得到了無限大的投資報酬率。

問：無限大？為什麼是無限大？

答：因為在計算投資報酬率（ROI）時，分母用的數值是投資者一開始所投入的總資金。既然我一開始沒有用到所謂的股東權益，後來重新貸款時也沒有用到自有資金，所以說投資報酬率算出來是無限大。

問：所以你的投資報酬率反映出自身所擁有的知識以及所受過的財務教育？如果缺乏這兩項，你應該是無法做到上述的事情，對嗎？也就是找到並且籌措資金來讓自己獲得無限大的投資報酬率囉？

答：是的。這就是為什麼富爸爸集團品牌定位中會用到這句話：知識就是新的金錢。

問：那麼你自己口袋所多出來的兩萬五千美元之所以免稅，是因為該款項來自於一筆貸款的原因？

答：是的。但是如果我把房子賣掉，那麼這筆兩萬五千的現金就要被課徵資本利得的所得稅。以我當時的稅級來看，應該是百分之二十左右的水準。

問：瞭解……如果你把房子賣掉，那麼稅後的淨利應該會變成兩萬美元是嗎？

答：還更少一些。理由如下：因為只要我持續擁有該不動產物件，那麼我每個月還會得到兩百美元的現金流，一年下來是兩千四百美元的被動收入，它同時也是所有收入類別當中所得稅率最低的一種。

問：到底有少種收入類別？

答：一共有三種最基本的所得類別。1.一般收入、2.投資組合收入、3.被動收入。

一般收入（或經常性收入）是來自於薪資、存款利息，以及401k退休金儲蓄計畫等等。一般收入的所得稅率是三種類別之中最高的一種。只懂得為了一般收入而工作，也是造成窮人愈來愈貧窮而中產階級逐漸消逝最主要的原因之一。

投資組合收入也被稱之為資本利得，也就是出售事物時所得到的收益。那些翻修轉賣房屋、買賣股票，或者出售手中事業的人們，個個都需要支付資本利得的所得稅，它的稅率同時也是三種所得稅中第二高的。

被動收入則是來自於資產所產生的現金流。因為我選擇不出售手上的資產，反而用貸款的方式把獲利給「借貸」出來，我透過負債和租金的被動收入等方式來實現並且獲得我的資本利得。這種所得是三種所得類別中課稅稅率最低的一種。我知道有些讀者正在想：「你不能這麼做。沒有所謂『賣方提供貸款』這回事情。」你說的一點也沒錯：當你口中說出不可能的時候，你的確不可能做得到。

問：那麼不在美國的讀者又如何？他們也可以這麼做嗎？

答：當然可以了。或許條款和規定有些許的不同，但是基本概念在全球都是通用的。當我在一九七三年開始起步的時候，那時候的不動產講師警告我們說一定會有人跟我們講：「你在這裡不可能這麼做」那些缺乏財務教育的人們永遠都會說：「你在這裡不可能這麼做」，就算真的有人在這個地區這麼做也一樣。

問：那麼為什麼會有人說「你在這裡不可能這麼做」？

答：因為只靠嘴巴說說「你在這裡不可能這麼做」是件很容易的事情。懶惰的人永遠習慣說：「你不能……」這種容易脫口而出的話，而不會說出要學習上課、用功鑽研、練習並且多次犯錯，並且從中學習等，那些能讓你真正學會一些本事的話。這些人告訴你不能做的原因，是因為他們本身做不到的關係。

問：請問這種策略只能用在不動產之上嗎？我是不是可以把它用在任何其他領域之中？

答：你當然可以把它運用在任何事物上。股票配上選擇權一樣也是一種很容易做到，一種可以不用投入自有資金就能賺到錢的方式。不動產之所以擁有比股票更大的優勢，是因為它可以運用長期債務的威力。

問：所以債務就是一種槓桿。如果我不懂得運用槓桿，那麼就算我愈來愈辛苦的工作，只會愈賺愈少？

答：是的。讓我再舉個例子讓你知道我是如何利用負債來讓自己愈來愈有錢。

當股票和房地產市場於二〇〇七年雙雙崩跌時，我們並沒有想以當時的低價格來買進股票。我們反而利用債務買進數千萬美元的不動產。和股票比起來，由於利用銀行提供的錢，我們反而可以買下遠比股票價值更多的不動產。話說回來，銀行也不會貸款給打算買進大量股票的投資者。

肯・麥克羅和他的搭檔羅素、金、和我四個人在二〇一四年再一次給二〇〇七年所買下的不動產進行重估價，因此獲得將近一億美元的貸款現金。我們當時買進出租公寓時平均貸款利率為百分之五，而二〇一四年這一億美元的貸款利率卻只有百分之三。

意思就是說我們藉由貸款拿到了數百萬美元的資本利得，同時因為利息降低還額外多出了兩百萬美元現金流。

問：這多餘的兩百萬美元是從哪裡來的？

答：這兩百萬美元現金流是因為節省了貸款利息這項支出而獲得的。亦即同樣是背負著一億美元銀行貸款，但原本每年要支付百分之五的利息，現在卻只要給百分之三所致。

問：這也是在運用富勒博士口中所說的簡成這項一般原理，亦即以少做多？

答：是的。

問：那麼這項原理的運用是否也不侷限於不動產之中？

答：正確。到處都有運用簡成這項一般原理的例子。我們也可以說任何有錢人必定是運用了某種槓桿作用來致富的。舉例來說，當某位音樂家發行唱片並且賣出一百萬張以上時，這也是運用簡成這項原理（以少做多）。當有人設計出優質的手機APP並且有數百萬人購買下載時，也是簡成原理在發揮作用。不動產具有的獨特優勢是同時擁有負債和稅賦兩種力量。

問：所以當理財專員建議我還清所有貸款時，他們的建議反而在剝奪我運用槓桿的能力，讓我無從發揮簡成的原理，無法以少做多？

答：是的。雖然他們的立意良好，但是他們不是在提供財務方面的教育。財務教育永遠都要包括硬幣的兩個面，並且教導你如何利用負債的威力來致富，而不是越變愈貧窮。

補償的法則

問：但是，萬一我在運用負債時出錯了怎麼辦？

答：這就是為什麼你要上一些不動產投資課程，並且不斷地一而再、再而三的練習。我上過無數的課程，而且更愛練習。我寧可多多練習而不是憑感覺衝動買進然後不小心賠了錢。在金錢的世界裡，有一項法則稱之為補償的法則。

問：什麼是補償的法則？

答：簡單來說當你學得愈多，而且不斷練習，同時逐漸處理更巨大的挑戰時，你的智慧與經驗會增長得愈來愈快，此時你獲得的補償就會愈來愈大。

舉例來說，當我和金一開始學習如何投資時，她的計畫是每年買下兩間小公寓，十年之後買下二十間為目標。結果不到一年半的時間內，她就達成買下二十間不動產的目標。如今她擁有上千個物件，每年創造數百萬美元的被動收入。她同時身負數千萬甚至上億的債務。這就是補償法則發揮力量的例子。

一則警告

我上過為數不少的不動產課程，而那些講師會把尋找優質不動產的過程形容成無比艱難、風險高，而且曠日廢時的樣子。結果在課程要結束的時候，他們反而開始說：「與其花時間尋找不動產、犯錯，還要為租客和修繕煩惱，直接把錢拿給我，讓我來替你尋找、申請貸款、購買，並且管理你所投資的不動產。」

我強烈建議你遠離這類的講師和機構。他們並非老師，而是銷售業務。他們跟一般共同基金的業務沒有什麼不同。這種人通常邀請你參加一個免費的理財課程，然後告訴你說把錢交給他們來進行投資才是聰明的做法。

問：把錢交給別人投資有什麼不對？為什麼不讓這些人替自己工作？

答：好問題。或許答案會讓你吃驚不已。當你把錢交給他人時，那麼補償的法則就不會在你的身上產生任何效果。

或許你還記得學習的圓椎中最重要的兩列，也就是學習效果最佳的兩種做法，亦即模擬真實的體驗以及實際操作（玩真的）。如果你真的想要獲得財務上的自由，那麼你就得親自練習並且玩真的。

問：但是如果我能獲得現金流以及稅賦上的優惠，讓別人來幫我投資這種做法有什麼不對的地方？

答：問題在於不動產本身。不動產並非一項流動性很高的資產。所謂流動性的意思就是說你可以很迅速地進行買或賣的動作。股票和共同基金是流動性非常高的投資工具，你可以在數秒之內進行買賣，而不動產恰好相反。如果不幸在投資不動產上犯了錯誤，那麼想要擺脫一個不良物件則需要一段非常漫長的時光。有數百萬屋主和翻修轉賣投資者已經體會過不動產流動性有多麼緩慢的痛苦了。

因此如果你不願意一而再、再而三的練習，那我會建議你千萬不要投資不動產。別忘了當有不動產課程的講師跟你說：「讓我來幫你投資」時，你仍然得親自（而不是那位講師）負起繳交每個月的房貸、處理租客問題、承擔維護修繕的費用與工程，以及保險費等事項。最糟糕的是你幾乎學不到什麼。補償的法則和槓桿作用反而都不會在你的身上產生效果。

你為什麼得親自學習如何運用債務的原因，是因為債務才是現在的金錢。在金錢的世界裡，債務是最有威力的一種力量。你上課並且不斷的練習就是為了要能掌控並且運用這個最具威力的財務工具。

如果你不願意從小處著手，學習如何運用債務來投資不動產，那麼或許存錢儲蓄、清償所有貸款、長期投資共同基金對你來說是比較好的做法。至少存款和共同基金的流動性很高。

世界上最大的負債者

當今印鈔票最兇的國家是美國、英國、日本，以及歐盟等，都曾經是世界上最富有的國家之一。

現代貨幣的崩壞

之前說過我在二〇〇四年曾經造訪辛巴威，想要親自目睹曾經繁榮一時的國家，當其貨幣崩壞時會發生什麼樣的狀況。辛巴威的貨幣於一九九七年十一月十四日開始崩壞，世人稱之為黑色星期五。那時在一天之內，該國貨幣就失去了百分之七十五的實質購買力。十一年後的二〇〇八年正式宣告辛巴威幣已經「死亡」了，因為已經沒有任何人願意再擁有或使用它。

以下是辛巴威貨幣崩壞的幾個主要原因：1.辛巴威政府和該國中央銀行之間存在著

黑金運作與利益衝突。2.辛巴威政府付不出當年答應其軍公教人員的退休金與津貼福利等。3.該國政府發動了國境之外的戰爭。4.該國政府有向其他國家舉債。5.政府開始利用印鈔票的方式來支應日常開支。

問：美國不是在做同樣的事情嗎？

答：是的。

壓垮辛巴威幣最後的一根稻草就是公職人員的退休金。與其支付這些退休金，辛巴威政府授權允許「退役戰士」和「公職人員」佔據或沒收白人農夫或放牧者所擁有的土地，而那些人才是真正替國家帶來收入的生產者。我在二〇〇四年親眼看見一群退役戰士是如何佔據一個原本由一對外國老夫婦所擁有的農場。這對老人所擁有的這間農場世代相傳已經超過了三百年以上。

拿著AK-47全自動化的步槍，這些戰士只是走進屋子並且強迫這對老人離開自己的家園，還把他們押上卡車帶走，這些人就這樣佔據了這間農場。對我而言，這次的經歷比我打越戰還來的嚇人。我在越戰期間至少手上還有可以還擊對抗的自動化步槍。

問：你認為美國也會發生同樣的事情嗎？

答：已經在開始發生了。倒不是利用槍枝的武力鎮壓，而是透過目前的貨幣體系在進行的。你應該記得本書前幾章裡所述，我們的財富正透過我們工作而賺來的錢、我們的儲蓄存款、自有住宅、股票市場的投資等而逐漸被剽竊了。

問：辛巴威的黑色星期五肇始於一九九七年的十一月十四日。美國會不會同樣有類似的黑色星期五？

答：我相信會的。就如同我在《富爸爸教你預見經濟大未來》一書中所說的，很可能會在二〇一六年前後發生。

問：你在辛巴威的期間學到了什麼？

答：在二〇〇四年，我知道辛巴威的民眾已經發覺事情已經不對勁了。但是由於他們缺乏財務教育，因此他們不知道哪裡出了問題，更遑論要怎麼辦。數百萬的民眾開始流亡他國，有數十萬計的民眾餓死。

如今二〇一四年的美國也發生了同樣的情況。許多民眾開始發覺有問題，但是根本不知道要怎麼做。很多有錢人已經開始出走，並且把自己擁有的財富藏匿在瑞士和新加坡等境外避稅天堂之中。

在二〇〇四年，辛巴威民眾期待政府能解決他們所面臨的問題。而在二〇一四年的今天，在當年造成貨幣崩壞的羅伯特‧穆加比總統仍然在執政。民眾仍然還抱著希望，期待這個摧毀整個國家，剝竊民眾財富的領導人來挽救他們目前所處的困境。

美國目前也面臨了同樣的狀況。美國民眾繼續用選票選出那些替強取豪奪巨人們工作的「木偶」政客。無論是民主黨或者是共和黨的總統當選，這些木偶的把戲繼續會上演無誤。

二〇一四年十一月當我在開普敦轉機時，我買下了企鵝出版社出版的，由菲利浦‧

哈斯蘭（Phillip Haslam）以及羅素・蘭伯蒂（Russel Lamberti）共同著作的《當貨幣摧毀國家》（When Money Destroys Nations）一書。該書令人擊節讚賞並且非常易於閱讀，很容易讓人瞭解辛巴威貨幣是如何崩壞的。書中有些真實的故事和情節讓人心痛不已。

我建議大家閱讀這本書的原因，是因為絕大部分的人們都經歷過股市或房地產市場的崩壞。很少有人親身經歷過貨幣崩壞這回事。貨幣崩壞是一種非常不一樣的事件，當你為自己第二次機會做準備的時候，或許你也應該要知道在貨幣崩壞的過程當中又會發生什麼樣的事情。

富勒博士的教誨

富勒博士說：「不要和力量頑抗，要懂得如何利用它們。」我之所以在本章放了一個美國歷任總統和國債相關的圖表，是想告訴大家如果不進行改革的話，那麼債務將會拖垮整個美國，這個曾經是全球最富裕的國家。這些債務將會讓後世好幾的代的子孫們淪為債務的奴隸。

傳統教育教導人們要無債一身輕。或許你個人選擇完全清償自身所背負的債務，但是政治領袖們持續在讓我們未來的世界債臺高築。如果你不想要成為政府赤字下的奴隸，那麼要懂得如何以惡制惡的辦法。學習如何利用個人債務的威力來對抗政治領導人物的無能。

你在第二次機會應該要學會的事物

如果你要清償所有的債務，那麼你打算利用什麼樣的槓桿力量來致富？你要如何將簡成這項基本原理運用在實際生活之中？你打算要如何以少做多？

如果你無法運用某種程度的槓桿，那麼你注定要辛苦工作一輩子，然後到頭來仍然一貧如洗。如果你想要學會駕馭債務這種力量，那麼就去玩現金流這款遊戲，然後想盡辦法利用任何機會來負債（而不是還清債務）。當你玩遊戲的時候，就算輸了遊戲你仍然可以學到很多東西。

財務教育就是……硬幣的另外一面。不良的債務會讓窮人和中產階級愈來愈貧窮。不良的債務就是要靠自己的力量清償的債務。良好的債務讓有錢人愈來愈有錢。良好的債務是靠別人來幫你清償債務。財務教育就是要學習如何駕馭掌控債務的威力，因為在當今的世界裡……債務就是金錢。

現金流桌遊是全球唯一會教你如何利用負債來致富的遊戲。遊戲中是利用假錢來模擬真實的情況。

第十四章 相對於「量入為出」

上帝想要所有的人富有。

——巴克明斯特·富勒博士

絕大多數的理財專家會建議你生活要「量入為出」。問題是：你真的想要過著量入為出的生活嗎？

很明顯的，有許多人不喜歡過著量入為出的生活。這就是為什麼會有這麼多人背著信用卡卡債，過著月光族的生活，居住的房屋和駕駛的車子遠遠超過自己的收入水平，並且經常藉著旅行來逃避自己的工作、帳單、恐懼，以及財務上的問題。

諷刺的是很多那些看起來很有錢的人們，其實比起許多窮人來說還更加貧窮些。很多窮人並沒有背負著中產階級獨有的卡債。中產階級背負著沉重的消費性債務，而這一切都只是為了跟上社會的潮流。

我認識太多開著賓士汽車，住在高級住宅區的豪宅裡，孩子們念的都是私立學校，但是只要兩個月沒有領到薪水的話就要立即宣布破產的人們。

既然大部分的人們不想要過著量入為出的生活，因此民眾對於這類的建議也是充耳不聞。我反而提出完全相反的建議。與其量入為出的過生活，人們應該學習如何拓展自己的收入來源，讓他們可以享受一個更富裕的生活。

問：一個人要如何拓展自己的收入來源？

答：人們需要藉著掌控自己的資產欄位來拓展自己的收入來源。目前來說絕大部分人們的資產欄位是被強取豪奪的巨人們所掌控著。這就是為什麼絕大部分的人們被教導說要存錢儲蓄、買自有住宅、長期投資於股票市場之中的原因。

金錢的遊戲

我說過一張圖勝過千言萬語。下頁圖表一告訴我們有錢人、中產階級，以及貧窮人之間的差異。你應該看得出來這三種人各自玩著完全不同的金錢遊戲。

改變自己玩的遊戲

當你開始改變自己在玩的遊戲時，就開啟了自己的第二次機會。與其辛苦工作並且

圖表一

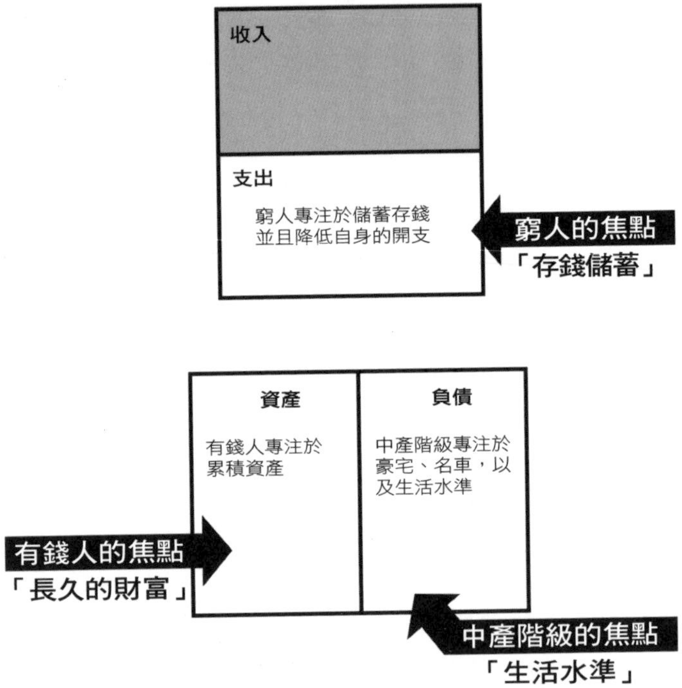

存錢儲蓄，或者辛苦工作來擁有高水準的生活品質，只要簡單地把自己的焦點從收入欄位移轉到資產欄位之中。為什麼要讓強取豪奪的巨人掌控自己的資產欄位？為麼要盲目聽從所謂「理財專家」的建議，把自己的錢交給強取豪奪巨人們所擁有的機構？

資產欄位就是有錢人們玩金錢遊戲的地方。你為什麼不學學他們，跟著一起玩呢？

如何減少應繳的稅賦

當你開始把焦點放在資產欄位之中時，首先會發生的事情就是你應繳的稅賦就會開始逐漸減少。

舉例來說，當你開始創立位於家裡的小事業時，很多原本屬於稅後的個人支出，就立即變成稅前可扣抵的營運費用。

如果你擁有一間公司，那麼許多費用，例如交通費、酒店住宿，以及餐飲等，都可以變成可扣抵的營運費用。想當然了，你必須先尋求專業的會計師或稅務專家來確定自己哪些開支可以進行扣抵。

在這裡的重點是：把焦點放在資產欄位中（也就是有錢人專注的欄位）時，你就開始享有一些跟有錢人一樣的稅賦優勢。

我真希望擁有一輛法拉利

我最近和金駕著法拉利前往我們所擁有的一間不動產。三位在亞利桑納烈陽下工作的年輕工人放下手邊的工作，跑來欣賞的我的跑車。其中有一位臉帶著微笑說：「我真希望能負擔得起一輛法拉利。」我回應說：「你有辦法負擔得起的。」

另外一位接口說：「我們是不可能負擔得起。我們沒有念大學。我們出身於貧窮的家庭所以才沒有辦法念大學。因此我們才會從事勞力的工作。」我問他們願不願意知道就算沒有上大學，一樣也可以負擔得起一輛法拉利跑車的辦法時，三個異口同聲的說：「好啊。」

為了易於說明，我在一張紙上畫出了圖表二這個圖形。

我指著他們正在施工的公寓住宅然後說：「是這間不動產在幫我支付這輛法拉利。這間不動產也在支付你們的薪水以及修繕這間不動產所需的費用。」

當他們開始懂得資產與負債兩者之間的差別後，我就開始解釋富爸爸的教導——有錢人從不為錢工作，以及有錢人的工作焦點是打造能創造現金流的資產等觀念。

其中一位年輕人問我說：「你是不是上了大學才學到這些東西的？」我回答說：「沒有」，並且向他們解釋這一切都是我在他們這個年紀的時候，上了一堂學費三百八十五美元，為期三天的不動產投資課程裡所學到的。當他們理解我竟然在現實生活裡玩著大富翁的遊戲，而他們施工的公寓是我的一幢紅色旅館時，他們突然就開竅了。

「所以我們一樣也可以這麼做？」他們問。

我說：「為什麼不呢？如果我能做得到，那麼你們一樣也可以。這並非什麼深奧的學問。」

然後我開始解釋我是運用所擁有的資產來買下我所擁有的負債物。我也同時解釋了很多人在財務上困頓掙扎的原因，是因為他們淨買一些自以為是資產的負債物。

圖表二

資產負債表

資產	負債
不動產	法拉利

「所以應當拓展自己的財源……而非量入為出囉？」其中一位年輕人問說。我回答說：「是的。你們內心都存在著一位有錢人、窮人以及中產階級。當你選擇把焦點放在資產欄位中，並且學到愈來愈多有關於資產的事物時，你就能發揮自己內心那位有錢人的資質。」

我繼續解釋教育這個詞彙源自於希臘文 educe 這個字根，原意是指抽出來。傳統教育制度是專門抽出人們心中那位中產階級的人物。想要抽出心中那位有錢人的話，那麼他們需要接受財務教育才行。

「而財務教育剛好和傳統教育是相對的？」

「是的」我回答。

「不動產是唯一的一種資產類別嗎？」

「非也。」我說，然後進一步解釋 J.K. 羅琳在寫哈利波特叢書時還在領救濟金過活。她的書籍和電影讓她變成了億萬富翁。

我也跟他們分享我所認識的一位連高中都沒有畢業，但如今是靠著賣雞蛋成為億萬富翁的朋友。在高中時代他的祖母給了他幾隻母雞，結果他很快的就讓雞隻繁衍並且出售牠們所生出來的雞蛋。如今五十歲的他每天賣出上百粒的雞蛋。

我也提醒他們桑德斯上校（Colonel Sanders）的故事，只憑著一個調味食譜，就創造出肯德基的炸雞王國。他們也都聽說過沒有唸完大學，跟他們年紀相彷彿的馬克・祖克柏創立臉書的故事。

我也跟他們強調說，雖然聽我解釋起來很簡單，但實際做起來並不是這麼容易的一件事情。

「因此，如我我們把焦點放在資產欄位上，我們就能拓展自己的財源，靠著現金流來賺更多的錢而非靠薪水度日，同時繳納更少的稅賦？」我回答說：「是的。而且那時候你就能擁有任何你想要的車子，並且讓自己資產來支付這輛車子的花費。」

當我駕車離去時，我可以看到他們非常興奮的彼此交談著。從那時到現在我還沒有再遇到他們，因此不知道在我們的談話之後是否有發生了什麼改變。至少我知道這些年輕人已經懂得他們不一定非得要過著量入為出的生活了，除非他們甘於這麼做。他們唯一要做的，就是要重新掌控自己的資產欄位就行了。

富勒博士的教誨

人們經常會問，「富勒博士在一九二七年決定不再為錢工作之後，是靠什麼過活的？」我解釋說富勒博士的做法跟富爸爸教導我和他兒子的做法是一樣的事情。與其為錢工作，富勒開始創造自己資產欄位中的各項資產。與其買下不動產，他絕大部分的資產是屬於智慧財產這塊領域。智慧財產是一種無形的資產，像是專利、書籍、授權和商標等等之類的事物。

我也擁有同樣類型的資產。你在閱讀的這本書就是其中一項。當我一寫完這本書的時候，我們立即授權給全球各地的出版商們來出版這本書。

你在第二次機會應該要學會的事物

首先：列舉出你在生活當中想要的一切美好的事物。姑且稱之為你的夢想清單。

多年前我和金會駕著車經過我們現在所住的房屋，然後說：「總有一天這間房屋會是我們的」。如今這句話已經成真了。差別在於我們先買進了出租用的不動產，而今這些不動產在幫我們支付這間夢想中房屋的房貸。

第二：列舉出所有你想擁有的各種資產，也就是那些能幫你支付夢想生活所需的各項資產。

先別煩惱要如何買下這些資產。先承認自己確實不懂就是開始學習的初步。那些自以為什麼都懂得人們什麼都學不到。

第三是：每天記得要瀏覽一下這些清單。

財務教育就是，硬幣的另外一面。拓展自己的財源和量入為出是硬幣的一體兩面，兩種完全不同的生活方式。傳統智慧推薦人們要量入為出的活著，但是我們都擁有做出選擇的權利，更重要的是我們都擁有機會，可以選擇把焦點放在資產欄位中，來拓展自己的收入來源，讓我們過著更富裕的生活。

第十五章　相對於「千萬別作弊」

最重要的莫過於毫無保留地相互合作，同時不能因為利己而有損及他人。任何違此而獲得的成功將視其逆天的程度而亦發短暫。

—巴克明斯特．富勒博士

在學校裡，尤其是考試的時候，如果開口求助會被視為一種作弊的行為。事實上當我在念高中的時候還查過我窮爸爸的老師守則，在守則中賦予作弊的定義是：「給予有需求的人幫助」。對我而言，這是一種非常符合人性的行為。

當我在念高中的時候，富爸爸會要我和他的兒子一起參加每個星期日上午所舉行的團隊會議。我最先留意到的是富爸爸用不著成為團隊中最聰明的人。事實上他應該是整個團隊中學歷最低的一位。

在他身邊盡是一些律師、會計師、銀行家、經理、不動產仲介以及股票營業員。與其指示他人怎麼做，他反而會提出自己目前所面臨的問題，並且讓他的顧問們來提供解決問題的各種建議。在家裡我經常會看到我的窮爸爸坐在一堆帳單的面前，竭盡腦汁的想辦法如何找到足夠的錢來支付它們。

我想說的是富爸爸藉著向比他更聰明的人士請教，來解決自己在財務方面所面臨的問題。我的富爸爸是一個願意跟他人合作的人。我的窮爸爸則恰好相反。他憑一己之力來解決自己的財務問題，而且他絕對不會作弊。在現實生活裡從商創業，和作弊相對的就是合作。

問：那麼我的團隊應該像什麼樣子？應該要有哪些人才？

答：看看我的顧問團。這些人就是我的團隊。

1. 湯姆・惠萊特是一位註冊會計師（CPA）並且是我在稅賦領域上的顧問。你現在也知道稅賦一不小心就會變成你最大的一筆支出。
2. 肯・麥克羅是我債務上的顧問。你現在也知道尼克森總統於一九七一年取消了美元的金本位制。就因為如此才讓債務變成了新的金錢。
3. 布萊爾・辛格是我從一九八一年至今的好友與顧問，只要有關業績和銷售找他就對了。只要我旗下公司在營收方面有任何問題時，布萊爾就會前往教導公司上下所有的人如何精進銷售的能力。根據他的說法是「銷售等於收入」。如果你的收入不足，就表示你的公司銷售有問題。如果你是一位創業家，那麼你最重要的本事就是「要能賣」（理想、觀點、產品與服務等），同時也要能先說服自己。

4.安迪・泰納是我在有價證券和股票市場這個領域的顧問。他是我所認識所有人中，最懂得怎樣教導人們如何從股票創造出現金流的老師。

5.戴倫・威克斯是我在教育創業家這塊領域中的顧問。他藉著教導人們如何玩現金流遊戲而變得非常的富有。

6.蓋瑞特・索頓是我在法律上的顧問。在我面對掠奪性的訴訟或者繁重的稅捐時因為有他，我才能保有自己的資產以及原有的財富。

7.約瑟和麗莎・藍儂是我在社工創業家這個領域中的顧問。你也應該知道，如果你的公司被認為是一個沒有良心的事業，那麼你的生意也就根本作不下去了。

當然還有金這一位顧問，她教育女性時具備高度的熱忱。她講話的方式擁有絕大部分男人所欠缺的同理心與善解人意。

問：你的意思是說我應該也跟你一樣擁有同樣的一些顧問嗎？

答：完全沒有這個意思。我列舉出自己所有的顧問只不過是給你舉個實例來參考而已。每位顧問都有各自的著作來分享他們的知識與經驗。

每位顧問也經常會上富爸爸廣播電台中當特別來賓。我們所有的節目都會存檔，因此你可以造訪 richdadradio.com/radio 這個網頁，來收聽任何顧問所分享的節目內容。

問：你為什麼會鼓勵我們聆聽你的顧問所說的話？

答：理由很多。聆聽富爸爸廣播電台這種方式能做到學習圓椎其中的一個關鍵。

和你分享我個人所擁有的顧問群最主要的目的，是希望能讓你有所領悟，能開始區分顧問之間的好壞與不同。別忘了，與作弊相對的是合作。而合作的意義就是你無需成為團隊中最聰明的人才能致富。擁有一個聰明的團隊才是明智的做法。

主題：保護自己的資產

來賓：蓋瑞特・索頓

富爸爸廣播電台下載免費的 APP: www.richdad.com/radio

富勒博士的教誨

以下富勒博士名言中我最喜愛的一則：「當然了，我們目前的失敗固然是由許多因素所造成的，但是最主要的原因很可能是因為社會大眾全盤接受『專門化是成功的關鍵』這種理論，而罔顧了在專門化的過程中會妨礙並且排除綜合性與全面性的思維。」

富勒博士在講的是我們的學校體制把我們訓練成各種專才——會計師、工程師或者是律師等。問題是：解決問題是需要很多不同的專才一起才能成事。他會視富爸爸為一個通才，而非專才。富爸爸是一位創業家，一個對許多事情都懂得一些的通才。一位像是律師或會計師的專才懂得非常多與深入，但是侷限於特定的領域之中。

學習的圓錐

兩週後大概還會記得		自然而然的投入程度
90% 自己所說過的話以及動手做過的事	實際操作（玩真的）	主動的
	模擬真實的體驗	
	從事戲劇化的講演	
70% 自己所說過的話	發表談話	
	參與討論	
50% 自己所聽到的和看到的事	觀看他人實地演練操作	被動的
	目睹別人的示範	
	目睹展覽會中	
	別人的示範	
	看動態影片	
30% 自己所看到的	看靜態圖畫	
20% 自己所聽到的	聆聽別人所說的話	
10% 自己所閱覽的	閱讀	

聆聽富爸爸廣播節目中的討論，持續獲得財務方面的教育。

資料來源：Cone of Learning adapted from Dale, 1969

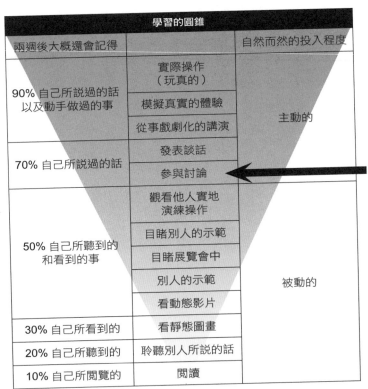

這就是為什麼富爸爸擁有一個專才所構成的團隊，來協助他解決財務方面的問題。所以我建議你也應該要這麼做。你是否開始瞭解每當我們講到真正的財務教育時，我們的焦點都會放在相對的事物上？所以講到團隊時，你的團隊也必須同時擁有專才與通才來解決任何你會面對的問題。

你在第二次機會應該要學會的事物

以下或許是你會想要採取的一些步驟：

1. 先列出自己團隊所需要的顧問。
2. 如果你目前沒有任何顧問，那麼收聽富爸爸廣播電台節目中我對自己顧問所進行的訪談，讓你對於如何選擇顧問會有更清楚的概念。
3. 如果你已經有顧問了，但是對他們並不是很滿意，那麼收聽富爸爸廣播電台節目可以讓你知道如何選擇更好的顧問。
4. 要清楚瞭解顧問與掮客仲介之間的差異。有太多人聽的是業務或仲介所給予的意見，而非好顧問所給予的建議。
5. 就像巴菲特所說的：「千萬不要問保險業務員自己是不是還需要買更多的保險。」

財務教育就是，硬幣的另外一面。千萬要記得以下三件事情：

第一：開口求助只有在學校裡才會被視為作弊的行為。承認自己蠢笨是件好事，假裝自己很聰明則不然。如果你認為自己已經無所不知的話，那麼想要變得更聰明將會是一件很困難的事情。

第二：當你變得愈來愈聰明之後，你的團隊也理應如此。如果你的團隊中有人不持續學習與進步，就把他汰換掉。

第三：和蠢笨相對的是聰明。想變得更聰明最好的辦法就是虛心的承認自己並不是知道所有的事情。如果你發現自己的顧問自認為無所不知，請你找其他的顧問來諮商。如果自認為知道所有的答案，那麼想要變得更聰明將會是一件非常困難的事情。

第十六章　相對於「有錢人都很貪婪」

你是否會因為所有人都能獲得你所擁有的事物而自發性的充滿熱情？

—巴克明斯特·富勒博士

很多人認為有錢人都非常貪婪，的確有一些是這樣的。很多人相信一定要非常的貪婪才有可能變成為有錢人，而且很多有錢人的確是因為非常貪婪而致富的。富爸爸經常會說：「讓人們心裡不舒服的並非是有錢人賺了多少錢，而是這些有錢人是怎麼賺到這麼多錢的。」

舉例來說，當一位明星橄欖球選手賺到數百萬美元的年薪時，絕大部分的人們都能接受他變成有錢人的事實。這些選手經過多年的努力，從孩提時代懷抱夢想，年復一年在沒有報酬下不斷地練習，長大後進入職業球隊讓數百萬的觀眾為之瘋狂，然後賺進數百萬美元的年薪。少數人認為這些人一定是很貪婪才會致富的。數百萬愛戴他們的粉絲都會為他們的富有與成功而感到高興。

對那些賺進數百萬美元的影視明星來說也是一樣的道理。絕大部分的人們對於這些明星能賺到這麼多的錢也不會感覺到有什麼不高興的地方。湯姆・漢克和珊卓・布拉克之所以能有這麼高的片酬，是因為數百萬的觀眾喜愛並享受他們的演出。

而當我是小孩子的時候，當披頭合唱團賣出數百萬唱片而成為百萬富翁的時候，我也替他們高興。因為他們創作出來的音樂可以讓我感到非常的快樂。但是當一個有錢的老闆刻意的壓榨員工的薪水時，絕大部分的人們都會感到義憤填膺。

我想表達的重點是：當有錢人利用貪小便宜、殘酷、不誠實、犯罪的、不合乎倫理道德等手段來致富時，誠實的人們就會感到非常的憤怒。

高血壓

每當我思索這些事情的時候血壓就會升高：那些造成二〇〇七年大崩盤，使得上百萬的民眾失去工作、自有住宅以及光明的未來，但是仍然可以領取巨額獎金與報酬的銀行家們；那些濫用權力來讓自己和朋友圈致富的腐敗政客們；那些就算把公司搞到破產仍然可以支領數百萬美元薪資的執行長們。這些人的無能讓公司的員工失去了工作，同時也讓股東蒙受巨大的損失。

聯準會、華爾街以及美國政府聯手將數兆虛假的美元挹注給銀行們，只為了保護自己有錢的友人，同時卻要窮人、中產階級，以及未來數代子孫們來為此付出代價。政府的公僕們藉著獎金與退休金大大掠奪他們原本應該要服務的民眾。許多公僕們退休後所賺到的錢，遠比那些曾冒著生命的危險報效國家的退役軍人還來的高許多。

我所知道的一些最近的例子如下：

- 鳳凰城有位圖書館館員以五十八歲的年齡退休時，竟然可以拿到二十八萬六千美元的退休獎金，以及每年十萬兩千美元的終身俸。
- 三位鳳凰城的消防隊員在二〇一一年退休時，各自領取到一百萬美元的獎金，這還不包括他們的退休俸。

有報導說鳳凰城前五十位高層公職人員退休後在到達七十五歲的時候，一共需要撥發給他們一億八千三百萬美元的退休金（這都是納稅人的錢）。

很多鳳凰城的市民都對此感到非常不高興。他們認為這些公職人員都非常的貪婪。數百萬美元的政府經費卻只流入少數人的手中，而不是用更公平廣泛的方式發放給所有的公職人員。

我們暫時換個角度來看：這些公僕們自認為自己很慷慨。因為他們將一輩子奉獻給了公家的單位。你的看法如何？美國許多城市和州也都在發放著同樣鉅額款項給他們的退休人士。

以上這些範例都是極度貪婪與腐敗的病徵。現金大劫案目前正在如火如荼的進行當中。看樣子貪婪已經席捲了整個世界。

藉著慷慨來致富

從硬幣的另外一面來看，許多人是因為慷慨而致富的。華特‧迪士尼因為把快樂帶給數百萬計的人們而致富。亨利‧福特藉著製造連勞工階級都能負擔得起的汽車而致富。谷歌的賽吉‧布林（Sergey Brin）之所以是一位億萬富翁，是因為他讓蒐集資料變的比上圖書館還容易許多。

學習如何變的有錢又慷慨

如果你看過《富爸爸窮爸爸》這本書，你或許還記得有一次我的窮爸爸非常震怒，因為我的富爸爸並沒有支付薪水給我和他的兒子。富爸爸要求我們無償的工作。為了補償我們工作所投入的時間，富爸爸教導我和他的兒子如何藉著慷慨來致富。我們的所學都是藉著經常玩大富翁這款遊戲而獲得的。我們大部分的人都知道大富翁這款遊戲中的致富公式。簡單來說公式就是把四幢綠色的房屋換成一間紅色的旅館。

如今我和金在現實生活裡玩大富翁。我們有上千個綠色的房屋，由各種公寓、兩間旅館、五座高爾夫球場、商辦大樓、幾個事業以及許多油井所組成。我也藉著寫書與創造財務教育的遊戲來分享我們的知識與經驗。

有些人也會認為我們是很貪婪的。但是我個人認為我們是很慷慨的。很多指控有錢人都很貪婪的人們只擁有一幢房屋。他們的資產負債表看起來如圖表一。

你認為誰才是貪婪的？員工還是創業家？

我和金無論是直接的還是間接的，透過我們全球事業和投資，提供了上千個工作機會。舉例來說我們那幢紅色旅館，也就是一間鳳凰城的度假中心，光是員工就有八百多位。也可以想想這八百多位員工的收入又會幫助多少其他的事業、商店、餐廳、醫生、牙醫以及家庭等。這就是為什麼每當我聽人們說：「有錢人都是很貪婪」的時候，我都會有點惱火的原因。我相信就是因為學校缺乏財務教育的關係，造成人們變得愈來愈貪婪的關係。當人們有錢但沒有資產的時候，他們就會變得非常貪婪、不顧死活，以及需索無度。

問：你的意思是說那些說有錢人都很貪婪的人們，實際上他們卻比有錢人還更加的貪婪？

答：對也不對。我的意思是說個人的看法完全取決

圖表一

資產負債表

資產	負債
0 間房屋	1 間房屋

於你站在硬幣的哪一面來看。

我的窮爸爸認為富爸爸很貪婪。我的富爸爸認為窮爸爸才是貪婪的人。從我的眼中來看，兩位男士都非常的慷慨。你的責任就是要站在硬幣的邊緣上來決定什麼對你來說才是真的。當你決定什麼是貪婪和慷慨的定義之後，就會開啟你的第二次機會。

問：為什麼你的富爸爸會認為窮爸爸是貪婪的？

答：我的窮爸爸相信劫富濟貧這種觀念。我的窮爸爸認為有錢人應該支付人們更高的薪資，並且還要繳納更多的稅。

問：你的窮爸爸崇尚社會主義嗎？

答：可以這麼說。他是個好人，相信人們應該彼此相助。

問：你的富爸爸是不是崇尚資本主義？

答：應該沒錯。他一樣也是位好人，相信人們應該彼此相助。

問：為什麼你對兩位爸爸的評價都是一樣的？

答：因為這是實話。兩位都是相信人們應該彼此相助的好人。只是兩位對幫助人們的方式有著不同的看法。

富勒博士的教誨

富勒博士的預言有很多已經成真，那些尚未成真的預言需要更多的時間以及更先進的科技才能做得到。其中有兩個預言一直在我腦海裡盤旋：

1. 他預言說在一九四五年之後出生的人類只要不抽煙的話，預計平均壽命應該長達一百四十歲左右。他是根據醫療科技加速進步的幅度而做出這項預言的。

2. 他預言說失業率會隨著電腦科技的進步而上揚。他說：「人類全體將會被電腦這個專才所取代。人類因此被迫要重建、再次運用，並且享受自己先天具有的『全面性』能力。」

遠在數十年前的六〇和七〇年代期間，他就預言失業率會因為科技的進步而不斷的上揚。他說：「人必須要靠工作才能謀生」這種想法將會被成過時的觀念。「我們必須揚棄人人都得靠著工作才能謀生這種絕對華而不實的概念。」

富勒博士也說：「我們知道這一群『對人類生活沒有助益也不能創造人類富裕生活』的人們在一九八〇年每天開車或搭公車上班時，消費上兆美元的石油和能源，去到他們不能『創造人類富裕生活』的工作崗位之上。不需要電腦來告訴我們，我們就能知道如果支付他們優渥的薪資並且叫他們待在家裡，每天還可以替全體人類和整個宇宙節省數兆美元的成本。」

如今在（政府應該要照顧我的生活這種）理所應得的心態瀰漫，畢業生找不到工作機會的二〇一四年間，我耳邊再次響起富勒博士在一九八三年所說的話：「在不久的將來，付錢給人們讓他們待在家裡這種做法還比較有道理些。」我在一九八三年根本聽不懂他在說什麼，這番話完全超乎我的認知範圍之外。

問：那麼你的顧慮是什麼？

答：富勒博士的預言正在實現。如今就算是像中國這種薪資低廉的國家，也開始面臨人口大量失業的挑戰。目前中國有數千座工廠處於閒置的狀態之中。

我擔心的是：當數十億沒有工作的人口活過一百歲的時候要怎麼辦？

問：不可能發生這種狀況，對吧？

答：我在一九八三年的確也是這麼想的。如今我已經不這麼確定了。如果中國、美國，以及全世界有數千萬民眾失去了工作，而政府因為付錢給這些待在家裡的民眾而宣告破產時，又會發生什麼樣的事情？這種想法深深困擾著我。富勒博士於一九八三年告訴我們說，我們這一代就是將來要面對這些問題的世代。我擔心的是他所說的未來就是現在我們所面臨的狀況。

問：當他說：「人類因此被迫要重建、再次運用，並且享受自己先天具有的『全面性能力』」這句話的時候又是什麼意思？

答：他相信絕大部分的人如果待在家裡又有錢可以拿的話，都會因此而感到高興。這也會對我們的環境保育有很大的幫助，因為這麼一來很多人就用不著堵車上下班，從事一些無法讓世界變得更美好的工作。

至於全面性，他的意思是說少數拿錢待在家中的人們，會被啟發從事自己「靈性方面的工作」，來實現自己先天的使命與意義。他說會有數百萬的人們從事「發自內心本能地」事情，這時候人們就會開始動手解決地球所面臨的各種問題，是因為這些人們真的想要解決這些問題，而不只是為了獲得一份薪水才去做的事情。

問：你就是這麼做的嗎？

答：是的。看完《強取豪奪的巨人》這本書之後，我就知道應該怎麼做了。

問：要做什麼樣的事情？

答：我知道要做像喬治．歐威爾（George Orwell）在他所寫的《１９８４》這本書裡所寫的：「當世上瀰漫著謊言的時候，說實話反而是一種革命創新的舉動。」很巧的是，我和金就是在一九八四年跨出第一步勇於一試的時候。

問：那麼你的解決辦法有哪些？

答：教育一定要有所改變。我們絕對不能再告訴人們說：「好好上學唸書然後找一份工作。」我們必須開始訓練人們成為創業家，而非員工。這個世界迫切需要能創造就業機會，能解決世界所面臨的問題的創業家們，而不是為了錢才願意從事工作的人們。

好消息是如今有數百萬的人開始成為創業家。問題在於這些人大部分會變成S象限裡的創業家，持續的為錢而工作。世界需要更多B象限的創業家，懂得如何打造出能創造現金流的企業。不光是創造能賺錢的資產，而是能真正改變世界的資產。

問：所以你的意思是我得問自己：「如果不需要靠工作來謀生的話，我會做些什麼事情？如果我再也不為錢工作的話，我會開始分享自己什麼樣的天賦才華？」你是不是這個意思？

答：是的。我在一九八三年同樣的問自己這個問題。

你在第二次機會應該要學會的事物

問自己這個問題：「如果這輩子再也不用為錢工作的話，那麼我要從事哪些事情？」然後再問自己：「我是貪婪地還是慷慨地對待我所學到的知識以及人生？」每一枚硬幣都有著兩個不同的面向。

財務教育就是，硬幣的另外一面。你可以選擇將自己所學的知識藏私，貪婪的自己享受你所擁有的以及你所學到的。或者你也可以選擇分享它們。財務教育講求的是慷慨大方，而非貪婪自私。

第十七章　相對於「投資的風險很高」

我花了大半輩子學習如何遺忘，且放下那些已經被證明是虛假的事物與觀念。

—巴克明斯特．富勒博士

絕大部分的人們相信投資的風險很高，而對大部分的人們來說投資的風險的確是很高的。強取豪奪的巨人就是要人們相信投資的風險很高。

問：為什麼強取豪奪的巨人要人們相信這一點？

答：這麼一來你就會把自己的錢交給他們來處理。

問：就因為這樣，所以你認為學校缺乏財務教育也是基於這個原因？

答：從我的觀點來看的確是如此。這就是為什麼大部分的老師會盲目的建議學生存錢儲蓄並且要長期投資於股票市場之中。這種建議就是要你把錢直接送進強取豪奪巨人們的口袋之中。

問：你的意思是說這麼做是件壞事囉？

答：非也。再次強調，凡是都是一體兩面的。有些人認為投資的風險很高，而有些人則不然。問題是：你相信哪種說法？你想要相信哪一種說法？

就如富勒博士所說的：「我花了大半輩子學習如何遺忘，且放下那些已經被證明是虛假的事物與觀念。」

問：難道你所從事的事情都沒有風險嗎？

答：當然有風險了，但是任何事情都存在著風險。當你在學走路的時候有沒有跌倒過？

問：當然有了。

答：如今你走路的時候會不會一直跌倒？

問：當然不會了。

答：那麼這跟投資沒有什麼兩樣。你會駕車對吧？

問：是的，我有在開車。

答：你是如何學會開車的？

問：是我的父親教我的。

答：那麼他的教導是增加了還是減少了你開車時的風險？

問：是減少了風險……喔，我懂你在說什麼了。

答：現在你瞭解我為什麼要先花錢上一堂為期三天的不動產投資課程，然後還要花九十天的時間進行練習、尋找投資標的等，到最後才決定拿真正的錢去投資的做法？

問：所以你可以降低自己的投資風險？

答：同時提高我的報酬率。如今那一堂為期三天的不動產投資課程以及之後九十天的練習讓我變成了億萬富翁。但是更重要的是它降低了我財務上所冒的風險，同時又提高了我的獲利，而且我的收穫還不只如此，我再也不需要去找工作，我再也不需要擔心股市的漲跌等。教育和大量的練習讓我不用工作就獲得了能賺多少就能賺多少錢的自由，同時用不著害怕得罪老闆或者擔心有一天被開除，因此可以好好的享受著自己的人生。

問：所以和風險相對的是收穫囉？

答：它的確是一種和風險相對的事物。對我而言，和風險相對的叫做控制。風險＋控制＝收穫。

學習飛行

一九六九年我到佛羅里達州彭薩科拉的戰術飛行學校報到，準備要學習如何飛行。那是一個非常刺激興奮、令人大開眼界的學習過程。我踏進學校的時候是隻毛毛蟲，兩年後離開的時候卻變成了一隻會飛的蝴蝶。這遠遠超越了所謂教育的範疇，這跟本就是一種蛻變的過程。

幾年後當我坐進三天的不動產投資課程裡時，同樣的事情又再次發生在我身上。我走進教室的時候是個窮光蛋，兩年之後的我卻變成了一位有錢人。我再也不需要找工作或者仰賴薪資的收入了。

什麼是控制

我在越戰期間學到了很多有關於風險、收穫以及控制等相關的因素。就算到現在已經變成了專業的投資者，我仍然會採用同樣的一些控制手段。其中一些控制的變因為：

1. **控制自己所接受的教育：**身為飛行員的我們一直在接受教育，從未停止學習。學習和活命被畫上等號。當我們學到的愈多時，我們活命的機會就大大的增加了。
2. **控制自己的顧問是哪些人：**在飛行學校裡的教官們個個都是貨真價實的飛行員。大多數人們之所以會面臨財務上的困境，是因為給他們財務建議的那些人都是業務仲介，而非真正的有錢人。
3. **控制自己的時間：**太多人忙著工作因此無暇致富。

問：你是否能舉個例子來解釋如何控制自己的教育、顧問以及時間等因素，就能降低我的風險並且增加自己的收穫？

答：沒問題。假設說我拿出一萬美元投資艾克森美孚石油（Exxon）。我在投資前不會得到任何獲利上的保證。但是如果我將這一萬美元投資在油井中，則政府會保證給我三千兩百美元的扣抵稅額。

問：保證獲得百分之三十二的投資報酬率？任何人都能享有嗎？享受一樣的扣抵額？

答：當然了。任何人都可以參與這類的投資案。再次強調，重點還是在於三種控制的變因。你一定要懂得如何控制自己所接受的教育、自己的顧問，以及自己的時間。

如果你還想更進一步瞭解這百分之三十二的扣抵稅額是怎麼做到的，建議你聆聽富爸爸廣播電台訪問麥克・莫希里（Mike Mauceli）這位特別來賓的節目。當你聆聽這段節目時，請特別留意三種控制變因——教育、顧問以及時間，如何降低風險同時增加自己收益率的方式。

主題：由政府所保證的投資報酬率……針對石油天然氣
來賓：麥克・莫希里和湯姆・惠萊特
富爸爸廣播電台下載免費的 APP: www.richdad.com/radio

信任的力量

在每一張美元鈔票上都印著「我們都相信上帝」（In god we trust）。從我的觀點來看，這些話都是騙人的。我懷疑上帝真的會相信美國所發行的紙幣。

替強取豪奪巨人工作的華爾街銀行家們經常會倡導說：「黃金是野蠻歷史的遺

跡」。他們當然會這麼說，因為黃金是他們的死對頭。這些人非常討厭黃金，因為他們無法憑空製造出黃金。

從硬幣的另外一面來看，有時黃金的確是野蠻歷史的遺跡。除了做為裝飾用的飾金之外，黃金並沒有什麼特別的實用價值。但是白銀的實用價值卻遠比黃金還來的高許多。白銀不但是一種貴重金屬，它同時也是一種工業用的金屬原料。人們會儲放黃金但是白銀是不斷地在消耗當中。對我而言就因為這個理由，我個人會認為白銀遠比黃金還來的值錢。

問：如果黃金沒有什麼價值，那麼為什麼上帝要創造出這種元素？人類又為什麼會為了黃金而覬覦、囤積、殺人，甚至征服其他國家？

答：答案就在於信任這個詞彙裡。黃金是值得信任的事物。黃金是一種稀有的存在，是一種無法被仿製的元素。

史帝夫・富比士（Steve Forbes），亦即富比士媒體王國的執行長，在二〇一四年他所寫的《錢》（Money）這本書中呼籲應該要重返金本位制。在這本書中史帝夫列舉出三個世界應該要重返金本位制的重要的理由。理由如下：

1. 紙幣並不是一種財富。
2. 如果美國沒有取消金本位制，薪資水位會比當前的水準還要高出百分之五十。
3. 採用金本位制會增加買賣雙方彼此的信任度。藉著黃金連陌生人也敢彼此進行交易，雙方都能有信心的進行交易。當人們以沒有公信力的「錢」做為交易的媒介時交易量就會減少，因而造成經濟的萎縮。

換句話說當政府不斷的印鈔票時，人們彼此之間（以及國家彼此之間）的信任就會降低，買賣和貿易量也會減少，因而造成經濟的萎縮。當經濟開始萎縮時，誠實的人們就會開始受苦，甚至會變成絕望的民眾。這種絕望就很可能導致犯罪率、暴力事件、背信違約以及恐怖活的的增加。

主題：重返金本位制
來賓：史帝夫．富比士
富爸爸廣播電台下載免費的 APP: www.richdad.com/radio

降低風險

當信用降低時，風險就隨之提高。

當政府印製愈來愈多的鈔票時，大眾對貨幣的信心就會開始下跌，而該幣值的風險就會隨之增加。如今有數十億的民眾對自己的財務未來感到焦慮不已。

想要降低自己所承受的風險，就必須透過自己所受的教育、顧問、以及時間開始著手，重新建立對自己的信任。

問：我要如何開始再次信任自己？

答：再次強調：要先從詞彙開始。藉著學習金錢的語言，一種不在學校裡教授的語言，你就能開始建立對自己的信任。

金錢的語言

二〇〇九年秘魯第一任的前副總統勞爾・迪亞茲—坎斯科・泰瑞（Raul Diez-Canseco Terry）邀請我和金訪問這個美麗的國家，同時參觀他在家鄉利馬所創辦的私立教育體系。勞爾是一位教育創業家。他所創辦的教育體系是從幼稚園開始一直到大學畢業為止的完整教育。這是一個創新的教育體系，讓學生能培養出現實世界裡從商創業的能力。

想當然了，參觀馬丘比丘也一定會在行程之中。當我參觀這個位於安地斯山脈中的文明遺跡時，我問了同團印加學者羅美歐說：「他們是憑什麼來區分上流社會與下層社會的？」他毫無遲疑地回答說：「語言。那些位居上層社會的人們所講的語言叫做『克丘亞語』（Quechua），亦即商業用的語言。」羅美歐進一步解釋說就是因為克丘亞語的威力，才讓印加帝國有主宰整個南美洲西半邊的力量。

現今的世界似乎也是一樣的，沒有什麼改變。有錢人講的也是商業用的語言，亦即金錢的語言，一種從來不在學校裡傳授的語言。我的富爸和窮爸爸兩者之間最大的不同，就是他們所採用的詞彙和語言迥異。雖然他們講的都是英文，但是所運用的語言卻有著很大的差異。

如果你每個月都學一些新詞彙的話，你就會提升對自己的信任，此時風險就會開始降低，而你的收穫與投資報酬就會開始增加。

問：你能不能舉個例子說明為何語言可以讓我變的更有錢？

答：當然。你已經知道資產是把錢放到自己口袋裡，而負債會把錢從口袋裡拿走了。

還有一些非常重要的詞彙，像是現金流與資本利得兩者。貧窮階級和中產階級投資多半是為了獲得資本利得。他們買進、持有，然後祈禱價格上揚。「翻修轉賣」不動產的人們也是為了資本利得而投資的。這也就是為什麼這些人們會覺得投資充滿風險，因為他們完全無法掌控買賣的價格是漲是跌。他們的投資也不會產生現金流。當他們獲利了結的時候，還得支付資本利得的所得稅，而它是三種所得稅中次高的一種稅率。

問：因此有錢人是為了現金流而投資的？

答：位於現金流象限B和I這一邊的有錢人，是會為了許多原因而進行投資。他們可能會為現金流、資本利得、控制權，以及稅賦上的優惠等而進行投資。

問：我要如何學到這些事情？

答：改變你所受到的教育，你的顧問，以及如何運用自己時間的方式。如果你這麼做的話，你會發現自己所運用的詞彙和語言已經有所改變了。在下一章裡你會學到很多位於現金流象限B和I這一邊的有錢人是如何進行投資的，例如資本利得、現金流及稅賦的減免等。

問：那麼S象限和B象限裡的創業家有什麼不同之處？

答：當S象限的創業家提供產品與服務時，他們是在為錢而工作的。

問：這些不算是資產嗎？

答：不算，絕大部分的都不能算是資產。一項真正的資產是能創造出現金流的事物。產品和服務創造出來的只是營收上的現金罷了。

問：你能不能用更簡單一點的話，進一步的詳加解釋？

答：當然。我同時也要你留意我運用了哪些不太一樣的詞彙。

假設說有一位創業家開了一間餐廳，並且提供了絕佳的美食與服務。食物就是產品而員工就是服務。第二天整個營業過程就得再重複一遍。每個人都是在為了薪水與小費這種一般收入而工作。當你為錢而工作、存錢儲蓄、投資於401k時，你所有的收入都是以一般收入來課稅的。

如果我是一位B象限投資不動產的創業家，一位擁有餐廳這個建築物的投資者，那麼我所提供的是卻是資產。我當初利用債務來買下這間建築物，得到現金流的收入，並且繳納最少的稅賦。除此之外，我還可以因為折舊、攤銷，以及增值等其他類型的收入，而繳納愈來愈少的稅賦。

問：折舊、攤銷以及增值是其他類型的收入？

答：是的。如果你不懂得這些詞彙之間的差異，請教一位稅務顧問或者是稅務律師，也可以者閱讀湯姆・惠萊特（Tom Wheelwright）所寫的《免稅的財富》（Tax-Free Wealth，暫譯）這本書。本章的重點在於強調風險與詞彙的重要性，以及如何降低風險。你實在是應該聽聽湯姆在富爸爸廣播電台中的訪問內容。

問：所以說S象限裡的創業家們工作愈來愈辛苦，承擔起所有的風險，而且還要繳納更高的稅賦。而B象限中的創業家工作愈來愈少，錢反而愈賺愈多，而且稅還愈繳愈少？

答：是的。重點在於，所運用的詞彙不同，也就是不同象限中的人們運用不同的詞彙和語言。

我再次分享這個故事，但是從不同的方向來探討。在《富爸爸窮爸爸》一書中我有寫到麥當勞的創始人雷・克洛克說：「我從事的並不是漢堡業。我真正在做的是不動產業。」換句話說麥當勞的漢堡和薯條是他們的產品和服務，來供養不動產，亦即真正的資產。這就是為什麼麥當勞是全球最大不動產公司之一的原因。

簡單來說，貧窮和中產階級所運用的都是E和S象限中的詞彙和語言。有錢人則是運用B和I象限中的詞彙和語言，古印加帝國稱之為克丘亞，也就是金錢的語言。富爸爸經常會說：「語言文字有讓你變窮或變富的力量。如果你想要變成有錢人，那麼就學習那些會讓你變得有錢的語言和文字。好消息是，語言文字都是免費的。」

問：一個人要如何從E或S象限改換到B或I象限之中？

答：想要到B象限的話，我和川普都建議先加入一個傳銷公司，然後打造一個屬於自己的傳銷事業。

傳銷事業所擁有的優勢是：

1. 起步時不需要大筆的現金。
2. 一開始你可以按照自己的步調進行，花點時間來摸索這個事業。
3. 你就算犯了錯也不會被公司開除。
4. 你要藉著幫助別人來獲得成功。
5. 你會學到很多實際經商創業的本事。

至於想要進入I象限，我建議你至少玩現金流遊戲一百遍以上，並且教會其他一百位以上的人如何玩這個遊戲。就像傳銷事業一樣，我相信你會發現自己從錯誤中學到很多，尤其是當你不會有真正的損失時更是如此。我也發現當我們藉著傳授他人自己所學會的事情時，反而還會學到更多。從很多方面來看，許多傳銷事業所安排的教育培訓過程可以被視為「真實世界裡創業家專屬的大學」。

歷史即將要追上未來

二〇一四年十月二十五日《經濟學人》雜誌有篇文章的標題是：世界上最大的經濟問題。該文章中確認了我在本書中的一些憂慮，也就是我們的世界正要面臨一次貨幣崩跌的危機。

就如我稍早所說的，問題在於大部分的人都經歷過股市或房地產市場的崩盤，但鮮有人親身經歷過貨幣崩壞這樣子的事件。這也就是為什麼在本書英文版第三篇講「未來」的一開始，我選擇用一位德國人用掃把在掃滿地德國馬克紙幣這張照片的原因。

本書稍早的時候，我也提過有兩種不同的經濟危機。其中一種是一九一八年至一九二三年德國式的金融災難，起因是德國政府大量印鈔票，最後導致惡性通貨膨脹的事件。其二是美國的經濟大蕭條，起因是政府不願意擴大貨幣基礎，結果造成經濟過度的萎縮的災難。

《經濟學人》雜誌說：「歐元將會崩壞」是因為德國人至今仍然對當年惡性通貨膨脹的慘痛結果記憶猶新。因此現在的德國鼓吹樽節，這種做法跟造成一九二九年至一九五四年美國經濟大蕭條沒有什麼兩樣。

很不幸的，歐洲其他諸如希臘、西班牙、義大利等國家卻希望能歐盟多印鈔票，而這種做法跟一九一八年至一九二三年造成德國惡性通貨膨脹和希特勒崛起的做法如出一轍。《經濟學人》雜誌說：「異於日本，這個由單一民族構成並擁有堅忍的社會風氣，歐盟各國無法彼此一起熬過多年僵化的經濟以及不斷下跌的物價。當義大利與希臘的債務壓力開始蔓延開來時，投資人就會開始驚慌，懷抱民粹主意的政客們會開始強勢起來，很快的歐元就會面臨崩壞的命運。」

很不幸的，美國的國情比較像是歐盟而非日本。美國人雖然很愛國，但是我們這個國家是由眾多種族、金錢、政治以及宗教所構成。而且有錢人和窮人之間的鴻溝愈來愈大，而那些打著「民粹牌」的政客們，還在拚命答應選民一些政府跟本做不到的承諾。

問：什麼叫做民粹？

答：給民粹這個名詞下定義是件不容易的事情，因為它無法用貧窮或富有，或者是自由派還是保守派來區分。民粹基本上來說就是「一般大眾目前的智慧水準」。

在缺乏財務教育的情況下，無論是中輟生還是大學教授，一般的美國民眾都無法在金錢方面做出明智的判斷。這就是為什麼說無論投票給民主黨還是共和黨，自由派或保守派，都沒有辦法對目前的經濟造成多大的改變。一般的美國民眾仍然相信工作是有保障的、自有住宅是一項資產、存錢儲蓄是聰明的辦法、投資共同基金可以致富等觀念，而完全不清楚負債和稅賦是在讓有錢人愈變愈有錢的原因。

缺乏財務教育的人只能看到硬幣的一個面而已。本書第三篇的重點在於獲得財務教育，讓你可以開始看到硬幣的兩個面。

問：《經濟學人》雜誌的報導是否公平公正而且完全沒有偏頗？

答：沒有任何人是百分之百公平而沒有偏見的，連我也一樣。《經濟學人》雜誌是一個非常棒的刊物，但它是一個英國的雜誌，而英國從來就討厭歐盟這個組織。事實上，全球所有的主要貨幣都已經出現了問題。

問：萬一全世界同時發生全球性的貨幣崩壞，屆時又會發生什麼樣的事情？

答：就會像是巨大的隕石掉落在太平洋和大西洋之中。很可能會發生金融上的大海嘯、山崩以及地震。也會發生混亂與民眾暴動。好消息是，發生的時候也是準備興盛繁榮的時刻。很多既得利益者與當權者會失去他們的權力，所以很多人一直引頸盼望的改變也是會在這個時候發生。但是你必須要有所準備，你絕對不會想要成為下一次危機中的受害者。

問：所以財務教育讓我能看到硬幣的兩個面，能讓我有力量來更妥善的掌握自己財務的未來？讓我自己來做很多的決定？做出對自己最有利的選擇？

答：是的。財務教育並非是要別人來給你所謂正確的答案，或者告訴你要如何運用自己的金錢。財務教育讓你擁有力量來決定哪些才是適合自己的答案。

因此要趕快學習，因為歷史即將要追上我們的未來。

富勒博士的教誨

在《強取豪奪的巨人》一書中，富勒博士寫道：「公司並非一種實際的存在，也不是一種抽象的概念。它們是社經的一種策略，合法頒佈的一種遊戲的玩法，經由那些擁有絕對力量的社經人物共同認可，然後強加諸於人類社會，以及那些不知情的對象上。」

問：他想表達的意思是什麼？

答：我相信他的意思是說相信強取豪奪巨人，也就是那些躲在全球最大銀行與企業背後的無形力量，這種做法的風險會非常高。

對我而言，他的意思是說，把自己的資產欄位交給強取豪奪巨人來控制，是件非常危險的事情。如果你仍然堅持投資有價證券，那麼也不要抱著長期投資的打算。你反而應該上課學習如何用選擇權來投資，並且學習無論股市是漲是跌，都有辦法讓你賺到錢的方式。

從硬幣的另外一面來看，如果你想要降低自己的風險同時致富的話，或許你應該學學強取豪奪巨人們所運用的語言文字，亦即B和I象限所採用的語言。

主題：如何在股票市場崩盤時致富
來賓：安迪・泰納
富爸爸廣播電台下載免費的 APP: www.richdad.com/radio

降低股市所暴露的風險

如果你的投資都在股票市場裡，那麼你應該聽聽富爸爸顧問安迪・泰納在富爸爸廣播電台被訪問的節目。

安迪會用他天生的幽默感來表達他想要說的重點。舉例來說，那次當節目特別來賓的時候，他對於投資股市的說法是：「如果你打算把鐵達尼號當成豪華遊輪出海的話，你要做的第一件事情就是先算一算一共有多少救生艇再做決定。」花一個小時的時間聆聽安迪・泰納的分享，絕對會讓你的第二次機會擁有絕佳的開始。

你在第二次機會應該要學會的事物

許多財經專家會說：「冒著高風險才會有高報酬。」

問：如果此話不真，那他們為什麼還要這麼說？

答：誰知道？這個人可能是一個專門說謊的人，騙子，或純粹只是個蠢蛋罷了。

或許他只是復述著他被教導的話術而已。這種人並沒有做到富勒博士建議我們要做的事情：「我花了大半輩子學習如何遺忘，並放下那些已經被證明是虛假的事物與觀念。」

如今有數百萬的美國民眾，只因為他們所擁有的 401k 和 IRA 等退休基金，盲目的把自己的錢交給不知道能不能信任的陌生人。這些民眾聽從一些鸚鵡，亦即那些只會重復述說別人教他們的那些話術。聽從這類主張的風險實在是太高了。

財務教育就是，硬幣的另外一面。與風險相對的就是控制。為了自己人生的第二次機會，請拿回自己受教育、找顧問以及運用時間的權力。

第十八章 相對於「存錢儲蓄」

我們的財富透過貨幣而被人剽竊了。幹嘛還要存錢儲蓄？

——巴克明斯特·富勒博士

許多財經專家會說：「天有不測風雲，儲蓄是為了以備不時之需。」任何腦筋正常的人卻會說：「當政府不斷的在大量印鈔票時，為什麼還要存錢儲蓄？」

為什麼存錢儲蓄的是輸家

當我們存錢儲蓄時，我們也同時失去了自己的財富。當一個人存錢儲蓄時，他們的財富就會藉著部分儲備制度而蒙受損失。假設存款準備率為百分之十，意思就是說對每一美元的存款，銀行可以出借十美元的額度。在柯林頓總統當政期間，少數幾間像是花旗與美國銀行等巨型銀行將存款準備率拉到百分之三十四的極限。意思就是說只要有人存入一美元，那麼這些銀行可以創造三十四美元的貸款額度拿來給別人使用。這同時也代表說那份一美元存款的實質購買力被稀釋了三十四倍。

銀行界的部分儲備制度是一種「憑空印鈔票」的手段，存錢儲蓄者因此而淪為輸家。簡單來說，當有人向銀行借錢時，錢就會無中生有的被創造出來，而不是有人把錢存入銀行的關係。

存錢儲蓄的人們會淪成輸家的另外一種方式，就是把錢投入共同基金之中。基金公司會藉著各種隱藏的費用來賺大錢。

先鋒集團（Vanguard）創始人約翰・柏格（John Bogle）會問大眾說：「身為共同基金股東之一的你，要你拿出百分之百的資金並承擔百分之百的風險，但是賺錢時只能夠分到百分之三十的獲利時，你真的會想投資共同基金嗎？」這個硬幣的另外一面就是：基金公司完全不需要出任何錢，也完全不用承擔任何風險，但是可以獲得百分之七十的投資報酬。

德國在威瑪共和期間，存錢儲蓄的人們是最大的輸家。在一九一八年至一九二三年間，原本為百萬富翁的人們在短短的五年內就變成了窮光蛋。

問：那麼和存錢儲蓄相對的什麼？是要開始舉債嗎？

答：對與不對。光是舉債並非完整的答案。債務只是答案的一部分而已。和存錢儲蓄相對的是一種被稱之為「貨幣流通速度」（velocity of money，亦稱之為「貨幣周轉率」）。

絕大部分的人們在存錢或投資退休金的時候是在「停泊」（park）自己所擁有的金錢。聰明的人會持續讓自己的錢不斷的流動。

簡單來說當你停泊自己的金錢時，這些錢的價值就會一直在流失。當你一直不斷的讓錢移動起來的話，這些錢的價值就會一直增加。

把錢想成一個成天坐著看電視的仁兄，以及另外一位整天不停的跑步、騎自行車、爬山的人。十年之後哪一位會比較健康？

問：所以我的錢動得愈快愈好是嗎？

答：是的，如果你知道要怎麼做的話。當德國爆發惡性通貨膨脹的期間，沒有受到影響的德國民眾就是那些把錢移到國外，換成其他像是美元、英鎊或者是法郎等貨幣的人們。那些把自己的錢以持有馬克的方式，停泊在德國銀行裡的民眾，都是輸的最慘的一群人。

問：你的意思是說我應該要買些外幣嗎？

答：非也。如今時代已經不一樣了。現在全球已經步入了所謂的貨幣戰爭的階段。絕大部分的政府都跟一九一八年德國政府在做同樣的事情。

問：為什麼？

答：如今很多政府害怕自己國家的幣值相對強勢與強勁。舉例來說，如果美元繼續升值，那麼美國進口產品的價格會上漲，而且失業率也會同時上揚。

我也在本書稍早說過，全世界的政治領導者都非常害怕失業率上揚。因此他們會想盡辦法讓民眾有工作可做，就算摧毀貨幣的價值也在所不惜。

問：所以美國會繼續印鈔票來維持美元的弱勢？

答：這是一種看法。

問：那麼我應該要怎麼做？

答：我會告訴你我在做什麼，但是並不建議你要跟著我這麼做。

問：為什麼不行？既然不要我跟著做，那為什麼還要告訴我？

答：因為我的做法是蠻複雜的。我花了好幾年的時間才學會怎麼做。事實上，我到現在還在學習當中。我之所以告訴你是讓你可以看到硬幣的另外一面。如果你能看到很多人所看不到的，那麼你就能開始瞭解真正的金錢遊戲是怎麼玩的。真正有錢的人不會停泊自己的金錢，他們會讓自己的錢動起來。

問：那麼如果我想跟你做一樣的事情呢？

答：那麼我會說：「祝你好運，歡迎你加入我們的遊戲。」你將會開始玩一場有人可能會大贏，但是只有極少數的人才能存活下來的遊戲。

當你看了圖表一並瞭解遊戲是怎麼玩的之後，那麼你就能決定是否要玩這一場稱之為「貨幣流通速度」的遊戲。只有你能決定這個遊戲適不適合自己。跟著有編號的箭頭追蹤金錢的流向：

箭頭1是剛開始的時候，也就是當我和金為了創立富爸爸集團，從投資者籌措了二十五萬美元的時候遊戲就開始啟動了。

圖表一

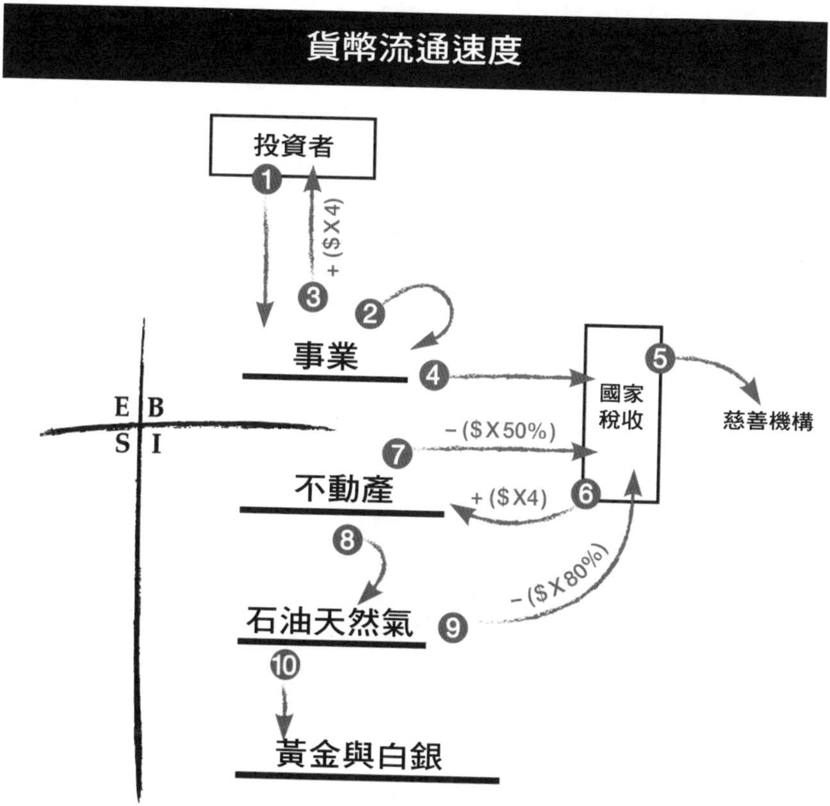

箭頭2是將錢再次投入事業裡的做法。這個箭頭之所以繞回事業之中的原因，是要告訴我們這些再投資的錢是完全不用課稅的。這些免稅的收入被用來聘請更多的人才，以及買下更多的設備，來讓公司獲得成長。

箭頭3代表把錢還給我們的投資者（$ x 4）。這意思就是說他們在兩年之內獲得了百分之四百的投資報酬率，亦即一百萬美元。

箭頭4代表我和金總算藉著薪資和紅利等方式，把錢從事業中抽出來的時候（這些錢是要給政府繳稅的）。我們將近等了三年才開始從事業中拿錢出來。

箭頭5代表著什一奉獻，意思就是說我們會把總收入的百分之十捐給有註冊的慈善機構。雖然我們因為這筆捐款而可以獲得政府所給予稅收上的扣抵減免，但是我們這麼做最主要的原因是慈善是屬於靈性的一環。稅賦減免只不過是額外的好處罷了。

我們會做什一奉獻是因為我們相信上帝是我們的合夥人。如果我們不拿錢給合夥人，那麼合夥人就不會再幫忙工作。千萬別忘了，如果想要看到別人的笑臉相迎，那麼自己臉上先掛個微笑才對。如果你想要別人打你，那麼只要先揍他一拳即可。如果你想要獲得更多的金錢，那麼就先把自己的錢給出去就是了。

每當我聽到有人說：「當我賺到錢之後就會捐錢」這種話的時候，我就會忍俊不住。從我個人的觀點來看，這些人之所以會沒有錢，就是因為他們從來就沒有拿錢給別人過。

箭頭6指的是我們在不動產所做的投資，而在箭頭旁邊有著（$ x 4）的記號。

$代表著我們的股東權益，我們投資不動產時所付出的頭期款。4代表著為了拿下物件而向銀行申請的債務。這筆貸款可以沖銷我們原本應納的稅賦。

箭頭7指的是政府給我們的稅賦減免，所以（$ x 50%）的意思是說因為稅賦上的減免，所以我們等於從政府那裡拿到一些錢回來。這被稱之為虛幻的現金流。

舉例來說，假設我個人應該繳納一千兩百美元的所得稅。因為我有投資不動產，因此政府允許我扣抵我投資的「損失」。其中有一種損失稱之為折舊。

為了簡化說明，假使說我不動產的折舊額度是五百美元。意思就是說與其繳納一千兩百美元的所得稅給政府，我應該繳的稅額已經降低為七百美元。這五百美元的折舊費被稱之為虛幻的現金流，是因為這筆錢會留在我的口袋之中。我無須把這五百美元交給政府。

箭頭8指的是從石油天然氣投資所獲得的現金流。

箭頭9指的是稅賦的減免（$ x 80%），亦即因為我投資石油天然氣的關係，政府允許我從中獲利時的所得減免。我在前一章曾經寫到我投資石油天然氣獲得百分之三十二的投資報酬率。

我之所以能獲得百分之三十二的投資報酬率，是因為我的所得稅級為百分之四十。如果我拿一千元去投資石油或天然氣，那麼政府允許我用百分之八十來做為所得扣抵。所以八百×四百＝三百二十，等同於因為稅賦減免的關係獲得百分之三十二的投資報酬率。再次提醒，與其拿錢給政府，這三百二十美元會被留在我的口袋之中。

留意我應繳的所得稅一直在下降：

$	1,200
−	500
−	320
$	380

在現金流象限B和I這一邊，當我投資的愈多時，我所要繳的稅就愈來愈少。這也是為什麼無論大環境的經濟如何，有錢人愈來愈有錢的例子之一。我們在富爸爸集團經常會說：「知識就是新的金錢。」

箭頭10指的是黃金與白銀。

與其存錢儲蓄，我寧可買進並儲放黃金與白銀。我不認為黃金與白銀是一種好的投資，是因為黃金與白銀可能會被課徵非常高的稅率，原因是因為美國政府不希望民眾持有黃金與白銀。我之所以持有黃金與白銀，是做為美元發生崩盤時避險（hedge）之用，以防發生類似一九二三年德國馬克的情況一樣。

以上就是我個人在玩貨幣流通速度這個遊戲時的指導守則。別忘了，我用極度簡化的例子解釋一個非常複雜的過程，而且其中的數字都不是精準的金額，而且還會隨著市場起伏與所得稅率等級而有所改變。在你採取任何行動之前，務必要先找一位精通這個過程的律師或會計師進行諮詢。

如果你的顧問不理解這個過程，那麼可以讓他們閱讀湯姆．惠萊特所寫的《免稅的財富》一書來做為參考依據。如果你的顧問說：「你在這裡不能這麼做」的話，那麼就找新的顧問取代他。全球各地都在進行這類的過程，只是版本有所不同罷了。這就是有錢人在玩的金錢遊戲。

問：我要如何更進一步瞭解這個遊戲的十個步驟？

答：學習的圓椎早已提供了你一種經過實證的辦法：和一群朋友共同參與討論。如果你和朋友能按圖索驥，跟著這十個步驟複習十遍以上，那麼你的心智就會開始看到金錢「無形」的世界，一個很少人所知道的世界。

問：讓我先把這些搞清楚。你先運用投資者借給你的錢，你完全沒有拿出一毛錢來進行這場遊戲。你完全沒有拿自己的錢來冒風險，如今還可以賺到數千萬美元？

答：是的。

問：當錢愈賺愈多時，你也不斷地增加投資。而當你投資的愈多時，你就能賺到更多的錢，而且因為這麼做政府允許你繳愈來愈少的稅？

答：是的。

問：如果你的錢開始慢下來了，你的收入就會開始減少而稅賦會開始增加？

答：是的。

問：而你運用的錢，是從那些把錢「停泊」在銀行儲蓄存款或者退休金基金裡的人們所提供的？

答：是的。

問：你拿著儲蓄者所存的錢，然後讓它加快速度。你的工作是不斷的要讓儲蓄存款動起來嗎？

答：是的。

問：這就是為什麼有錢人愈來愈有錢的原因？金錢必須不斷的流動？現金也必須讓它動起來，因為現金要拿來買進更多資產，來創造現金流？這樣說正確嗎？這就是你所謂的遊戲嗎？

答：沒錯。

問：而當現金停止流動時，整個經濟就會停頓下來？

答：是的。

問：政府也因此而給你諸多稅賦上的減免。因為你創造了就業機會，並且利用負債來提供住宅、食物以及能源？

答：是的。現金流能讓整個經濟動起來。如果所有的人只懂得儲蓄存款，那麼整個經濟就會垮掉。因此稅賦減免是政府獎勵的手段之一。政府利用稅制來宣告「政府希望有人來完成這些事情」。當屋主收到房貸利息扣抵減免額度時，等於政府在對他說：「謝謝你，你正在從事我們要你做的事情。」

問：當貧窮和中產階級存錢儲蓄時，現金就停止了流動，因此政府會對這筆存款課稅。

這些人因為沒有讓錢動起來而被政府懲罰？

答：是的。

問：我留意到你不投資像是股票、債券或者共同基金等等的有價證券，也不存錢儲蓄。為什麼不這麼做？

答：因為有價證券是一種第三級的財富。

問：你從來不存錢嗎？

答：對啊。因為我從不把現金當成資產來看。我絕對不會為了退休而存錢，尤其是當政府還一直在印鈔票的時候。我會存些錢來買進價格崩跌的資產。當市場崩跌時（而且一定會發生這種情形），擁有好的現金就可以稱王。問題是，當發生貨幣崩跌時，手上持有的不良現金就會變成垃圾。

問：你認為美元會不會是第一個崩壞的貨幣？

答：我不知道。全球所面臨的問題，就是美國、英國、日本以及歐洲等原本世界上最富裕的國家，如今都在大量印鈔票。所有的貨幣都很疲弱。連人民幣也愈來愈不值錢。

問題在於印鈔票注定讓貨幣貶值，因為社會福利制度、醫療健保制度、窮人、教育、退休等，在未來釀出更大的問題出來。戰後嬰兒潮世代不但會變成一貧如洗的世代，但是因為缺乏財務教育的狀況下，接下來幾個世代都得跟著付出慘重的代價。

問：我們是不是即將面臨惡性通貨膨脹、通貨緊縮，甚至是貨幣崩壞的情況？

答：我相信我們會經歷這三種狀況。三種情況目前在全世界都有發生前兆。

接受財務教育的目的是為了先活下去、然後再次興盛、最後享受繁榮，無論大環境的經濟變化如何。

我寫這本書的目的就是要讓你煩心，讓你開始動腦思考，至少要讓你開始質疑一些二十世紀才有作用的，像是「好好上學唸書、找份工作、辛苦上班、儲蓄存錢、買棟自用住宅、還清負債、並且長期投資於股市之中」等等，陳年過時的老觀念。那些觀念在二十世紀的確有幫助，但是無法在當今的二十一世紀發揮作用。寫這本書是希望你能鑒往知來。

預估我們未來的退休金和醫療健保成本大約超過兩百二十兆美元。如果戰後嬰兒潮世代開始從股票市場撤離，那麼經濟就不會再有成長可言，此時市場就會開始下跌，而「黑色星期五」貨幣的崩壞就會開始發生。如今美國和其他先進國家唯一能還得起這種巨額債務的辦法，就只有印製更多的鈔票而已。

問：所以美國、英國、日本以及歐洲等地戰後嬰兒潮世代開始退休時，就會成為壓垮駱駝的最後一根稻草是嗎？

答：逐漸年老的戰後嬰兒潮世代只是其中的一根稻草而已。像辛巴威一樣，我們國家有腐敗無能的領導階層，我們在境外打著無法獲勝的戰爭，我們向其他國家借錢，而我們的政府不斷印鈔票來應付各種開支。

與其解決問題，美國民眾還面臨著政府的運作停擺、人民也驚慌失措、政府持續印鈔票的危機。這種做法是無法一直持續下去的，政府到頭來一定會停擺，因為貨幣注定要崩盤。

問：你投資的都是主要財富和次級財富，屬於資源和生產這類的財富是嗎？

答：是的。

問：為什麼只投資主要財富和次級財富？

答：因為政府希望我們這麼做。這也是創業家們在做的事情。創業家並不是在找工作做，他們是在創造就業機會。創業家並不會去買股票，創業家打造企業然後賣股票，也就是出售自己公司的股份。

問：這是否就是真正的財務教育？財務教育必須要同時揭露硬幣的兩面？

答：是的。許多「類似財務教育」的教育只側重於硬幣的某一邊，例如投資有價證券，或者那些專門賣給E和S象限中人們用的第三級財富投資產品。真正的財富是位於在B和I象限之中的。

問：E和S象限能不能享有同樣的稅賦優惠？

答：可以和不可以。這要取決於你對稅賦優惠的定義為何。對大部分的E和S來說，他們所能做的，就只有透過減稅退休金計畫（Roth IRA）來進行投資。

問：這種做法有什麼不對？

答：這是一種第三級的財富，風險高而且報酬率還得取決於資本利得而非現金流。投資人又無法對其進行控制，而且只有長期投資才能享有稅賦上的優惠。最主要的原因是我會被迫將錢「停泊」在這個退休金計畫之中。

問：所以有錢人無中生有的創造錢，而其他一般人都替有錢人工作……然後還得繳稅？

答：恭喜你，你總算懂了。現在你總算瞭解「一必定是多元的」，硬幣一定有另外一面的存在，就如同陰陽相濟是一樣的道理。對於金錢這方面來說，你現在所懂的已經超過全世界其他百分之九十九的人了。你現在已經能看到那些無形的事物。當你能看到硬幣的另外一面時，你就會瞭解資產是如何被創造出來的。

問：所以錢是從腦袋裡創造出來的嗎？

答：是的。真正的資產實際上是不存在的，而是被創造出來的。我已經介紹過我那位蘇格蘭的朋友，是如何把一間擁有一百五十年歷史的教堂變成了一項資產。這個資產原本是不存在的，直到他把一切安排妥當為止。將近五年的時間當地居民每天都會路過教堂門口高掛的「出售」牌示，他們忙著上班然後領薪水。他們眼中這只不過是一幢老舊破敗的教堂。而格雷姆看到的卻是一項資產。

這項資產首先在他的腦海裡成形，然後喚醒了他的內心與情緒，接著他就開始採取行動。這才是真正的財務教育。真正的財務教育並不是教人為了薪水而工作、繳稅、存錢儲蓄，並且長期投資於股票市場之中。這樣的做法跟本就是在奴役大眾。真正的財務教育給你帶來能力與力量，讓你能無中生有的創造資產出來。別忘了，谷歌和亞馬遜不過是幾年前才出現的公司，富爸爸集團公司也一樣。

問：所以說我的腦袋裡藏著大量的財富？

答：這就要由你來決定了。你的現實以及人生，都是從你的腦袋裡開始的。就算是找份工作、儲蓄存錢、還清負債、長期投資於股市之中等等的觀念也是一樣從腦海裡開始滋長的。你要怎麼看待這些事情都完全由你自己來決定。現金流象限中，每個象限各自用著不同的眼光來看待我們的世界。每個象限裡的人們各自擁有不同的價值觀，因此會藉著不同的方式來進行學習。

舉例來說，E象限裡的員工重視的是有保障的工作以及穩定的薪資。自由業者重視獨立自由並且憑一己之力來做事情。B象限中的企業家是用團隊來進行工作，並且讓團隊來創造能產生現金流的資產。而I象限裡的人們投資B象限裡的創業家，因為這些創業家能打造出產生現金流的資產。他們幾乎不可能會去投資S象限裡的創業家。

問：所以每個象限各自重視不同的教育類型？

答：是的。

問：所以為了我的第二次機會，我必須決定自己要學些什麼。而且我可能還得要忘記自己從前所學到的不正確內容。

答：是的。這不失為一種有幫助的看法：你無法把兩輛車停放在一個停車位之中。教育也是一樣的。如果你想拓展自己世界的大小，那麼你必須先擴展自己停車位的大小。當你能看到金錢兩邊的世界，就拓展了自己原本的世界，讓你能擁有一個眾多可能的世界。

我再次重複富勒博士說過的話：「我花了大半輩子學習如何遺忘，並放下那些已經被證明是虛假的事物與觀念。」

問：那麼我現在應該要怎麼辦？

答：決定什麼是對自己最有幫助的。我們都是人類，表示我們彼此之間都有所不同。我們擁有不同的天賦才華，不同的智慧，以及不同的夢想。

我在一九七三年就得決定哪一種生活最適合自己。我比較適合哪個象限裡的生活：左邊的E和S象限裡，還是右邊的B和I象限裡？接著我也得決定要接受哪一種教育才能讓我到達想去的象限之中。念MBA然後在E和S象限裡上班工作，還是成為B和I象限裡的創業家？

我在一九七三年時就知道無論做出哪個決定，都不會是件輕鬆的事情。我必須決定哪種選擇會鼓舞我，給我前進的動力，並且能激發我成為最棒的自己。現在是你為自己做出決定的時候了，決定到底什麼才是對自己是最好的選擇。

主題：如何利用稅來致富

來賓：湯姆・惠萊特

富爸爸廣播電台下載免費的 APP: www.richdad.com/radio

富勒博士的教誨

以下就是富勒博士對於選擇教育的重要性所說過的話：「總有一天適合孩子們的教育，在充滿光輝的體系中可以自發性的選擇所受的教育，一種類似於蒙特梭利系統的方式，是會被實現的一件事情。」這句話的意思就是：「為什麼不讓學生自己決定想要學什麼？」

當賈伯斯從理德大學輟學時就是這麼做的。他先從理德大學退學，所以可以再次進入大學，而且這一次他可以自由的選擇他想要學的事物。強取豪奪的巨人們控制著我們所能學到的學科與內容。這就是為什麼上億的人口如今處在財務的危機之中。

我九歲的時候我問老師：「什麼時候我們才能學到有關於金錢的事情？」當她回答說：「我們在學校裡不會教你有關於金錢的事情」時，我就開始尋找在我想學的時候能教我而且願意教我的老師，因此我找上了我的富爸爸。

富勒博士也說過：「經過選擇的教育，由於渴望獲得真相的心理會產生神奇的動力，會讓生命變得更淨化與快樂，更有韻味和風雅。」換句話說，我們在精神上渴望獲得真相才是教育真正的意義。

你在第二次機會應該要學會的事物

永遠要記得，有錢人是不會存錢儲蓄的，有錢人會一直讓他們的錢動起來。**財務教育就是，硬幣的另外一面。**生命就是一連串的選擇。而當你把自己擺在硬幣的邊緣上，一個能同時看到硬幣兩個面的位置上時，你就具有一種優勢，因為你已經能看到為什麼傳統思維和傳統教育恰好和富有人生這條道路是相對的原因。持續讓自己的錢動起來而且速度要快，恰好和長期「停泊」自己金錢的做法完全相反。

第十九章 相對於「迫切的危機並非好事」

要去做的事亦即那些應該要做到的事情，從你個人來看應該是要達成或完成的事情，而他人似乎都看不出來這件事情有需要去做。

—巴克明斯特·富勒博士

就如你所知道的，當今的世界面臨了許多問題，遠比金融危機還更嚴峻的挑戰。很多人會問說：「我們的政府打算怎麼做？」而我相信這才是面臨危機時最大的問題：太多人在等待政府出面來解決這些問題。太多人在仰賴政府所發放的薪資與補助。

富勒博士不太關心政治，我的理念幾乎都得經歷某種緊急狀況，才會逐漸被接受這樣子的過程。當人們迫切需要它們的時候，他們就會學著接受這些理念。他也說我們人類有選擇在世界上創造出天上人間，或者是人間煉獄的能力。他警告說我們這個世代，而不是他那是世代的人們，將會面臨最大的一次危機，一場宣告工業時代結束而資訊時代開始的危機。他的預言很準確。

如今我們都處在一個巨大無比，全球化的緊急狀態之中。好消息是富勒博士經常會提到另一項基本原理，就是藉由危機來崛起的這項基本原理。他解釋說在各種危機中，必定會有更新更好的的事物會崛起。

他用尚未出生的小雞為例，一個仍然在雞蛋殼裡的小雞，隨著自己愈長愈大而開始恐慌，身陷在緊緊包住牠的蛋殼裡，而食物、空氣、空間，還有賴以維生的物資也都即將消耗殆盡。在看似最黑暗的時刻裡，小雞開始啄破蛋殼，然後崛起融入一個嶄新的世界之中。

富勒博士非常擔心人類在邁入未來的同時，是否會做出在地球上創造出天上人間，抑或人間煉獄的決定。他警告我們說絕對不能自滿，也絕對不能讓政客們來決定人類全體的未來。他警告我們原本牢牢抓著權力，年老力衰的守衛者仍然會不顧一切地守住他原本所擁有的權力。

隨之進入全球危機的同時，我們面臨的挑戰是：到底應該由誰來決定我們的未來？當你在準備第二次機會與自己的未來時，我也讓你自個兒去想想以上這些問題。

賈伯斯在二〇〇五年史丹佛大學畢業生演講中說：「前瞻未來的你是沒辦法預見這些點滴是如何彼此聯繫；唯有事後回顧你才能瞭解它們是如何相關聯的。所以你必須要相信這些點滴無論如何會在你的未來相互連結。」

為了啟動你的第二次機會，請花點時間回顧自己的過去。把點點滴滴連結起來然後問自己：「我的過去如何在指引我未來的方向？」

當我問自己這個問題的時候，我發現自己的未來就在九歲舉手發問：「什麼時候我們才能學到有關於金錢的事情？」的時候就開始啟動了。在同一個演講裡，史蒂夫・賈伯斯給大家這個世代最佳的建言：「永保求知若渴以及勇於嘗試的傻勁。」（Stay hungry, stay foolish.）

我和金在一九八四年的確做了很有傻勁的事情。我們勇於一躍，邁向不可未知的未來，尋找數十年來在我心中那個問題的答案：「為什麼我們在學校裡學不到有關於金錢的事情？」我和金在一九八四年是求知若渴以及非常有傻勁的兩個人。

而且賈伯斯說的一點也沒錯。常保求知若渴以及勇於嘗試的傻勁的確是一件非常好的事情。如果我們當年沒有勇於一躍邁入未知的未來，我們就不可能和約翰・丹佛成為朋友，或者在歐普拉一個小時的節目中被訪問，或者跟唐納・川普合著一本書，認識史帝夫・富比士，或者能跟在像是以色列前總統希蒙・佩雷斯等世界領袖的身邊聆聽演講，而且更重要的，是在世界各地認識像你一樣特別的人們。常保求知若渴以及嘗試的傻勁一直很有幫助，而也我完全不想要改變我這一點。

有一些問題我希望你能問問自己：

1. 如果我連接自己以往的點點滴滴，那麼我的未來指向何方？
2. 當我還是小孩子的時候渴望獲得答案的問題有哪些？
3. 從我個人來看，有哪些事情應該是需要被達成或完成，但是沒有人在做？
4. 什麼樣的理想或動機會讓我願意常保求知若渴以及不斷嘗試的傻勁？
5. 我的作為是否真的對世界有所幫助？

這個問題讓我無法再過著原本的生活。當我退一步審視自己的搖滾樂相關產品的事業時，這個問題的答案是：「並沒有什麼幫助」。我雖然有在認真工作，也有在賺錢，但是並沒有給世界帶來多大的幫助。

當我理解到自己認真的工作，例如提供工作機會，賺大錢等，但是對世界沒有什麼幫助的時候，我就知道，我從事搖滾樂相關產品的事業不會太長久了。我雖然熱愛我的工作，但是我清楚知道自己做這個工作，同時也熱愛這個工作的原因，只是因為自己的貪婪。

在我決定勇於一躍，從公司辭職抽身出來之後，我就遇到了金。我非常懷疑，如果當時的我對自己的決定猶豫不決，不確定是否要邁入未知的未來的話，我很可能不會遇到她，更別說跟她在一起了。我相信上帝把她派來我的身邊，因為上帝知道我在未來是非常需要幫助的。

做相反的事情

當你考慮自己第二次機會的時候，我在這裡提供你幾個想法，讓你想想你的人生、精神、家庭以及未來會有著什麼樣的意義：

1. 與其找份工作做，不如尋找有哪些問題迫切需要有人來解決。
2. 與其為錢辛苦工作，不如認真工作來服務更多的人群。
3. 與其向上帝求助，不如尋找能主動幫助上帝的方法。

我相信這些問題的答案將會導引你走上自己第二次機會之路。最後停筆之前，我借用瑪格麗特·米德（Margaret Mead）一段非常有智慧的話與你分享：「千萬不要懷疑一小群思慮周到，有決心的民眾是否能改變世界；事實上，向來都是如此發生的。」以及亞伯特·愛因斯坦說的話：「想要解決問題，就不可以採用當初製造出問題本身的思考模式。」最後還有富勒博士所說的：「我們此生被召來是要成為未來世界的建築師，而非它的受害者。」

你在第二次機會應該要學會的事物

你要如何從我們所面臨的危機中崛起？你將要創造的人生是不是跟天上人間一般？還是完全相反？你的未來完全取決於你即將要做出來的選擇。

財務教育就是，硬幣的另外一面。很多人只能看到危機或緊急狀態中混亂的這一面。硬幣的另外一面就是潛藏在任何危機中的機會：一個你能發揮槓桿作用，藉此來創造出自己第二次機會的契機。

最終感言

「我能做什麼？我只不過是一個小人物罷了……」富勒博士會這麼問自己。這張照片在拍攝後的第三年，我就開始著手進行我所能做的事情。我相信我們的學校裡需要安排財務教育，並且提供給所有的人（無論貧富）一起來學習。

我們需要一種能教導人們從錯誤中學習的教育體制，而不是因為犯了錯誤而予以懲罰的教育方式。

我們需要教導人們，讓他們知道任何硬幣都有著三個面——正面、反面以及邊緣那一面。凡是都有三種不同的觀點，而以「邊緣」那一面來代表智慧，一個能同時看到硬幣兩邊完全不同的觀點。我想那怕只有一點點，以上三種改變一定能帶來人們在思維和行動上的改變，進而改變整個世界。

羅勃特與富勒博士
商業界的未來課程 · 加州 Kirkwood 1981 年

後記

地球就像一艘太空船一樣，而且並沒有給我們所謂的使用手冊。我們很快的就沒有辦法繼續在地球這艘太空船上順利的運作，除非我們把它全體視為一艘太空船，並且同時瞭解這一切和我們的命運是緊緊的相繫。人人都得接受與承擔，要不然最後會搞到一個人都不剩。

—巴克明斯特・富勒博士

我知道你的精神與靈魂擁有無與倫比的力量。我之所以會知道這一點，是因為如果我把你的頭強按進水池裡，真正的你就會立即被喚醒並且主宰自己。這本書是寫來啟發激勵你的精神，讓你的靈性驅動自己的第二次機會，一個讓你重新掌控自己金錢和人生，以及挽救我們世界的第二次機會。

現在是要精明運用自己的金錢，並且提升財務智商的時候了

你要做什麼？第一步很簡單，任何人都能夠做的到。別再期望政府出面解決我們現在所面臨的問題。你只能指望自己，以及我們其他的民眾，人人一起重新再受教育，並且理解我們擁有哪些不同的選項與選擇。沒有人會出面幫助你解決自己財務上所面臨的困境，這得完全看自己的表現。我相信你早已經知道這一點了。

第二步也不算難，但是需要擬訂接受教育的計畫（之後當然還得行動才行）。一開始先從最基本的做起，一次前進一小步也可以。如果你已經超越了這個階段，那麼我建議你找機會教導他人你所學會的，這麼一來你們一起會變得更加聰明些。

我的建議如下：

- 閱讀《富爸爸，第二次致富機會》這本書，並且找其他也讀過這本書的人進行討論。
- 玩現金流遊戲，並且儘可能在遊戲過程當中犯下所有可能發生的錯誤。我們都是藉著犯錯來學習的。
- 聆聽富爸爸廣播電台的節目。我相信你會發現來賓以及我們所討論的主題都非常吸引人而且內容充實。
- 開始主動的對於自己感興趣或者不太了解的主題提出問題。同時在自己所接觸到的各種書籍、網站以及人們身上去找不同的答案。在這裡要好心提醒並警告你：

小心留意到底是什麼樣的人在給你建議，以及你接收的是什麼樣的建議。並且要學會分辨哪些人在嘗試著教你，而又是哪些人在嘗試著推銷東西給你。他們是真的來給你教育和支持的，還是他們的出現純粹只是為了賺你的錢而已？

- 跟自己身邊想到學習的人們討論這些話題。再次強調，寫《富爸爸，第二次致富機會》這本書最主要的目的之一，就是要大家開始討論各種議題。
- 發起《富爸爸，第二次致富機會》這本書的讀書會，來討論大家在書中所學到的事物。你要慷慨並且領導大家，成為一位願意教導並且領導那些正要開始接受財務教育的人們。

財務教育是一個非常有力量的工具。它不但能改變世界各地人們的生活，它也一定能對你產生很大的幫助。

羅勃特・T・清崎

感謝

打從內心感謝富爸爸企業的CEO麥克．蘇利文（Mike Sullivan）以及總經理夏恩．卡尼格利亞（Shane Caniglia），不但把富爸爸集團過去的一切釐清楚，準備迎向未來之外，同時也給了富爸爸集團第二次的機會。

在此特別感謝在富爸爸集團工作的同仁們，即便在面臨動盪與考驗心智的時刻，依然持續給予麥克和夏恩不間斷的支持。

再次感謝

特別感謝蒙娜．甘貝達（Mona Gambetta）。如果沒有她，絕大部分的富爸爸叢書都不會存在。蒙娜就像渾身是勁的勁量電池兔子，遠遠超過自身分內應該做的，持續不斷的一週七天隨時待命支援。如果富爸爸集團是軍方組織，那麼蒙娜肯定會因為英勇與在火線的勇氣，而獲頒軍人最高榮譽的銀星勳章。

我知道蒙娜絕對會跟我一起對出版團隊以及富爸爸集團當中的每一位同仁表示特別的感謝。因為組織內所有的人們在某種程度上，都對本書做出了相當的貢獻與支持。特別感謝 Rhonda Hitchcock、Steve King、Greg Arthur、Dave Leong、Jake Johnson、Kellie Coppola、Garrett Sutton、以及 Darrin Moore。

給我的親愛的太太金（Kim），一位充滿了愛、睿智，以及美麗的富女人，同時也扮演著富爸爸公司中最寧靜的核心力量。

當然也要感謝全球各地數百萬，像你這種會閱讀富爸爸叢書，並且會玩現金流遊戲的你們。

謝謝你成為富爸爸企業的動力，來協助我們達成全球的使命：「提升人類全體的財務狀況。」

特別感謝

非常感謝富爸爸顧問群不斷地分享他們獨到的智慧。

布萊爾．辛格（Blair Singer）從一九八一年擔任銷售與團隊凝聚的富爸爸顧問。

肯．麥克羅（Ken McElroy）從一九九九年擔任不動產、債務、籌措資金的富爸爸顧問。

蓋瑞特．索頓（Garrett Sutton, Esq.）從二〇〇一年擔任資產保護以及商業計畫的富爸爸顧問。

戴倫・威克斯（Darren Weeks）從二〇〇一年擔任創業精神和教育的富爸爸顧問。

湯姆・惠萊特（Tom Wheelwright, CPA）從二〇〇一年擔任稅務以及致富策略的富爸爸顧問。

安迪・泰納（Andy Tanner）從二〇〇六年擔任有價證券的富爸爸顧問。

約瑟和麗莎・藍儂（Josh and Lisa Lannon）從二〇〇八年擔任社工創業以及行為改變的富爸爸顧問。

富爸爸團隊

Kathy Grady（2000）
Mona Gambetta（2001）
Bob Turner（2002）
Christina Ingemansdotter（2004）
Greg Arthur（2006）
Mike Allen（2007）
Brett Bottesch（2008）
Ryan Nalepinski（2008）
David Leong（2009）
Rhonda Hitchcock（2009）
Idalia Fuentes（2010）
Darrin Moore（2010）
Jack Koch（2011）
Zeke Contreras（2011）
David Adams（2012）
Derek Harju（2012）

Mike Sullivan（2009）
Shane Caniglia（2009）
Robert Boorman（2009）
Robb LeCount（2009）
Brad Kendall（2009）
Matthew Stein（2012）
Tony Femino（2012）
Melissa Marler（2012）
Josh Nesa（2014）
Matt Quirk（2014）

關於作者 羅勃特・T・清崎

羅勃特・T・清崎身為史上暢銷排行第一名的財經書籍《富爸爸窮爸爸》的作者，他成為眾所知名的人物，不斷的挑戰並且改變全球數千萬人們對於金錢的看法。他是一位創業家、教育家以及投資家，他深信這個世界需要培養出更多能創造出工作機會的創業家。

由於經常對於金錢和投資抱持著和傳統智慧相左的觀點，羅勃特被視為直言不諱、挑戰權威，以及勇氣可嘉等等的代表，他也一直充滿熱忱的在倡導並代言財務教育的重要性。

羅勃特和妻子金・清崎是富爸爸集團這間財經教育機構的創辦人，並且也是現金流遊戲的發明者。該公司於二〇一四年藉著原本知名的遊戲與書籍之賜，再次成功地發表了創新的手機APP與線上遊戲。

羅勃特這位專門預示未來的夢想者，擁有能力簡化和金錢、投資、財經、以及經濟方面相關複雜事物的能力。當他在分享自己獲得財務自由的歷程時，都能引起各種年齡與背景人士的共鳴。他的核心原則與觀念，例如「你的自有住宅並不算是一項資產」，以及「要為了現金流而投資」，以及「存錢儲蓄的人都是輸家」等，激起輿論大量的批評與揶揄，結果當初這些令人不安的前瞻性言論，在這十幾年來世界的經濟演變中逐一成真。

從他的觀點來看，這些古老的建議：上大學、找份工作、存錢儲蓄、還清債務、長期投資於股市，以及多元化的投資等，都因現在步調迅速的資訊時代而完全過時了。他富爸爸所教導的哲理以及智慧，繼續在挑戰如今還在當道的主流思維。他教導並鼓勵人們要接受財務教育，要人們為自己的財務未來扮演主導的角色。

身為十九本書的作者，包括暢銷全世界的《富爸爸窮爸爸》一書，羅勃特幾乎當過全球各個媒體的座上賓，包括 CNN、BBC、Fox News、Al Jazerra、GBTV、以及 PBS、還有賴瑞金脫口秀（Larry King）、歐普拉、今日人物（Peoples Daily）、雪梨晨間新聞、The Doctors、海峽時報（Straits Times）、彭博新聞（Bloomberg）、NPR、今日美國（USA TODAY）、以及數百個其他媒體等，而且他的書籍就算經過了十幾年仍然高掛在國際暢銷書的排行榜上。他至今還不停的在教導並啟發全球各地的讀者們。

他最近出版的書籍有《富爸爸，賺錢時刻：挑戰有錢人的不公平競爭優勢》（Unfair

Advantage）、和唐納・川普合著的《川普、清崎點石成金》（Midas Touch: Why Some Entrepreneurs Get Rich and Why Most Don't），以及《富爸爸告訴你，為什麼A咖學生當員工，C咖學生當老闆！》（Why "A" Students Work for "C" Students）等著作。想要更進一步的學習請造訪 RichDad.com。

富爸爸集團的第二次機會

富爸爸集團於一九九七年成立至今，一路上我們獲得了巨大的成功並且改變了數百萬人的生命。我們專注於提升人類全體的財務狀況，並且為此用盡各種媒介與工具。我們提供書籍、桌遊、開設課程，甚至還訓練了可以輔導你走完這趟旅程的財務教練。雖然在全球獲得了成功是件好事，但是我們察覺到世界正在迅速的改變。

羅勃特經常會引用裘爾・巴克（Joel Barker）的一段話：「你以往的成功在未來無法提供任何的保證。」我們專注於自己公司以往的成功，結果忘記抬頭眺望未來。我們發現自己需要立即為此而做出改變。而當你想要一窺未來的話，富勒博士建議我們應該先回顧過去是最好的做法。

富勒博士所發現的一般原理當中有一項是：「當我服務的人愈多，我就會變得愈有效率。」因此邁入未來的關鍵就很清晰了：我們需要有能力服務到更多的人們，即便是我們一直以來也都在想辦法如何服務更多的人，這就是羅勃特和金創造現金流遊戲一開始的動機。這也是為什麼我個人比較傾向於寫書而不是開設更多的課程。

我們若想要服務更多的人，我們必須運用富勒博士另外一項基本原則：簡成原理（ephemeralization）。簡成的意思就是以少做多。我們要如何把富爸爸集團的訊息傳達給更多的人知道？我們怎樣可以做的更好，而且如何以少做多？如果我們能找到一種能以少做多的方式，那麼我們一定能觸及到更多的人們。二〇一一年富爸爸公司解開了這個簡成之謎，並且邁入一個嶄新的創意時代。

富爸爸企業的總經理夏恩・卡尼格利亞（Shane Caniglia）預見了公司的未來，人類彼此互動的未來，以及未來如何傳播財務自由的新途徑。他的願景是：

富爸爸現金流遊戲

數位化的遊戲。

先進的科技和爆炸性成長的手機APP給了富爸爸集團「第二次的機會」，一個可以重新活化並且讓公司重新充電，能開始接觸一個更年輕、善於使用新科技的世代，同時仍然可以持續服務我們既有忠心客戶的方式。

讓我們興奮不已的是，我們所看到的未來事實上就是我們自己的過去。少數人知道富爸爸集團第一個產品是現金流遊戲。而於一九九七年出版的國際暢銷書《富爸爸窮爸爸》，甚至成為歷史上最暢銷的財經書籍，當初卻只是為了行銷與銷售現金流遊戲而寫出來的說明書罷了。問題是：我們要如何切入數位遊戲的世界？當移動通訊空間充斥著數不清的手機APP時，我們的產品要如何有所區隔？

首先我們提醒自己公司的使命是什麼，並且在開發手機APP時隨時提醒自己要以使命來引導開發的方向。我們知道如果這麼做的話，就能將教育全世界的使命更向前推進一大步，並且提升全球各地人們的財務狀況。全球有數不清的人們擁有跳脫老鼠賽跑的潛力，但是他們仍然身陷於朝九晚五的工作，或者在替別人打造資產時卻過著月光族的生活。人生的夢想對這些人來說，永遠都只有在睡著的時候才有機會能看得到。

隨著開發的進行，我們把焦點放在兩個基礎的信念：1.要由使命來引導我們，2.生產出一個有品質的產品，成功自然就會發生

核心開發小組先參加了「遊戲開發人員座談會」，來瞭解整個行業的大方向，來獲

得一些新的遠見，同時尋找或許能幫助我們傳達使命的新人脈。

如同一般的搜尋過程，很多一開始找到的事物都不是自己真正所需要的。開發小組在座談會中認識了一個人，他宣稱自己很瞭解富爸爸集團的使命。他們也對如何傳播富爸爸集團的使命，如何傳遞資訊及尊重品牌的精神等方面，也都做出了相當的承諾。

我們花費了許多時間利用電子郵件與開會等方式，來決定是他們是不是合適的合作夥伴。我們也好幾次的拜訪了他們的工作室，甚至出錢讓他們全體飛來鳳凰城到富爸爸的總部來跟我們的團隊一起開會。單就顧問這個角色來說，該公司的創始人在遊戲界確實擁有極高的評價。該公司的團隊不斷的吹噓他們是如何讓遊戲變的更有可玩性，並且如何可以從一般玩家的身上獲得更高的利潤。

由於可以和新夥伴開始開展新的業務領域，我們都對此感到興奮不已。我們開始形成各種概念：我們想要運用哪類的遊戲機制？我們只要把原來的現金流桌遊進行數位化，還是重新發明一個嶄新的遊戲？或者兩者兼備才是我們在尋找的答案？許多想法和計畫開始逐漸成形。

計畫啟動沒有多久就開始產生裂痕了。當彼此相互認識的蜜月期一結束，我們開始更加的瞭解這位夥伴真正的面目。隨著沒有達成應有的里程碑，或者有些只完成了一半的工作時，各種理由和藉口就開始滿天飛。沒有多久我們就開始擔心了，我們已經騎虎難下。我們現在應該選擇喊停，或者既然已經開始了，那我們選擇繼續咬緊牙關撐下去？我們已經選擇了合作夥伴並且擬定了整個商業計畫，而我們團隊中又沒有足夠專業的人士可以挑戰合作夥伴的推託之詞，或者替我們的顧慮找到答案。

為了紓解我們的顧慮，我們在和富爸爸集團有密切往來的關係中，開始尋找是否有在遊戲界具備合適的專業能力，但同時又能承襲富爸爸理念的人才。結果找到這位曾在一些最頂尖的遊戲開發公司中努力從下層晉升到上頭的人士，他後來也創立了屬於自己的遊戲公司，然後再把這些公司賣出去。最棒的是，他是一位和富爸爸集團關係非常密切的人物的合作夥伴，因此我們非常有信心憑他的經驗和能力，應該可以毫無問題的融入我們的團隊之中。

當這位新加入我們團隊的專家出現之後，他先迅速地評估我們合作夥伴的強項與實際的能力。我們當初的擔憂被證實了。與其繼續堅持下去，看看頑石是否會開始游泳，我們毅然決然切斷彼此合作的關係，然後獨自走下去。

就如同許多「第二次機會」一般，這趟旅程並非像我們一開始預計的輕鬆容易，或者毫無煩惱與麻煩。我們被迫拓展自己原本的舒適圈。我們知道機會難得而且不能放棄，所以我們才會繼續堅持走下去。我們檢討了當初所犯的一些錯誤，並從中學到教訓之後就做出了相應的改變。這些事情是會發生的，我們也因此付出了鉅額的代價，但是我們確實學到了很多。

一開始就發生這樣子的意外多半會讓其他的團隊感到挫折，並認為是一場失敗；但是由於富爸爸集團所倡導的哲學，這次的事件我們卻把它當成一次契機。我們現在知道在將來尋找合作夥伴的時候，應該要先注意哪些事項。這次的合作夥伴一開始唱著高調並且擁有太多的自主權。他們宣稱瞭解我們品牌的訊息，但是後來很明顯的那些話只是他們的口惠罷了。

富爸爸開發小組再度從零出發，開始搜尋合作對象。他們這次瞭解不能逕自到市場中，輕易相信第一個帶著微笑與他們洽談的「朋友」。結果這次的搜尋讓我們開始和一間遊戲開發經紀公司培養出關係來。就像很多的行業一樣，這些經紀人擁有內部的資訊，而如果你能得到這類的資訊，那麼你就能避開許多在盲目搜尋中會出現的陷阱。這間遊戲開發經紀公司非常瞭解遊戲這個行業，並且熟知最頂尖的開發小組與工作室，因此知道什麼人會最適合開發出富爸爸心目中的理想遊戲。

我們拿到了一個名單，上面有二十五間有可能把我們的概念實現出來的遊戲開發公司。在這二十五間公司當中，只有十四間的提案能被我們接受。最後只有七間公司能和富爸爸公司的文化和心態匹配。

我們原本可以只憑著看看他們的提案，打幾通電話會議，然後「挑出」最符合我們開出的條件的公司即可。但是我們從過去的錯誤中學到了教訓，我們知道事前就必須要更深入的發掘。因此我們全國奔走，親自拜訪每間開發公司，參觀他們的設施，檢視他們之前所開發的遊戲作品和手機APP，並且訪問了他們的團隊，也就是從基層起認識整間公司。直到我們打從心底知道這個團隊是合適的合作夥伴之後，我們才做出了最終的決定。

這個意思就是說整個過程一點都不輕鬆順暢。我們創造了六種版本的遊戲。每當做出一個版本的時候我們就會問自己：「我們要如何讓它變得更好些？」我們從來不問自己要如何把它變成「最好的」。因為當你說是最好的時候，就表示進步的動力就停止了，自己已經走到了盡頭。持續改善讓它變得更好是一個永無止境的過程，甚至要持續到首次發行的時候，以及延續到後來的更新版、修飾版、改善通訊、進階學習等。是一個永遠都不會結束的過程。

我們同時還得確保符合品牌原有的精神。當你的遊戲充斥著坦克車、氣墊船與未來建築物時，想要同時教導諸如被動收入和資產等核心價值是件非常有挑戰的事情。最困難的地方，就是決定如何平衡寓教於樂的比例尺度。這個議題在團隊內引起最大的爭執與辯論。到底怎麼拿捏才是最完美的平衡？

隨著我們遊戲開發的過程，「讓它變得更好」變成了我們的口頭禪。我們發誓永遠不會妥協。而且「讓它變得更好」的精神並非只陷於在這款遊戲的開發之中，而是運用到所有的手機APP與遊戲世界之中。我們聘請了各種顧問和諮詢專家來挑戰自己：我們要如何讓大團隊變得更好？我們要如何讓我們的合作夥伴變得更好？而且更重要的是：我們要確保遊戲會在將來每次改版的時候會愈變愈好。在當今的世界裡，當財務文盲愈來愈嚴重的時候，我們承諾要用這款新的遊戲，以新的方式來改善這個問題。

二〇一四年六月十五號時，「資本之都」（Capital City）這款遊戲同時在iOS與Android平台上亮相。當天是富爸爸集團重要的里程碑，它代表著一個非常艱鉅，費時兩年的計畫案。在這過程當中我們學到了很多教訓並組成了一個大團隊，同也研發出幾個其他的手機ＡＰＰ，通通是用來傳播我們訊息和使命。

我們也製作了一個完全依照現金流桌遊模式的手機ＡＰＰ，稱之為「現金流——投資的遊戲」（CASHFLOW-The Investing Game）。這款遊戲推出後在蘋果網站財經軟體排名第一，到現在還能維持這個名次不墜。

在創造資本之都的過程中，我們也創造出藉由Clutch學習手機ＡＰＰ製作了《富爸爸窮爸爸》。這款手機ＡＰＰ將羅勃特這本暢銷全世界書中所有的重點，轉化成各種小遊戲、動畫、影片、以及互動的練習，目的是為了達到「遊戲式」（gamify）的學習經驗。我們也創造了配合桌遊用的財務報表手機ＡＰＰ，以及專門收聽富爸爸廣播電台節目的手機ＡＰＰ，讓你可以隨時隨地收聽富爸爸的廣播節目。

我們之所以能製作以上各種手機ＡＰＰ，都是因為製作「資本之都」過程當中所學的關係。這些軟體都是我們把握當下的「第二次機會」，並且創造一個能服務更多人群的未來。

製作這些手機ＡＰＰ也提供了我們製作「資本之都」所需要的回饋，讓我們得以讓蘋果電腦知道我們製作高品質軟體的決心。結果是？蘋果電腦這個經常因為未達高品質要求而拒絕很多手機ＡＰＰ的公司，由於相信我們之間的商業關係以及富爸爸這個品牌，因此「資本之都」的審核過程創造了申請上架許可為時最短的記錄。

初次登場就榮登財經類手機ＡＰＰ的第三名，這在上萬個手機ＡＰＰ的競爭當中是一場大勝利。

我們還沒完呢。

雖然我們認為這些手機APP還不錯（說不定還很棒），我們下定決心，藉著我們從未來手機APP的趨勢裡所學到的，還要不斷的要讓它們變得更好。羅勃特經常告訴我們，我們的職責是要以少做多，同時還要能服務全球各地更多的人們。富爸爸集團致力於財務教育，同時相信學習應該是一件非常有趣的事情，而遊戲和手機APP將會是未來數個世代最主要的學習方式。

參照內容與參考書籍

金・清崎的著作

《富爸爸，富女人：態度決定你的荷包深度》（二〇一二年，高寶出版）
（Rich Woman: Because I hate Being Told What to Do）

《是富女人站起來的時候了！》（暫譯）
（It's Rising Time!: What it Really Takes for the Reward of Financial Freedom）

羅勃特・清崎和唐納・川普合著的書籍

《川普清崎讓你賺大錢》（二〇〇七年，商周出版）
（Why We Want You To Be Rich: Two men・One Message）

《川普、清崎點石成金》（二〇一二年，商周出版）
（Midas Touch: Why Some Entrepreneurs Get Rich and Why Most Don't）

富爸爸顧問叢書系列

布萊爾・辛格

《富爸爸銷售狗》
（Sales Dogs: You Don't Have to Be an Attack Dog to Explode Your Income）
《團隊的榮譽典章》（暫譯）
（The Secrets of Champions in Business and in Life）

肯・麥克羅

《投資不動產基本功》（暫譯）
（The ABC's of Real Estate Investing: The Secrets of Finding Hidden Profits Most Investors Miss）
《不動產投資進階導引》（暫譯）
（The Advanced Guide to Real Estate Investing: What You Need to Know to Maximize Your Money Now）

湯姆・惠萊特

《免稅的財富》（暫譯）

（Tax-Free Wealth: How to Build Massive Wealth by Permanently Lowering Your Taxes）

安迪・泰納

《從股市大賺現金流》（暫譯）

（Stock Market Cash Flow and 401(k) aos: Four Pillars of Investing for Thriving in Today's Markets）

約瑟和麗莎・藍儂

《社薪水本家》（暫譯）

（The Social Capitalist Passion and Profits – An Entrepreneurial Journey）

蓋瑞特・索頓

《創立自己的公司》（暫譯）

（Start Your Own Corporation Why the Rich Own their Own Companies and Everyone Else Works for Them）

《寫出必勝的商業計畫》（暫譯）

（Writing Winning Business Plans How to Prepare a Business Plan that Investors will Want to Read – and Invest In）

《如何買賣別人的事業》（暫譯）
（Buying & Selling a Business: How You Can Win in the Business Quadrant）
《擺脫債務的基本功》（暫譯）
（The ABCs of Getting Out of Debt: Turn Bad Debt into Good Debt and Band Credit into Good Credit）
《經營自己的公司》（暫譯）
（Run Your Own Corporation: How to Legally Operate and Properly Maintain Your Company into the Future）
《不動產的避稅高招》（暫譯）
（Loopholes of Real Estate: Secrets of Successful Real Estate Investing）

高寶書版集團
gobooks.com.tw

RD011
富爸爸，第二次致富機會：
破解政府與財團的金錢大騙局，掌握財務知識，在危機中翻身
Second Chance: for Your Money, Your Life and Our World
作　　者　羅勃特・T・清崎 (Robert T. Kiyosaki)
譯　　者　王立天
總 編 輯　蘇芳毓
編　　輯　翁湘惟
校　　對　吳珮旻
美術設計　林政嘉
排　　版　趙小芳
企　　畫　張家敏

發 行 人　朱凱蕾
出　　版　英屬維京群島商高寶國際有限公司台灣分公司
　　　　　Global Group Holdings, Ltd.
地　　址　台北市內湖區洲子街 88 號 3 樓
網　　址　gobooks.com.tw
電　　話　（02）27992788
電　　郵　readers@gobooks.com.tw（讀者服務部）
　　　　　pr@gobooks.com.tw（公關諮詢部）
傳　　真　出版部（02）27990909　行銷部（02）27993088
郵政劃撥　19394552
戶　　名　英屬維京群島商高寶國際有限公司台灣分公司
發　　行　希代多媒體書版股份有限公司 /Printed in Taiwan
初版日期　2017 年 3 月

國家圖書館出版品預行編目（CIP）資料

富爸爸，第二次致富機會 / 羅勃特 .T. 清崎 (Robert T. Kiyosaki) 著 ; 王立天譯 . -- 初版 . -- 臺北市 : 高寶國際出版 : 希代多媒體發行，2017.03
面；　公分 .--（RD011）
譯自 : Second Chance: for Your Money, Your Life and Our World

ISBN 978-986-361-367-1（平裝）
1. 個人理財　2. 財富
563　　105023384